A History of Sociology in Britain

Science, Literature, and Society

イギリス社会学の勃興と凋落 科学と文学のはざまで

A. H. ハルゼー

A. H. Halsey

潮木守一訳

世織書房

A HISTORY OF SOCIOLOGY IN BRITAIN
Science, Literature, and Society

FIRST EDITION was originally published in English in 2004.
This abridged translation is published by arrangement with Oxford University Press.

序文

評価の低い職業にたずさわる者の宿命とは、未来の栄光のためではなく、悪意に充ちた視線に対する恐怖心にかられて働かざるをえない点にある。賞賛される希望もなく、ただもっぱら他人からの非難に晒されるだけ。過ちばかり犯し、そのために軽蔑の眼を向けられる。受ける罰は無視だけ。たとえ成功しても、誉められることはない。ただ黙々と報酬もなく、勤勉に働き続けるだけ、それが彼等の運命である。

これはサミュエル・ジョンソン（一七〇九～一七八四。英文学者）が一七五五年、彼の辞典の序文に書きつけた文章である。彼が研究対象としたのは母国語である英語だったが、「それは長年にわたって無視され続け、遅々として普及せず、偶然に操られてきた。ある時は野蛮な形で繁殖し、時代と流行の暴君に支配され、無知の腐敗に晒され、気まぐれな進歩に身をゆだねてきた」としている。これと同じことが社会学についてもいえるだろう。それは社会学に好意を寄せる者にも、悪意を抱く者にも同じことだろう。

今から四〇年ほど前、私は友人からイギリスの社会学の歴史を書くことを勧められたが、その気にはなれなかった。そのような仕事は定年になり、暇になったらすることで、一九六〇年代にはまだ研究すべきテーマがたくさんあった。しかし今では「定年」後すでに一四年間がたち、これ以上、遅らせる言い訳が立たなくなってしまった。

一九四七年にロンドン経済政治学院の学部生となった時、私は高等教育の社会学を研究テーマに選んだ（Halsey, 1995）。社会調査の技術と政府統計局のデータを使って、このテーマを研究することとした（Halsey and Webb, 2000）。その後私は政府教育局の顧問となり、社会科学研究審議会（the Social Science Research Council：SSRC. 本書7章参照）の仕事をすることとなった。それとともに、リヴァプール、バーミンガム、パロ・アルトのスタンフォード大学の行動科学高等研究所、ハーバード大学、シカゴ大学、バークレイカリフォルニア大学で教え研究し、最後にはオックスフォードで教えることとなった。こういう経歴を書き連ねると、読者はなにやら信頼できそうな人物という印象を抱き、それを鵜呑みにすることだろう。しかしこの際、W・G・ランシマン（現在、ブリティッシュ・アカデミーの総裁。ケンブリッジの歴史社会学、比較社会学のフェロー）が自著の序文に書いたことを思い起こすことは無駄ではない（Runciman, 1998）。それはこういう一文で終わっている（p.211）。

社会学にしろ、心理学にしろ、それを実際にやってみて初めて、ストア派の雄弁家哲学者ヂオ・

クリソストムが投じた疑問に答えることができる。人間とはどうしてかくまでも教えにくい存在なのか、なぜかくまでも騙されやすい存在なのか。

個人的な告白と歴史の真理

以下に書く歴史がどれほど正しいかどうかは読者の判断に委ねるしかない。まずは簡単に筆者の経歴を書いておこう。私はすでに『自叙伝』*No Discouragement*（一九九六）を書き、また本書の4章に一九四〇年代以降のロンドン経済政治学院の学生時代の経験を書いてある。ある学問分野の起源を論じる時、まず言葉というものは、時代や空間とともに、意味が変わることに気をつけなければならない。それと同じことが「社会学」という言葉にも当てはまる。よく知られているように、ダラム大学の社会学の教授だったフィリップ・エイブラムス（一九三三～一九八二）は、イギリスでの社会学の発達は例外だったという説を唱えたことがある。イギリスで社会学の登場が遅れたのは、一九世紀のイギリスには平和的な改革をめざすとすれば、いくらでも政府のポストや政策決定に近づく道があったためだというのである。ところがその後R・N・ソファー（R. N. Soffler, 1978 ; 1982）はこのエイブラムスの説に反対を唱え、イギリスの社会学の発展が遅れたのは、ホッブハウスとその後はギンズバーグの影響があまりにも強すぎたためだとした（本書3章参照）。

つまりホッブハウスもギンズバーグも生物学的な前提に立ち、進化とともに個人の合理的な意思が成長し、それとともに社会的な合意が作られ、人類の統合が進むという説を提唱した。こうしたダーウィンの進化論（本書「序論」参照）の優生学版ともいうべき説が、イギリスの社会学を支配していたため、社会対立への関心が育たず、社会学者には社会改革のためのアドヴァイザーとして働ける潜在力があるのに、その成長を妨げてきたのだとした。

ソファーの著書では一八八〇年代から一九二〇年代にかけて、アメリカ、ドイツ、フランスでの動向と比較して、イギリスがいかに対照的だったのかが強調されている。これに対してはその後、ローレンス・ゴールドマン（一九五七生まれの歴史学者）が一連の論文、著書（二〇〇二）を通じて反論を展開した。つまりイギリスでもアメリカでも、さらにはドイツ、フランス、イタリアでも、一九世紀後半から二〇世紀半ばまで、専門分野としての社会学を発展させることができなかった点では同じだったとした。ただゴールドマンとソファーとが違っていたのは、ゴールドマンはそれを残念がるべきことではなく、むしろ祝福すべきこととした点である。つまりイギリスの初期の社会学者達を動機づけていたのは社会改良であり、彼等自身の介入に自ら満足していただけでなく、事実、産業社会の改良に成功を収めていた。彼等は議会の内外に、実証研究を基礎とする社会改良のための機関を作り出し、そのネットワークを組み立てていた。R・H・トーニー（一八八〇〜一九六二。イギリスの社会思想家。労働党員。労働者教育協会員として成人教育に献身）は国家を「サービスのしがいのある苦労人」と見ることができたのは、そのためである。

私の子供時代の雰囲気をざっと述べればこうなる。つまりそこには政治の力に対する信仰があった。私は一九五〇年のデイヴィッド・グラース（本書4章参照）の教授就任記念講義を一学生として聞いたが、彼は社会学専攻学生の進路は議会であり、政府であると説いていた。同級生も私自身も、イギリス社会を福祉国家に変えようとする熱意に燃えていた。ロンドン経済政治学院でわれわれが学んだのは、社会学ではなく、社会を理解することだった。かつての科学士（経済）（ロンドン経済政治学院が社会学専攻卒業生に出した学位）の多くは、登場しつつある福祉国家の政治運営をめざした。ケインズを基礎にマクロ経済の計画をめざし、R・H・トーニーの産業主義の歴史学を基礎とする倫理的社会主義をめざし、ポッパーの「ピースミール社会工学」をめざした。

私個人はその当時のイギリス特有の出生による格差を、一面では楽しみながら、他方ではそれに耐えていた。私の思想的な立場は、ホッブスやロックを起源とし（ともにイギリスの一七世紀の社会思想家）、T・H・グリーン（一八三六～一八八二。イギリスの社会思想家）によって変形された個人主義の立場にあった。しかしそれよりももっと強い影響を受けたのは、ふだんの日常生活からだった。労働者階級の家族中心主義や、住んでいる地域一般の習慣といった日常生活から大きな影響を受けた。そこではたとえば、日曜日にはスーツを着、月曜日は洗濯日といった、すでに決まった生活リズムがあった。だから、われわれはアダム・スミスの『国富論』（一七七六）をエミール・デュルケームの『分業論』（一八九三）と並行しながら読んだ。そして個人の心情と「集合意識」との関係を学んだ。前者が理性の乗り物だとすれば、後者は道徳的な義務の源泉だった。

もちろん、戦後派学生の立場から戦間期に過ごした少年時代を思い起こすと、それは生産面（失業）でも、分配面（富の不平等）でも政府が失敗を犯した時期だった。しかしわれわれは、トーニーと同様、ベヴァリッジ（一八七九～一九六三。福祉国家への移行を進める報告書を発表）とベヴァン（一八九七～一九六〇。第二次大戦後はアトリー内閣の保健相（一九四五～一九五一）として国民医療制度を導入）のもとに未来の国家を見ようとした。健康、教育、福祉を供給する信頼できる機関としての国家を見ようとした。今でも憶えているが、イグナシオ・サイローンの小説のなかに、こういうシーンがでてくる。戦争中イタリアのグラマー・スクールに通った奨学金少年は、ローマン・カトリックの校長からこう教わったというのだ。国家を憎め、そしてロシアをエデンの園として賛美せよ。ところが、私の属した労働者階級から見ると、共産主義とは牧師館の庭園でサービスされる胡瓜サンドウィッチ（上品ぶったたべもの。かつてイギリスでは胡瓜は上流階級の食べ物とされていた時代があった）みたいなものだった。ロシアは奇妙な暴君国家に見えた。

だからカール・ポッパー〔一九〇二～一九九四。ウィーン生まれの科学哲学者。『科学的発見の論理』*The Logic of Scientific Discovery*（一九五九）で著名〕の歴史主義批判は私には印象的だった。社会発展の法則を発見しようとするホッブハウスの伝統は、ポッパーは明言しているわけではないが、疑わしく思えた。われわれはホッブハウスに偏見を抱き、ポッパー流の「実証主義」に転向した。そして多少のためらいはあったが、ピースミールの社会工学を受け入れた。われわれの活動のエネルギーは計量的な調査に向かった。ポッパーは哲学者ではなく、社会科学の方法論に関心を抱いた物理学者だったのだろう。われわれの関心を引いたのは、彼が哲学から方法論上の問題に転向したことだった。彼の書いたものはきわめて抽象的だったが、しかし説得的だった。

もちろん青年期の一男性（やや年をくっていたが）として、スポーツにも夢中になり、イギリス文学とヨーロッパ文学にも夢中になった。それがその時代の政治を理解するための手段となった。要するに私は典型的なヴィクトリア時代の少年だったことになる。科学の約束を信じ、新しい政治社会秩序を求め、理想主義的な小説や創造芸術の影響を受け、新たな理想境を夢見ていた。それ以来この若い頃抱いた方向を見失ったことはなかった。

この本の目的は、一つの制度が持つ記憶を書き残すことである。私は記憶がいかに早く失せてゆくものか、とくに変化の激しい時代にはそうなるのか、悲しみを持って思い起こす。とくに今回の場合、二つの特別な事情が働いた。一つは大学の急速な拡張であり、もう一つはこの拡大のテンポと実体に行政機構がついていかなかったという事実だった。私はかつて社会学の教授に関する実態調査（現役教授だけでなく、引退した教授、死亡した教授を含めた）を実施したが、そのなかでこういう経験をした。バーミンガム大学のラレーヌ教授は、私がかつてバーミンガムに勤務していたことを、まったく知らなかったと書いてきた。私が勤務していたのは一九五四年から一九六二年のことで、彼は一九七七年に採用されたからである。ジョーとオリーヴ・バンクス（本書4章参照）宛の質問紙は「宛先人不明」で戻ってきた。彼等はすでに一九八二年に退職していた。そこで私は一九八〇年代に彼等を訪問した時の住所宛に、もう一度質問紙を送った。今度は郵便配達が覚えていて、近所の人から新しい住所を聞きだし、そこへ転送してくれた。

一九七〇年のジャーナル「社会学」*Sociology* で、私の先輩、シェフィールド大学のR・K・ケルサル（本書4章、5章参照）は、もう一人の先輩に当たるエクセター大学のG・D・ミッチェルの書いた『社会学の百年』*A Hundred Years of Sociology*（一九六八）を「勇気ある試み」と評価した。彼は三つのテストを当てはめてみた。著者はできるだけ多くの社会学者を取り上げ、一人一人については簡潔に記述する誘惑に屈しているか、それとも少数の社会学者に絞って、一人一人について多くを書く誘惑に屈していいるか？　人物や学派の選択は適切か？　著者は最近の過去とはるかかなたの過去とを、同じくらいに説得的に分析しているのか？　ミッチェルはこのケルサルの三つのテストすべてに合格しなかった。彼は名前のカタログを作ったが、そこにはマルクスが欠けているし、葛藤の社会学、数学上のモデルにもほとんどふれていない。彼は一九六八年についてよりも、一八六八年のことを書いた箇所のほうがはるかに説得的である。

ところが今では、この本の著者もそれを批評した書評者もすでにこの世を去った。そして今度は私が判決を受ける番になった。私はケルサルのハードルのすべてを乗り越えようとした。それができたかどうか、どの程度までできたか、それを判断できるのは読者だけである。私が恐れているのは、第三のテストである。最近の若い人々の歴史を知ることは難しい挑戦であった。

A・H・ハルゼー

二〇〇三年一二月

目次

イギリス社会学の勃興と凋落

第Ⅱ部 ものがたり

〔凡例〕

1　日本の読者に関係の薄い部分は割愛した。その代り読者の理解に資するため、訳者による短い解説を括弧を付して文中に加えた。

2　原文でイタリック体の強調は訳出に当たり傍点を、‘ ’で括っているワードについては「 」を付した。

3　原注は原則として本文に組み込んでいる。

4　読者の利便をはかり適宜改行している。

5　人名の表記は『オックスフォード世界英語文学大事典』（ジェニー・ストリンガー編集、河野一郎監修、二〇〇〇）と『新社会学事典』（森岡清美、塩原勉、本間康平編、一九九三）にしたがった。また可能な限り生没年を付した。

イギリス社会学の勃興と凋落

第Ⅰ部—とり巻く環境

序論

「序文」では戦間期（一九一九〜一九三九）の雰囲気を描いておいた。おそらく読者は二〇〇二年一一月一〇日、元中国共産党委員長江沢民の講演を聞いたことだろう。彼は同僚に向かって、時代の変化についてゆけと説き、資本家もまた共産党に入れろといった。このようなことが起こると思った者がいただろうか。一〇年前だったならば、スターリン、毛沢東の亡霊が仰天しただろう。社会科学者もまたこのような宣言が行われるとは誰も予想できなかったことだろう。ただ残念ながら、このあとのページにはこれほどまで人々を驚かせる事件はでてこない。

しかし一九〇〇年当時、社会学者のなかで、一世紀後の二〇〇〇年にイギリスの大学に二〇〇〇人の社会学者がおり、彼等が二四、〇〇〇人の学生に社会学を教えているということを予想できた者がどれほどいただろうか。おそらく、それは本当かと疑うだろうが、これは紛れのない事実である。だいたいそのようなことが起こるはずがなかった。一つの学科、あるいは一つの専門分野が、どうしてこれほどに桁外れの拡大ができたのか、その結果どのように断片化していったのか、その歴史をここで語ることにする。

詳細は5章に譲るが、だいたいの感じを確かめるためには、ジョン・エルドリッジの次のような発言を思い出す必要があるだろう。「歴史に対する意識をかきたてない社会学は欠陥がある。なぜならばそれは必ず説明と解釈という中心問題に出会う出発点になるからである」(Eldridge, 1980 : 193)。

歴史の文脈のなかで見た時、社会学とはいったい何なのか？ その起源は、どのように定義してみても完全にすることはできない。それでは社会関係の研究はどうだろうか？ この研究方法もさまざまで、定義もまたまちまちである。それをめぐる議論は、未だに続き、決着がついていない。つまり社会学という学問領域は、その境界も定まっていなければ、その誕生日も決まっていない。それはたぶん文明とともに始まったのだろう。だからラルフ・ダーレンドルフ(一九二九〜二〇〇九。元ロンドン経済政治学院学長。本書4章参照)のような言い方が、一番実際的なのだろう(Ralf Dahrendorf, 1995)。彼にいわせれば、社会学とは要するにロンドン経済政治学院(the London School of Economics and Political Science : LSE)がやっていたことで、現にやっていることだということになる。それはハーバート・モリソン(一八八八〜一九六五。イギリス労働党の政治家。元副首相)が、社会主義とは労働党政権がやっていることだというのと同じである。ただ両者とも二〇世紀の前半のことをいっているだけだが。

大学での教科としての社会学は、イギリスの場合、一九〇七年にロンドン経済政治学院から始まった。これは証明できる歴史上の事実である。この年、スコットランドの慈善家であるマーティン・ホワイトが、社会学の講座を作るために一万ポンドを寄付した。これはイギリス史上初めての社会学の講座となった。そして開講する場としてオードウィッチのロンドン経済政治学院が選ばれた。このように人物、場所、事件、これらには明らかな証拠がある。ところが、社会学の起源は何だったか、社会研究とはどういう関係にあったのか、という問題になると、とたんに難しくなる。われわれは瞬く間に憶測、論争、不確実の世界に迷い込むことになる。

最初の講座所有者となったのは、L・T・ホッブハウス（一八六四〜一九二九。本書3章参照）だったが、彼は社会学の教授になるのをためらった。しかしそれでも一九〇七年一二月一七日、教授就任記念講義のなかで、社会学とは何かという問いに、一つの解答をだした。つまり社会学には政治哲学、歴史哲学、生物学という、三つの西欧思想の起源があるというのである。ホッブハウスの青年時代、支配的だったのは、ダーウィンの進化論とそのスペンサー流の解釈だった。だがしかし、彼は一八八〇年代の反スペンサー的な集産主義（コレクティヴィスト）の立場を選んだ。つまりその当時主流となっていた、進歩という思想に捕われた優性学的な進化論に背を向けた。

さらに彼は、一八世紀にはアダム・スミスが主導し（Swingewood, 1970）、一九世紀にはジョン・スチュアート・ミルが主導したスコットランド啓蒙主義の哲学、「社会の科学」を第四の起源としてあげた。さらにその上、スコットランドのファーガソン（一七二三〜一八一六。社会思想家）とミラー、ヴィクトリア時代イングランドのハーバート・スペンサー（一八二〇〜一九〇三）、彼の同時代のパトリック・ゲッデス（一八五四〜一九三二。生物学者で遺伝の重要性を認識していた）、スコットランドのR・M・マッキーヴァー（一八八二〜一九七〇。イギリス、アメリカで社会学者として活躍）、さらにはブース（一八四〇〜一九一六）、ロウントリー（一八七一〜一九五八）のような社会調査研究者、マンチェスター、ブリストル、ロンドンの統計協会の社会会計家を加えれば、社会学の理論と社会調査の大きな伝統がすでにイギリスにはでき上がっていたことに気づくことだろう。その起源は王立協会（一六六〇年に創設された科学者の団体）や、一七世紀の「目に見えないカレッジ」（ロバート・ボイル、ウィリアム・ペティ達が結成した研究団体）まで遡ることができる。

つまり社会学の起源を探るとなると、われわれは専門分野の境界を超え、国境をも越えることになる。社会思想は二〇世紀イギリスだけに限られたものではなく、またキリスト教ヨーロッパだけのものでもない。それはイスラム、ヒンズー、中国文明にまで広がっていた。たしかに、社会学という名称は一八三〇年代にフランスのオーギュスト・コント（一七九八～一八五七）によって名付けられた。しかしそれ以前の建設の父となれば、一八世紀のモンテスキュー（一六八九～一七五五）の名前を上げる必要があるだろう。コントも、デュルケーム（一八五八～一九一七。フランスの社会学者）も、あるいはアロン（一九〇五～一九八三。本書4章参照）もまた、モンテスキューの名前を挙げる祭典をとり行っている。しかしそうであれば、イスラムの聖人イブン・カルダン（一三三二～一三八二。天文学、経済学、歴史学など幅広い領域に名を残したイスラム学者）の名を挙げる人もいることだろう。あるいは『旧約聖書』も、孔子の『論語』もまた社会学の研究として読むことができよう。古代ギリシャの哲学者のなかにそれを発見する者もいるだろう。

おそらく人間の進化の性質を考えると、それは社会に対する感覚と人類の知能とともに発展してきたのだから、その起源を探しだすことは不可能である。つまり社会学の考え方は、「ホモ・サピエンス」の進化とともに成長したのだろう。

しかし社会学が今では国際的な学問分野となったことは、明らかである。しかしここでの研究の焦点はイギリスなので、イギリスで社会学の教授ポストがどうやって成立したのかを見る必要があるだろう。またイギリスの社会学者がどのような外国研究を行ったかも見る必要がある。一九三〇年以前に生まれたイギリスの社会学の教授のうち、三分の一は移民だった。ある者は全体主義からの避難民、ある者は他の理由での移民だった。また逆にイギリスで生まれた社会学者が、外国の研究を行った例もある。ある者はフランスを研究し、ある者はドイツ、日本、ロシアを研究対象として選んだ。年長世代の社会学者達は、外国語をうまくこなしたという点も、もう一つの特徴であろう。

さらにまた、大御所として引用される社会学者の幅も国際的である。ウェーバー(一八六四～一九二〇。ドイツの社会科学者)、デュルケーム、ジンメルのようなヨーロッパ人だけでなく、パーソンズ、マートン、ミルズ、ゴッフマンのようなアメリカ人、ハバーマスのようなドイツ人、ブルデュー(一九三〇～二〇〇二)、ブードン(一九三四～)のようなフランス人などは、イギリス人であるギデンズ(一九三八年生まれのイギリスの社会学者)よりも頻繁に引用されている。ギデンズは今ではイギリスの同世代の社会学者のリーダーとなり、しかも「世界的な」人物となり、世界各地でよく読まれている。これらの証拠はすべて、社会学が他の自然科学と同様、国際的な学問分野となったことを証明している。ただイギリスの場合には、その登場がやや遅れたこと、その登場にはさまざまな論議があったことは否定できない。しかし社会学では、これまでも絶え間のない論争が続き、現在なお論争が続いていることは、驚くにたりない。それは政治学、経済学と境界を接した場所にあり、既存の文化習慣を問い続けてきたからである。

要するにここで扱う歴史とは、あくまでもイギリスの二〇世紀に限定している。社会学は国際的な学問であり、その起源ははるか昔まで遡れることを知った上で、そう限定しておこう。それではなぜそう限定するのか。当然読者はそう尋ねることだろう。この疑問には、二つ答えておこう。まず正直にいうと、無知と怠慢のせいである。私のような八〇歳を越えた老人に残された余命は永くはない。フレデリック大王はプロイセンの兵士に向かってこういったという。「お前たち兵士よ、戦場に向かえ。生きて帰れると思うな」。私の出版社は我慢強くはないし、寛大でもない。私の狙いは一冊の本を書くことで、図書館を作ろうというのではない。

そこで恣意的と思うかもしれないが、話を一九〇一年から始めることにしよう。この年はヴィクトリア女王が亡くなった年であり、労働党が結成された年という以外、特別なことはない。しかしそれからの一〇〇年間とは、未だかつてなかった社会変化の世紀だった（Halsey and Webb, 2000）。この国はますます富み、寿命は長くなり、中産階級が拡大し、人種構成は多様となり、教育水準は上がり、住宅はよくなり、物理的にも社会的に人々の移動が頻繁となった。その反面、イギリスは巨大な帝国を失い（得たのはごく最近のことだったが）、二〇〇〇年近く続いた宗教を捨てた。われわれはこうした大きな社会変化を経験したが、しかし社会思想も社会学の説明も、過去一〇〇年間、ほとんど変化しなかった。

そこでヨーロッパのさまざまな社会思想のなかから、ここでは五つのテーマを取り上げることにしよう。つまり(1)ダーウィンのもたらしたもの、(2)説明と解釈の違い、(3)社会研究のための方法、(4)社会政策への社会学の応用、(5)社会学の制度化の中心地としてのロンドン経済政治学院である。これらのうち、最後のテーマだけがイギリス固有のテーマで、そこではロンドン経済政治学院での社会学の位置について議論することにする。

ダーウィン

アメリカの聖書地帯（アメリカ南東部で聖書を信じ、進化論を教えることを禁止している地帯）を別とすれば、ダーウィン（一八〇九〜一八八二）は今や西側世界全体を征服した。微生物学や進化論的心理学は二〇世紀の大学や実験室へと、社会学と同じくらいの速度で普及した。これらの理論は若い研究者達に、社会学以上に、心躍らせる未来を切り開いた。しかしながらダーウィンが人口学者マルサス（一七六六〜一八三四）から、アイディアを借りたことを知っている人は、今も昔もあまりいない。おそらくマルサスこそ社会科学が自然科学に影響を与えた唯一のケースであろう。人口規模についての一般理論は、一八世紀から一九世紀への転換期に、マルサスによって社会学として作られ、たまたま生物学に取り入れられることとなった。ダーウィンはこう書いている。

一八三八年一〇月、私が計画的な研究を始めて一五ヶ月がたった時だった。たまたま気晴らしにマルサスの人口論を読んだ。私は動物、植物の行動を長年観察してきたので、いかなる場でも生存のための闘争があることを知っていた。しかしマルサスを読んだ時、一つのアイディアが閃いた。闘争場面では適者は生き残るが、不適者は死滅する。そうして新たな種が誕生するというアイディアである。こうしてついに、私は一つの研究テーマに辿りついたのである（Darwin, 1887）。

ダーウィンはマルサスのいう個体数の幾何級数的な増加を、種の生産力の結果だと見ていた。『種の起源』の3章で彼はこういっている。「自然を見る時、忘れてならないことは、どの有機的な生物もその個体数を最大にするよう努めるということである」。しかしダーウィンは、この現実社会での幾何級数的な増加を制約する条件が何なのか、確信が持てないでいた。そこで四つの制約条件を検討した結果、マルサスのいう「積極的な制約条件」、つまり生態学的な制約条件だけを採用し、彼のいう「予防的な」、社会学的な制約条件は取り入れなかった。つまり結婚、コミュニケーション、習慣、メンバー間に割り当てられる威信、こういった社会学的な要因は採用しなかった。その結果、自然淘汰を通じての生物進化ばかりでなく、社会文化的な進化を説明する舞台が開かれた。つまり再生産、競争、突然変異、外部環境の変化といった同じメカニズムによって説明する道が開かれた。

まず最初に取り上げるテーマは、イギリスの社会学は、自然淘汰による進化というダーウィン説に起源があるというテーマである。たしかにダーウィン説は最初の頃は、スペンサーの個人主義的な社会学によって歪められ、とくにアメリカでは適者生存という社会ダーウィニズムへと発達した。ところがそれと同時に、その反対の結果も生みだした。デュルケームはスペンサーとは反対の集合主義（コレクティヴィズム）を主張した。ホッブハウスもまた反スペンサー主義のイギリス版を作り上げた。それは進歩は永遠に続くとするホイッグ的な歴史観に立ったものだった（Butterfield, 1963）。

こうして社会ダーウィニズムを通じて学界内部で分裂が起こり、イデオロギー的対立が生まれ、それはやがて社会学と生物学の間での闘争へと発展した。今日にいたっても、ダーウィニズム神話を否定し、社会学は生物学から離れたところから始まったと主張する社会学者がいる。そして社会ダーウィニズム、社会生物学は人種差別、スペンサー的な個人主義、遺伝説の偏見に毒された見方だと主張している。3章では、社会科学の起源は生物科学にあると説くヴァリッジの実験が、ロンドン経済政治学院でどのように行われたのかを取り上げよう。たしかにホグベン（一八九五〜一九七五。『百万人の数学』*Mathematics for the Million : A Popular Self Educator* の著者）の社会生物学講座の実験は失敗に終わったが、それは人口学に対する関心を高める形で引き継がれた。

第一次世界大戦と第二次世界大戦の間には社会調査の方法論が発達し、その結果、回帰分析とか多変量解析といった多元的な説明が可能となった。その結果、自然かそれとも成長かといった、古い単純な二分法的な議論が、相互作用理論に取って代わられた。さらに第二次世界大戦後になると、ランシマンのような現代の社会学者によって、微生物学（ゲノム、DNA、ミーム）の進歩を取り込んだ新ダーウィニズムが登場し、社会の進歩をホッブハウスやギンズバーグのような道徳的な進歩といった思い込みとは異なった、「変容を伴った遺伝」の過程として再解釈する理論が登場した。つまり複製と突然変異といった発生学上のアイディアが、文化的社会的な（有機的）進化にまで拡張され、特定な環境との相互作用によって進歩が起こるという理論が登場した。ホッブハウスやモリス・ギンズバーグ（本書一〇六頁以降参照。著書『社会心理学』は一九三七年に邦訳が刊行された）にとっては、進歩に対する目的論的な誘惑は避けることができなかったが、ランシマンのような現代のイギリス社会学者にとっては、もはやそういう誘惑は働かなくなっている。

説明と解釈

第二のテーマは古くから続く、説明と解釈、科学と文学、客観的な行動と主観的な意味、に関する問題である。ヨーロッパ啓蒙運動の特徴は、生命を持たない物体に通用するニュートン科学を、知恵を持った人類に適用することだった。この社会の科学を求める運動に、イギリスもまた一九世紀初頭には参加することとなった。官僚、統計学者、政治算術学者、都市改良家、経済学者などがみなこの問題に取り組んだ。われわれは1章で科学と文学の間で交わされた、この新たな領地をめぐる闘争を取り扱うことにする。こうした論争の結果生じたのは、文化研究（カルチュラル・スタディ）と科学的社会学との亀裂であり、計量的な説明と質的な記述との亀裂だった。イギリスの社会学は、カール・マンハイム（一八九三〜一九四七。ハンガリー生まれユダヤ人社会学者。知識社会学が専門）が一九三〇年代の数年間イギリスに亡命していたのにも拘わらず、伝統的に知識の社会学を無視してきた。一九五〇年代、六〇年代をかけてガーフィンケル（一九一七〜。アメリカの社会学者）やそのアメリカの同僚によって、精力的に発展したエスノメソドロジーは、ギデンズによってイギリスの社会理論に取り入れられた。この理論での基本的な区別は行為と行動の区別で、まず行動とは膝の反射運動のような生物学上の現象であまり意味はない。それに対して、行為は主観的な意味を含んだもので、社会関係の文脈のなかで位置づけることによって、社会学の主要な対象となる。

マックス・ウェーバーは初期の社会学者のなかでもっとも影響力を持った人だったが、彼は価値指向の行為と道具的な行為との違いを区別する必要性を説いた。その結果、社会・行為理論が登場し、人間の行動についての社会学的な研究の焦点となった。ところがこれがやがて現象学的社会学、解釈的社会学、象徴的相互作用論、エスノメソドロジー、構成主義理論へと分かれていった。これに対して自然科学の場合には、その研究対象に対してこうした前提を置く必要がない。しかし社会学は人間の行動を合理的で一貫した形で取り扱う科学としての地位を主張してきた。〔ただしH・G・ウェルズ（一八六六～一九四六）のような作家は、それに対しては抗議した。〕それでは文学や文化研究（カルチュラル・スタディズ）は何を求めてきたのか？　この点は1章で取り上げる。

方　法

それでは社会の科学を発展させるためには、どのような方法を用いるべきなのか？　これが第三のテーマであり、それは社会学の教育と研究の両方に関係している。後の章でおいおいふれるが、主には2章で扱うことにする。そこで明らかになるように、イギリスには一七世紀の政治算術を起源とする、その後一八世紀のスコットランド啓蒙思想の繁栄期を通じて、連綿と引き継がれてきた経験的な研究の伝統がある。ウィリアム・ペティ（一六二三～一六八七。イギリスの経済学者）、あるいはアダム・スミス（一七二三～一七九〇）の名前を挙げれば、イギリスの社会学とは精神を欠いた「ハード・データ」を集めてきただけだとする非難が、いかに的外れかわかるだろう。もしアダム・スミス、スペンサー、ウェッブ夫妻〔シドニー（一八五九～一九四七）、ベアトリス（一八五八～一九四三）〕、ホッブハウスからギデンズ、ゴールドソープ、ロックウッドにいたるまでの伝統を見れば、イギリスの社会調査は「抽象的な経験主義」でもなければ「大きな理論」でもないことがわかるだろう。たしかにこの国はウェーバーもデュルケームも生みださなかった。しかし第二次世界大戦以後際立って、理論的に精密化された経験的な研究成果をあげてきた。その実例は多くある。

演繹主義と帰納主義の対立、歴史主義と法則を認めない傾向論との対立、普遍的な一般化論と時間的な前後関係をもととする特殊性論との対立、これまでこうしたもろもろの論争が起こり、未だに決着はついていないものもある。しかし社会を研究する上で、科学的な方法がどこまで使えるか、またいかに使えるか、こうした点の理解が深まったことは、明らかである。このことは将来に向けての大きな約束を与えている。われわれは2章で社会調査の歴史を吟味し、さまざまな人々がいかに統計学的な独創性を主張したのか、明らかにすることにする。またブースという論争的な貢献者の伝記を辿るなかで、それを明らかにする。

社会調査は次第に精緻化され、社会的な相互関係の包括的な絵を描けるようになった。政府はデータの収集にますます責任を持つようになり、経済、人口といった基本統計だけでなく、家族、余暇、住宅、交通、教育、資源の分布一般まで覆うようになってきている。

ただたりないのは、これらの事実や意見についての大量データの二次分析であり、とくにコホート分析への利用である。まだ解決していない問題としては、ゴールドソープ（一九三五〜。イギリスの社会学者。階層移動研究で著名）が提起した疑問（二〇〇〇）、つまり二〇世紀初頭のイギリスはなぜ「イギリス新統計学」を社会学的な分析に採用しなかったのか、という疑問である。

社会政策

この本でおいおい明らかにするように、イギリスの社会学（おそらくアメリカもそうだろう）は、近代の社会変化に対する反応に深く根ざしていた。社会学は、それが科学であれ、文学であれ、産業革命とともに引き起こされたさまざまな問題に対処する運動の一部分であった。一九世紀初頭の「社会の科学」（2章で述べるが）への追求は、「政治算術」（一七世紀に成立した統計学、経済学の基礎となった統計分析）、地方産業都市に成立した統計協会、フローレンス・ナイティンゲール（一八二〇～一九一〇）の病院改革のキャンペーン、戸籍登記所の発展、ブースとロウントリーの貧困調査、王立統計協会などを作りだした。

こうしたさまざまな動きが一九〇三年の全国規模のイギリス社会学会結成につながり、ロンドン経済政治学院での最初の社会学講座創設となった。（もちろんフランス、ドイツ、ベルギー、イタリア、アメリカでのヴィクトリア時代での発展がきっかけとなった。）このようにして、大学で教える教科としての社会学が登場したが、この教科の定義が必ずしもはっきりしていなかったため、さまざまな議論が起こった。ヴィクター・ブランフォード（一八六三～一九三〇）の呼びかけに応じて、さまざまなグループがロンドンに集まり、社会学会が結成され、一九〇四年には最初の会議を開催した（Collini, 1979 : 198）。多くの歴史研究者は、この社会学会創設当時、三つの党派が対立していたと見ている。つまり優生学者、都市計画家、倫理的進化論者である。それぞれの党派はそれぞれなりの政策目標を持っていたが、政治への関わり方に差があった。

しかしこの三つの党派は対立してはいたが、共通していたのは、生物学、つまりダーウィンの自然淘汰による進化という考え方から出発していた点である。ヴィクトリア朝末期、エドワード時代（一九〇一～一九一〇）の知的な世界では、これが問題解決の鍵だったからである。それから五〇年後には、この問題解決の方法が、社会政策と呼ばれるようになった。この繁栄の時代にどうして貧困が続くのかが、その当時の問題だった。それはふつう「社会問題」と呼ばれていた。

フランシス・ガルトン（一八二二～一九一一。チャールズ・ダーウィンの甥）は社会学をよき繁殖のための科学と定義しようとした。彼は環境よりも遺伝を、そして成長よりも自然を重視した。彼等は教育のある、節度を持った人々の出生率を高め、無秩序な都市群集の出生率を抑制しようとした。暴力、犯罪、泥酔、放蕩、紀律の欠如、それらが社会の安定性を脅かし、産業上の効率を低めると見ていた。

パトリック・ゲッデスに率いられた都市計画家は、環境の改善こそ文明の進歩の原動力と見ていた。彼等は群集の抑圧ではなく、市民の教育をめざした。彼等は自然のなかの最善の部分と最悪の部分を発見する社会調査を推進しようとしていた。彼等はチャールス・ブース、数人の地理学者と社会改良家から支持されていた。

L・T・ホッブハウスに率いられた倫理的進化論者達は、もっと学術的な方向をとった。ホッブハウスはダーウィンを受け入れたが、デュルケームと同様、スペンサーのような個人主義的な解釈には加担しなかった。その代わり、ホモ・サピエンスは自己意識（一九〇一）を持つことによって、生物学的な進化から救いだされたのだと主張した。この自己意識こそ道徳上の理想を作りだし（一九〇六）、社会改革によってさらに向上することができるとした。ホッブハウスは社会学を、スペンサーのように政治の科学としてではなく、論理をもとに議論でき、論理によって防御できるものにしようとした。ホッブハウスは政治的には新リベラル派に属し、修正された個人主義に立ち、集合主義（コレクティヴィズム）の重要性を認めていた。また国家を貧困救済のために使うことをめざし、寛容な公共サービスを提供することで、富者と貧者の運命をより同等にすることをめざした。たとえば彼は、賃金委員会での活躍を通じて、まだ労働組合がない時代に、もしあっても力がなかった時代に、労働者の賃金設定のために働いた。

このように、イギリスの社会政策は、一九世紀の社会学と同様、産業社会の発展とともに発生する社会的経済的問題を解決しようとする努力から始まった。彼等は、一方には途方もない富があるのに、他方にはなぜ貧困と不衛生が続くのか、その原因を解こうとした。その挑戦はディズレイリー（一八〇四〜一八八一。イギリスの小説家、政治家。首相を務める）の『シビル』*Sybil* に描かれている。社会学の場合と同様、文学の世界でも、さまざまなアプローチとさまざまな解釈が不安定に共存しており、依然として議論が続いていた。

なかでも優生学者の影響は大きく、彼等は貧困を緩和し、社会進歩を推進するために、ボランティアの力に期待をかけた。彼等の思想に共鳴するオックスフォードの若者が、ロンドン東部や産業都市に「友人を探しにでかけ」、惨憺たる地域社会に秩序と市民性を持ち込もうとしていた。その結果、一八六〇年代には慈善組織協会（the Charity Organisation Society：COS）が、多くの慈善団体や個人単位の種々雑多な活動を規制する規則を設定し、貧困救済の「必要のある者」と「不必要な者」とを明確に区別することにした。救済を求める者はすべて慎重に調査し、「必要のある者」には適切な援助を与えるが、「不必要な者」は抑圧的な救貧法の対象とした。つまり協会が恐れたのは、無差別な慈善を行った場合、本当にそれを必要とする者には回らず、そうでない者には依存心を育てるだけで終わることだった。法律に基づくサービスもまた――最貧民救済は別として――、必ずしも個人の必要に対応しておらず、独立心を損なう結果を招く恐れがあると見られていた。

ところが、その反対の極にいたのが環境論者で、彼等は不衛生と貧困を撲滅し、貧困率の重圧を、公衆保健制度を通じて軽減しようとした。国家だけが基本的な必要物を――給水管、識字、栄養――支給する権限と資金を持っている。自立心を育て、効率性を高めれば、社会に対する忠誠心が生まれ、人々を責任感ある市民に変えることができる。それが彼等の発想だった。

前者の手法は二〇世紀を通じて、さらには二一世紀に入ってまで、専門的な社会事業とは何かをめぐる論争へと発展した。それに対して第二の手法では、社会政策が拠って立つ前提をめぐる論争へ発展した。国家は資源と機会の配分面で、いかなる役割を演ずべきかが議論の焦点となった。富める者と貧しき者、男性と女性、年老いた者と若者、働いている者と依存している者、北と南、すべての分野で、国家はいかなる役割を担うべきかが議論となった。それらは、政府、社会制度、市場、ボランティア、家族、個人の間で、もっとも適切な責任分担とは何かという問題に行きつく。社会学者から見れば、責任の配分を変えたらどのような社会的経済的結果が生じるか、という問題となる。

国家による福祉への最初の、そしてごく試験的なステップは、二〇世紀初頭に採用された。最初の二〇年間のリベラルな改革は、高齢者対象の年金制度、賃金労働者のための失業保険、健康保険、学校給食、医療ケア、母子福祉サービスの拡大、子供のいる女性への訪問サービスなどとなって具体化された。病院の社会福祉士、保護監察官、児童福祉士などは、二〇世紀の前半には公認された資格を持った専門職となった。

また慈善組織協会の国に対する敵意が薄れるにつれて、社会福祉士もまた公的なサービスに取り込まれていった。また個々人の必要を注意深く判定するには、専門家の判断が必要だという認識も広まった。ただ、彼等の責任の正確な範囲は依然として議論の対象として残された（Wootton, 1959）。何をもって適切な援助と考えたらよいのか、その規準はいつでも明確だったわけではない。そのため、社会福祉士は一方では専門職として活動するとともに、他方では国はもっと十分な予算を用意しておくべきだという政治アジテイションの間で、引き裂かれることになる。これは一九世紀の慈善組織協会が、国家の行う福祉事業に批判の声をあげたのと同じ性格のものである。

しかしながら、独立したボランティア活動については、議論が残った。一九四〇年代のベヴァリッジは慎重にも社会保障を最低水準に抑え、一方ではボランティア活動の余地を残し、他方では個人貯蓄へのインセンティヴを高めようとした。彼は国家がすべきでない活動の範囲を見定めるのに、悪戦苦闘していた。社会政策の学生は今でも、法律に基づく活動とボランティア活動の長短を議論するよう求められる。しかしその境界はつねに変わる。一九四〇年代の政府は「福祉国家」への方向をめざしていたが、二〇世紀末期の数十年間は再びボランティア活動と市場の力が強調されるようになった。

サッチャー政権（一九七九年から一九九〇年までサッチャーが政権を握った）の「保母国家」に対する声高な批判は、その後の政治にも影響を与え、労働党の政策にまで影響を与えている。地方政府に向かっては、これまで直接供給してきたサービスを削減するよう推奨され、その責任をボランティア活動と私的な団体に譲り渡すよう推奨された。しかし議論に登場する用語が変わったことは明らかである。国家からの供給削減を主張する根拠として、家族や個人の責任を壊す恐れがあるからではなく――依存心を高めるだけになる危険性はまだ残っているが――、国家官僚制度は無駄が多く、効率的でなく、人々の必要と期待に無反応だからという理由に変わった。ある者にいわせれば、さまざまな団体がサービスを供給し、それを別の機関が監査し統制すれば、市場原理の長所が生かせるという。つまり競争が経費を削減し、選択の幅を広げることになるというのである。

次々と発生する社会経済的な問題を解決する上で、ボランティア活動に相応しい場所はどこかという問題は、これからもずっと議論が続くことだろう。それと同様、改良家、都市計画者の位置についても、議論は続くことだろう。そして法に基づくサービスの程度、範囲、あり方をめぐる議論も続くことだろう。「労働人口」の生活条件に対する政府の関心は、一九世紀を通じて高まった。それとともに最悪の状態を規制しようとする政府の試みもまた拡大してきた。産業都市の拡大は貧困と不衛生を今まで以上に目につきやすくし、疾病と政治不安が全人口に伝染する恐怖心を掻き立てた。一方では都市や地方の統計協会は、貧困者の家庭内の環境と労働環境を詳しく報告した。一九世紀末にはミーンズとメイヒューが首都の生活を鮮明に描きだした。貧困、葛藤ばかりでなく、腐敗した個人、腐敗した施設に対する攻撃は、ディケンズやガスケル夫人の小説のあちこちに発見することができる。

労働者階級の生活を記述しようとする試みは、ジョージ・オーウェル(一九〇三〜一九五〇。イギリスの作家『一九八四年』の著者)、ジャック・コモンズ、ジョン・ブレイン(一九二二〜一九八六。「怒れる若者」世代を代表する作品を描いたが、晩年には変わった）などの作家を引きつけてきた。世紀末には富裕なアマチュア（ブースとロウントリー）による詳細な統計調査が出現した。彼等の目的は、ロンドンとヨークの労働者階級の貧困の程度とそのタイプを正確に測定することだった。貧困の定義とその測定方法、そのために使用された方法に対する賛否両論は、二〇世紀初頭の社会政策の学術研究の基礎として引き継がれることとなった（Webb, 2003）。

アマチュアによる社会調査もジャーナリストや小説家の生き生きとした描写も重要であるが、政府もまた労働人口の生活条件に関する情報を内部に蓄積するようになった。全国統計を収集する中央機関が新たに設立され、工場労働、貧困法に基づく行政、健康、教育に関する立法が始まった。やがてこうした展開のなかから、国民の状態についての新たな情報が蓄積されるにつれて、政府のなかに新たなタイプの人材が流れ込むこととなった。それは自分の頭脳でものを考える能力を持った、高い教育を受けた有能な公務員であった。彼等が公共政策を検査し、批判する監察官となった。その結果、さまざまな社会の病気と戦うには、もっと国家の介入が必要だとする圧力が高まった。しかもこうした声は政府それ自身のなかからでてきた（Chadwick, 1842 ; Roberts, 1960 ; Goldman, 2002）。

「一八四二年のイギリスの労働人口の衛生状態についてのチャドウィック報告」Chadwick's *Report on the Sanitary Conditions of the Labouring Population of Great Britain 1842*（一八〇〇～一八九〇。この衛生報告が一八四八年の公衆衛生法の基礎となった）は、彼が救貧法審議会の委員長だった時に製作されたものだった。この報告書では、労働階級の住居の不衛生、廃棄物、汚染水、それに伴う死亡率統計などが詳細に記述されている。このチャドウィックの集めた証拠がきっかけとなって、不衛生な生活条件を改善する政府の予防措置運動に火がついた。チャドウィックが問題視したのは、労働能力低下とか、賃金労働者の若年死亡、放棄された女性や児童の貧民救済から生じる経済的なコストだけではなかった。チャドウィックはこういう。こうした劣悪な環境は、青年達の道徳的な性格に「退廃的な影響」を与え、「短命で、先のことを考えない、不注意で、酒におぼれやすい、官能的な満足を求める習慣に染まった」成人を作る結果となる（Chadwick, 1842：423）。

一八四八年の公衆衛生法は、予防こそが立法の目的になるべきだとする考え方を具体化したものだった。これは社会政策の学問研究にとっては、長く続くテーマとなった。一九〇九年の救貧法審議会は、貧困を予防し治療するスキームを満場一致で決定した。抑圧型の救貧法ではせいぜい救済しかできなかったため、新たな法律が必要となった。ウェッブ夫妻によれば、それは世論がダーウィニズムと優生学から縁を切った証拠だった。彼等は一八三四年の救貧法の徹底した実施と、限定つきの給付を求めていた（Webb and Webb, 1963：550）。

一九四〇年代の動きは、地方政府の建て直しと寛容度の高いサービスに特化していた。公共の社会サービスはもはや貧窮に限定されず、抑圧的ではなくなった。理論上はともかく、必要度によって決定されることになり、その判定規準としては独立した家族生活の普通の生活が選ばれた。危機に置かれた子供は、可能な限り養父母に引き取られ、困っている老人はベヴァン首相とその閣僚の希望に従って、ホテルのような小住宅に引き取られることとなった（Townsend, 1962：32）。

このようにして社会政策と社会行政は一九五〇年代には制度として確立していった。それと並行して二〇世紀の初期から、大学の内部にも社会福祉士の訓練コースが作られていった。社会福祉士、看護士、保護観察官などは、第二次世界大戦以前から、リヴァプール、バーミンガム、マンチェスター、レスターなどの赤煉瓦大学や、オックスフォード大学が提供するコースをとっていた。

それでは二〇世紀のイギリスでの社会政策学と社会学の関係を、どう要約すべきなのだろうか？　社会学も社会政策学もともに、一九世紀の産業革命とともに発生した諸問題のなかに、その起源があった。だからそのルーツはさまざまな要因が絡みあっている。しかし両者ともその初期の発達を支えたのは、ロンドン経済政治学院のロゴである「ものごとの原因を知れ」であった。両者ともヴィクトリア時代の支配的な思想だった個人主義の伝統を引き継ぎながらも、同時にたとえフェビアン型とはいえ、集合主義（コレクティヴィズム）の政治をめざした。しかし社会政策学は思想よりも行動をめざした。それに対して社会学は理論的な学問としての成長をめざし、アカデミズムの栄光を勝ち取ることをめざした。それはより直接的な形で、「社会の科学」をめざした。二〇世紀の前半の時点では、社会政策学も社会学もともに、社会科学という目立たない庭園の片隅に、ごくわずかな場所を占めていたにすぎない。経済学と政治学の陰に隠れ、アーツや人文学の前に小さくなっていた。

ところが、戦争直後の数十年間、社会科学の社会的な目標は大きく花開いた。クラパム（Sir John Harold Clapham. 一八七三〜一九四六。ケンブリッジの経済史の教授。「訳者解説」参照）は最初の研究資金を提供し、住宅局は社会福祉士の養成コースを財政的に支援するようになった。ロビンズ報告（「訳者解説」参照）は社会科学部を拡大させ、一九六五年には社会科学研究審議会が創立され、社会福祉士教育訓練中央委員会（the Central Council for Education and Training in Social Work : CCETSW）は一九七〇年代に作られた。しかしそのうちに一九六八年事件（学園紛争。本書6章参照）と一九七九年事件（サッチャー政権の登場。本書7章参照）が起こり、大学内部では社会学は社会福祉士の養成コースから外された。

その結果、一九七五年以降のアカデミックな社会学のゆくえは不確定となった。社会学を中心課目として教える社会学科は危機に晒され、社会政策、健康研究、法律、経営などの学科の教育にサービスをする学科となった。社会福祉の教育は、いくつかの中心大学では放棄された。あるいはポリテクニク（「訳者解説」参照。一九九二年に大学に昇格）に「追放」された。それに対して、社会政策学科は全国各地の大学で繁栄していった。その結果、かつて社会学に配分された以上の研究資金を獲得するようになった。社会問題はますます経済学者、歴史学者、政治学者、地理学者、統計学者などからなる学際的なティームによって扱われるようになった。それとともに、自らを社会学者と名乗るものは減った。社会政策学科はますます大学内外の専門研究センターと結びつくようになった。

ロンドン経済政治学院、地方大学、オックスフォード・ケンブリッジ

社会学も社会行政学（のちに社会政策学となる）も、最初はロンドン経済政治学院に設置された。この学院は、ウェッブ夫妻（シドニーとベアトリス）によって一八九五年に創設され、彼等夫妻によって創設されたフェビアン協会に所属する学校だった。発足当時はパートタイム学生のための夜学だったが、やがてロンドン大学のカレッジの一つとして繁栄期を迎えた。しかもそれは社会科学を学ぶためのもう一つのセンターとして、伝統を誇るオックスフォードやケンブリッジ大学の優位に対抗しようとした。

第二次世界大戦前のイギリスでの社会学の歴史を語るとなれば、その多くはロンドン経済政治学院の歴史を語ることになる。その詳細は3章でふれるが、要するにごく少数のホッブハウス信奉者がそこにはいた。しかし社会福祉士の養成課程は別にあった。基礎となったのは、R・H・トーニーの強力な影響力だった。もともと彼は経済史の教授だったが、実際面では倫理的な社会主義の信奉者だった。彼はロンドン経済政治学院の形成期にその研究と教育に方向づけを与えた。それはやがて一九五〇年から二〇世紀末までに地方大学に普及していった。

4章では専門職業人としての社会学者の第一世代の登場を語ることにする。そこでは彼等の先生だったグラース、マーシャル、シルズのことも語る。しかしそれと同じほどインパクトがあったのが、リチャード・ティトマスの社会行政学講座への就任だった。彼は一個人以上の力を発揮した。教育や研究を通じ、さらには政府への奉仕を通じて、一つの独立した学問分野としての社会政策学を確立させた。

1章

文学か、それとも科学か？

二〇世紀も末を迎えた一九九〇年、ステファン・ターナーとジョナサン・ターナーは制度としてのアメリカ社会学を検討し、その結果を『不可能な科学』*The Impossible Science* というタイトルをつけて発表した（Turner and Turner, 1990）。科学としての社会学が成り立つか否かという点では、二人の意見は一致しなかったが、アメリカ社会には社会学を下から支える資源がなかったという点では意見が一致した。つまり一八六〇年代の南北戦争後に登場した時から、アメリカ社会には社会学を支える資源がなかった。つまりここでいう資源とは、まず学生のことで、アメリカ社会には社会学を学ぼうとする学生がいなかった。それだけでなく、政府、公務、大学、社会研究を支援する慈善団体、どれをとっても専門社会学者を雇用する需要がなかった。

こうした分析結果は、多少の時間的なズレはあるものの、イギリスにもそのまま当てはまる。アメリカ社会学会はイギリス社会学会よりも二年遅れて設立されたので、両者にはほとんど時間差はなかった。

学生という需要を重視するのは、アメリカではイギリスよりもはるかに早くから、また急速に第三段階教育（中等教育の上にくる教育段階。大学ばかりでなく、さまざまな職業教育機関が含まれる）が拡大したためである。それに対してイギリスでは所得格差、身分格差がはるか後まで続き、第二次世界大戦後のかなり後まで、大学に通える者は社会のなかのごく少数者に限られていた。すでにエイブラムスが論じている（一九六八）ように、イギリスの一九世紀型の政府のあり方もまた、普通の人々に公共問題に参加する機会を十分提供していた。それが結果的には大学の内部に社会学部を成立させる妨げとなった。さらにまたアメリカでもイギリスでも、資金を持つ慈善団体は、社会調査の資金源としてはきわめて不安定で、その影響力は低下傾向にあった。

しかし両ターナーはアメリカ・イギリス共通の要因をも指摘している。それは社会改良を求める市民感情の高まり、キリスト教に代わる信仰に対する願望、農村から都市への人口移動、他の学問領域との競争、官僚制度の成立などである。ただ両ターナーが取り上げなかったのは、社会批判と社会改革という知的な領域での、科学と文学とのライバル関係だった。ヨーロッパでは文学は科学的社会学に対する強力な障害物となった。

科学と文学

もともと職業間の闘争は、絶えたことがない。今でもなお科学と文学は競いあっている。私が知っている最後の社会学者兼詩人はチャールス・マジュ（一九一二〜一九九六）だった。彼は社会学者としてよりも、むしろ詩人としての名のほうが高かっただろう。それは一九五〇年代のバーミンガム大学でのことだった。詩人でありながら、本格的な社会学を論じた最後の詩人はT・S・エリオット（一八八八～一九六五）だった。彼の『文化の定義についてのノート』*Notes Towards a Definition of Culture* は一九四〇年代の学部生にとっては必読文献だった。それは当時流行のカール・マンハイムの知識社会学と、彼のいう戦後再建のための計画を標的に据えた反論であった。

さらに二〇世紀も末になって、イギリスの社会学のリーダー、ブリティッシュ・アカデミーの総裁、W・G・ランシマンは、こう宣言した。「ポスト・モダニズムは姿を消した。人間の社会行動の研究のうち、科学よりも文学に属したほうが適切と見られる部分を持ち去っていった」（Runciman, 1998 : vii）。彼はさらに、今や新たな進化論的なパラダイムが登場しつつあると主張した。さまざまな専門分野に共有する規準が出現し、人間はどうしてこのように在るのか、人間はどうしてこう行動するのか、それを説明する枠組みを提供できる、新たなパラダイムが出現しつつあるという。こうした枠組みを使えば、歴史や比較文化についての仮説を設定し、テストすることができるようになるという。

しかしこれは二〇世紀初頭の一〇年間、ホッブハウスの主張とそれをめぐって荒れ狂った論争に、驚くほどよく似ている。たとえば、実証主義者のフレデリック・ハリソンは、C・F・G・マスターマン（一八七四～一九二七。一九〇七年に発表したイギリス社会での貧富の格差を描いた著書で著名）の『イギリスの条件』*The Condition of England* に対する書評 *Sociological Review*（Vol.2, 1909 : 396）のなかで、H・G・ウェルズ、バーナード・ショウ、G・K・チェスタートン，ヒレリー・ベロック（いずれも文学者）を、「パラドックスと馬鹿騒ぎの巨匠」と非難し、彼等の書いたものは「科学的社会学の『素材』と受け入れることがほとんどできない」と否定した。ところがその翌年同じジャーナル（一九〇三年創設の社会学会にとっては、その当時唯一の公式の刊行物）に（Vol.3, No.2, 1910）、ラトクリフの『イギリス小説の社会学』の書評が載った。そこでは、現代のフィクションはハーバート・スペンサーのいう社会学よりもはるかに幅広く、優れた意味での記述的な社会学になっていると主張されていた。「古代世界の社会学は、旧約聖書、ホーマー、ヴェーダ（古代インドの宗教書）、マハーバーラタ（ラーマーヤナと並ぶ、古代インドの叙事詩）、サーガ（北欧神話）、民話、アーサー王の伝説のなかに詰まっている。現代社会についてのさまざまな記録は、小説のなかに詰まっている」。おそらく現代のわれわれならば、「映画のフィルム、演劇の脚本」もつけ加えることだろう。

しかしながら、われわれはランシマンの指摘に惑わされるべきではない。彼もまた『メリトクラシーの勃興』*The Rise of the Meritocracy* というフィクション風の著書を書いたマイケル・ヤングのことを高く評価している。さらにまた、クリシャン・クマール（二〇〇一）のいうように、ウォルフ・レペニースの説（一九八八）、つまり社会学は一九世紀ヨーロッパで「文学と科学の中間」から発生したという説を、まじめにとるべきではなかろう。彼の説によると、この文学か科学かという帰属問題をめぐる闘争が、フランス、ドイツでは大学内での社会学科の成立を早めたのに、イギリスではそれを遅らせたのだという。

フランスでは、バルザックがその『人間喜劇』のなかで、コント時代のフランスの社会構造を徹底的に記録し、文学の立場からの自己主張を行った。それと同じことをやがて、ゾラがデュルケーム時代の第三共和政について行った。それではイギリスの場合はどうなのか。ブースやロウントリーのような

「社会会計士」は、バルザックやゾラ以上の遺産を残したのだろうか？ 工業化、都市生活、社会序列についての描写は、ディケンズ、ジョージ・エリオット、トロロープ、H・G・ウェルズなどの作家のなかにあるのだろうか、それとも文芸批評か社会史のほうにあるのだろうか？ レペニースは、ヴィクトリア時代（一八三七〜一九〇一）、エドワード時代（一九〇一〜一九一〇）のイギリスでは、小説家や歴史家の作品のなかに「隠された社会学」があるといった。これに対してクマールは「潜在的な社会学」という別の表現を使い、それは社会的にも政治的にも重要な意義を持っていると主張している。

レペニースの議論によると、フランスやドイツでは社会学は、他の専門分野からはっきり区別できる、独立した科学として成立した。それは既成権威を支持することもあったし、それに反抗する場合もあったという。ところがイギリスの場合には、それは何よりもまず人々の普段の常識の一部であり、あえて独立した大学の学部として、その存在を主張する必要がなかったのだという。この議論をさらに拡張させると、こうなる。イギリスには一九世紀社会の有力な解釈の仕方として、政治経済学が登場した。それはイギリスには個人主義の伝統があったためである（Macfarlane, 1978）。その結果、統治する側から見ても、統治される側から見ても、時代「精神」を形作るもろもろの社会的な力がすでに働いており、それが社会学の成立を拒否することとなった。

その後イギリスでは、戦間期という問題の多い時代がやってきて、その時に社会学の発展の種が蒔かれた。その芽が少しずつ開いていったが、その制度化は第二次世界大戦後まで持ち越された。この点の詳細は4章で取り扱うことにする。アメリカ、フランス、ドイツでの社会学科の成立と比較すると、「イギリスの社会学は奇妙に無力で、存在感に欠けている。社会学は戦後になって初めて登場したが、それが扱う基本的なテーマを見ると、それはもともと『文化研究』(カルチュラル・スタディズ)と呼ばれるものだった。この文化研究がイギリス国内でも国際的にも議論を呼び起こし、知的な発展に貢献した」。レペニースはさらにいう。「『文化研究』と呼ばれるものの特徴は、マシュー・アーノルド(一八二二〜一八八八。イギリスの詩人、文芸批評家。ラグビー校の校長を務める)以来のイギリスのインテレクチャル・ヒストリーの縮小版で、社会学と文芸批評を混ぜあわせたものである」(Lepenies, 1988 : 195)。

それでは科学と文学は、それぞれいかなる理由のもとに、われわれがここで仮に社会科学の第三の文化(社会学はその一部)と呼ぶ領域の主権を主張しているのだろうか? われわれはすでに、ものの名前が時間と空間によって、意味を変えることを知っている。それと同じことは、社会学という名前についてもいえる。文学と科学はかつてはフランスのアカデミーによって認められていた。『博物誌』(一七四九)の著者、ビュフォンは、一七五三年にはアカデミー・フランセーズの一員に選ばれた。最初の会合で彼は様式というテーマで講演を行った。その講演は一世紀後になっても、ボードレールを感激させた。今日ではロイヤル・ソサエティとブリティシュ・アカデミーの区別は明確である(前者は自然科学の学術団体。後者は人文・社会科学の学術団体)。統計学者と人口学者だけが、両方に選ばれる資格を持っている。

それでは、科学と文学の間では何が起こったのだろうか? ケントは一九世紀の「社会の科学」は、社会会計士としても、社会分析者としても社会調査士としてもあまり成功しなかったという(Kent, 1981)。まず科学の側からの主張を簡単に見ておこう。科学のルーツはいうまでもなく理性と計算である。カール・ポッパーの『科学発見の論理』*Logic of Scientific Discovery*、『歴史主義の貧困』*The Poverty of Historicism*』、トーマス・クーンの『科学革命の構造』*The Structure of Scientific Revolutions* などは、現代の経典になっている。その詳細は、話が展開するなかで、おいおい見てゆくことにしよう。またアーネスト・ゲルナー（一九二五～一九九五）は、自信を持ってこう主張している。自然科学の出現とその物質技術への応用は、啓蒙運動以来、人類に一定の手続き上のルールを教え込み、すべての土着文化を征服し、神の啓示を破壊し、いかなる文化も理解可能と見なす合理性を伝えたと。この意味での科学的方法は、特定の社会はそれぞれ神聖で、特殊で例外的な性格を持っているとする文化的相対主義者の立場とは違っている（Gellner, 1992）。

それでは文学と歴史の場合はどうなのか？　それに答えるには、少しだけフランスに戻らなければならない。オノレ・ドゥ・バルザックはビュフォンの後を追って、ビュフォンの『博物誌』を人間生活に適用するという野心的な計画を発表した。『人間喜劇』は一八四一年に完成したが、それはまさしく「歴史学と科学という学問に対する挑戦」（Prendergast, 1990 : x）だった。それは一種の社会史（「習俗の歴史」）で、そこには動物学の分類方式に倣った複雑な多様性が描きだされている。動物の世界が「動物学上の種」によって分類されているように、フランス社会の歴史があたかも「社会の種」として描かれている。

『ウージェニー・グランデ』は、バルザックの壮大な計画のなかの最初の試みだった。まず背景となるフランスの片田舎の生活が生き生きと描写される。そこには田舎の人々の信心深さとか、家父長的な家族主義とか、男と女の分業制度が描写されている。そこに登場するのが、こうした価値観に従順な乙女である。その無邪気な彼女が、いかにして希望を失ってゆくかが描かれている。彼女の狭い生活は、パリからやってきた従兄弟のシャルルの登場によって、突如として乱される。彼は貴族主義的な振る舞いと金権的な強欲によって腐敗している。便利さ目当ての結婚生活のため、性と愛は分離されている。しかし彼女は優雅なパリジャンとの恋に落ち、吝嗇で暴君的な父親に反抗する。

　こうした首都と田舎、親と子、階級と階級、男と女の葛藤は、バルザックの小説のなかに繰り返し繰り返し登場してくる。このようにして人間生活全体にわたるドラマが編み出され、「社会の種」のパノラマが提示されてゆく。

　ところが一八世紀の啓蒙運動は、ニュートン科学への関心を高め、物的な世界はそれによって説明され、予測できるとする信仰を強めた。物体の運動を支配する永遠不変の法則（天体の運動と身近な潮の満ち引きを含めた）が、秩序ある宇宙を支配している。ところが一九世紀に入ると、ヨーロッパではこうした世界観が、人間の行動にまで拡張されることとなった。つまりごく単純な原理が、多様な人間の行動を支配しているはずであるとする思想が広まった。イギリスでは、こうした原理はベンサムの功利主義として定式化された。ベンサムの信奉者だったジェイムズ・ミルは、その息子、ジョン・スチュアート・ミル（一八〇六年生まれ）をこのベンサム哲学に忠実に（ピューリタン要素を加味して）育て上げた。チャールズ・ディケンズの『困難な時代』（一八五四）に登場するグラドグリンドは彼の父親を戯画化したものである。そこには一片の詩もなければ、怠惰もない。ジョン・スチュアート・ミルの後半生は、こうした父親の教育に対する苦悩に満ちた戦いだった。それは科学の文化から感情の文化に乗り換える作業だった。その移行を助けたのが、詩人ワーズワースであり、一八五一年のハリエット・テイラー夫人との愛だった。フランスのオーギュスト・コントもまた、初めは社会についての精密な実証的な科学を作ろうとした。ところがやがてクロチルド・ドゥ・ヴォーと同様な関係に陥り、最後には（科学的な）人類教を作りだした。他方、フローレンス・ナイティンゲール（一八二〇〜一九一〇）はいつも統計学を、「小説よりもはるかに生き生きとしている」と見ていた。

ハーバート・スペンサー（一九〇三年没）もまたヴィクトリア時代の聖者だった。彼は人間の研究に自然科学を取り入れる上で、強力な影響力を発揮した。アンドリュー・カーネギー（一八三五〜一九一九。アメリカの鉄鋼王）に尊敬され、青年期の毛沢東から崇拝されたスペンサーは、伝記作家J・D・Y・ピールの表現を使えば、「一八八〇年代の初期、まるで稲妻のようにアメリカの大学を打ち砕き、三〇年間にわたってそこを支配した」（Peel, 1971：2）。一八八二年に行われた彼のアメリカ訪問は、あたかも凱旋パレードのようだった。ところがその時すでに、ヨーロッパでは「彼の理論は、さまざまな社会学の概念とともに捨て去られていた。彼の理論は一面では誤りで、信頼できないようにも見えたが、その反面では、真実らしく役立つようにも見えた。結局のところ、彼の理論は伝統のなかに吸収され、その著者の名前とともに忘れられた」（*Ibid.*, p. 3）。世紀が切り替わる頃、大衆作家アーノルド・ベネット（一八六七〜一九三一。小説家として最高の収入をあげたといわれている）はその小説のなかで、あたかも自分がスペンサーの『第一原理』を逐一解説しているような気がしたという。

ベアトリス・ウェッブもまたヴィクトリア時代の子供だった。彼女は先生だったスペンサーの影響をまともに受けた。彼女もまた科学、進歩、理性を信じながら成長した。一九〇〇年五月二三日の日記（Mackenzie, 1984, Vol.II：175-6）のなかに、彼女は書きつけた。

われわれの努力は、今や一つの目標に向かっている。つまり社会の科学の確たる基礎を打ち立てることである。その一部はわれわれ個人の仕事として、もう一つはロンドン経済政治学院を設立することによってである。われわれはすでに大学の地位を獲得し、ビルと敷地を確保した。われわれは規則的な収入の見通しを確保し、今では学生を集め、教師を訓練している。しかしこの新たな活動が、単なる文化でなく、浅薄な技術教育でもなく、純粋な科学であることを、どこまで証明できるかは、しばらく様子を見る必要があろう。

しかし彼女の後半生もまた、ジョン・スチュアート・ミルと同様、文学的野心に付きまとわれた。彼女は新しい社会の科学の著者となるとともに、『六〇年たって』*Sixty Years On* という小説を書く計画を持っていた。この小説では、女性の最後の解放と、国家による福祉サービスの充実という二つが、主なテーマとなるはずだった。しかし残念ながら、その小説はついに夢で終わった。その代わり彼女の日記と二冊の自叙伝、『我が徒弟時代』*My Apprenticeship*（一九二六）と『我がパートナー』*Our Partnership*（一九四八）が後に残された。

彼女は一八九二年にシドニー・ウェッブと結婚した。この結婚は「確実ではあるが、読むことのできない本」を作った。実際に子供はできなかった。しかし、彼女自身は四人の子供を生んだと考えていた。つまりロンドン経済政治学院と少数派意見書と雑誌『ニュー・ステイツマン誌』*The New Statesman*（一九一三年創刊。左派系雑誌）とソ連共産主義だった（Lepenies, 1988 : 135）。彼女の科学への追求心と信仰への探求心は、レーニンとソ連への讃美となって結実した。彼女はソ連を「新しい文明」と賛美した。彼女は一九四三年にこの世を去ったが、最後の瞬間まで科学と文学という、互いに対立する衝動から解放されることがなかった。それだけではない。彼女は永遠の引力から解放されることがなかった。その引力とはほかならぬ宗教の力だった。

ウェストミンスター寺院でのウェッブ夫妻の葬儀を、マルコム・ムジャリッジ（一九〇三〜一九九〇。イギリスのジャーナリスト）は悪意と皮肉を込めて、「ソ連独裁制の傑出した支持者の葬儀」と形容した。おそらくこれほどイギリスの習慣を記録した文学上の貢献として、傑出した形容はあるまい。ベアトリスの姉妹、少しおかしなところのあるロシー（ドッブ夫人）は、ここで有名なせりふを吐いた。寺院のなかには、ベアトリスとシドニーの骨壷が安置されていた。ロシーは戸惑ってこう尋ねた。「どっちがシドニーで、どっちがベアトリス?」（Muggeridge, 1975, Vol.2 : 302)。この質問は比喩的（メタフォリック）というか、メタ社会学的というべきか、現代の社会学にもそのまま当てはまる。社会学って科学なの、それとも文学なの？　ウェッブ夫妻は自分達を社会学者と考え、まるで動物学者が植物と動物を収集し分類するように、社会に関する事実を集め分類した。そしてその結果を社会工学のように、地方政治、労働組合、協同組合、貧困のための社会政策の指導に使った。これらの原理は彼等の『社会研究の方法』*Methods Of Social Study*（一九三二。川喜多喬のよる邦訳あり）のなかに見出すことができる。社会科学を好意的に理解していると主張しながら（シェイクスピアとゲーテを理解の例としてあげている）、他方で彼等は社会学には生物学と同じ特徴があるという考え方に固執した。

シドニーの方は企画から企画へと精力的に活動したが、ベアトリスの方は次第に文学的な夢を膨大な日記のなかに発散させていった（Norman and Jeanne Mackenzie, 1982, 1983, 1984)。「無教養のモデル」、これがヴァージニア・ウルフ（一八八二〜一九四一。作家。『ダロウェイ夫人』など）のシドニーに対して下した判決だった。

文学の側の主張

小説家達はヴィクトリア時代のイギリスの大衆読者層を掴むことに成功した。少なくともフランスやロシアくらい大衆の心を掴んだ。バルザック、ユーゴー、ゾラはフランスではむさぼるように読まれた。それと肩を並べるほどの小説家の豪華版がイギリスにもあった。もっとも寿命の長かったのは、チャールズ・ディケンズ（一八一二〜一八七〇）だっただろう。彼は無知、悲惨、金欲、すべてを描きだした。ディケンズは当時のロンドンや地方の生活をさまざまな形で生き生きと描きだし、フランスのバルザックになぞらえられた。彼の後にも尊敬される一連の小説家群が続いた。これら一連の小説家達はＦ・Ｒ・リーヴィス（一八九三〜一九七八。文芸評論家。スクルーティニー誌を発行）が偉大な伝統と呼び、レイモンド・ウィリアムス（一九二一〜一九八八。文化社会学者）が長い革命と呼んだ成果を生みだした。それらはいずれも産業革命が社会にもたらした結果に対する一貫した批判であった。しかし貧しい人々の生活を描写する作業は、すでに一八世紀から始まっていた。しかしある時は節制ある人と描かれたり、そうかと思うと、反抗心を持った人々として描かれたり、生活の苦しい人となったり、さまざまだった。ベアトリス・ウェッブは一九世紀のジャーナリスや社会調査者の習慣が、なかなか変わらないことを非難している。

一九世紀の作家のなかで代表的なのは、メアリー・アン・エヴァンス（一八一九～一八八〇。筆名はジョージ・エリオット）であろう。われわれがここで彼女を取り上げるのは、ただ単にハーバート・スペンサーと短期間親密な関係にあったという皮肉からではなく、文学を社会批判の第一の舞台として認めた代表人物だったからである。また彼女は「慎ましい出身」から才能をもとに地位を築いた人であり、地方生まれの非国教徒で、道徳的な理想主義者であった。これこそヴィクトリア時代の社会構造のなかでは、注目に値する役割だった。

彼女の作品のうち『サイラス・マーナー』*Silas Marner*（一八六一）は、バニアンの『天路遍歴』*Pilgrim's Progress*（一六七八）に似たスタイルをとりながら、産業革命の中心問題、つまり地域社会の喪失と信仰の喪失に焦点を当てている。一九六七年のペンギン版への序論のなかで、クイーニー・リービスはこう書いている。

この本は「人類学的」な用語を使いながら、一九世紀の貧しいキリスト教徒を取り巻く環境を描きだしている。彼等の重荷は原罪ではなく、信仰の喪失と地域社会の喪失である。都市が彼等に与えたものは、田舎の伝統ではとうてい宗教とは認められないものだった。もともと彼等はその田舎という環境のなかで、彼等自身をイギリス市民へと仕上げていたのである（p.14）。

しかしリービス夫人もジョージ・エリオットも、ともに「古きよき田舎の生活」を神話化しすぎている。後者の場合には彼女自身の農村部での子供時代にノスタルジーがあるからなのだろう。それはたしかにロンドンのごみごみした不潔な通りとは違っていたことだろう。それに対して前者の神話化は、二〇世紀のイデオロギーに原因がある。彼女は農村生活を「有機的な地域社会と統一された社会、荷馬車と廻る水車の時間の時間のない過去」と誤ったとらえ方をしている（p.14）。しかし地域共同体の追求は、その頃からの社会学者の果たせぬ夢だった。世間がますます神を見失いつつある世俗化のテーマは、二一世紀に入ってもなおかつ宗教社会学者のテーマとなっている。

サイラスの物語の際立った側面は、地域共同体と市場の対立であり、それが子供の養育にどのような結果をもたらすかである（Young and Halsey, 1995）。ヤングと私はかつて、パルティザン的と自認する報告書（それは左翼傾向を持ったシンクタンクから出版された）の最後に、一八六一年に出版されたこの小説を参考文献にあげておいた。一八六一年という時代は、二〇世紀型の児童遺棄がますます目立ってきた時期だったからである。サイラスは狭い共同体から放りだされ、南に向かう。見知らぬ人々の間に混じりながら、織工の職を見つける。しかし彼はあくまでも周辺に位置づけられ、他人と交渉を持つのは、服を買うために市場に出かける時だけである。こうした世界に対する彼の反応は、賃金のなかから、こつこつと金を貯めることである。しかし物話が流れるうちに、彼は金を盗まれ、その代わりに金髪の幼子が彼のもとに残される。その時、彼は彼なりの社会主義の断片を覗くのである。エリオットはこう書いている。

昔は天使がいて、手をとって破壊の都市から人々を導きだしてくれた。今やわれわれは白い羽をつけた天使を見ることはない。しかし誰かの手がわれわれを破壊の恐怖から連れだそうとしている。

誰かがやさしく手をとり、穏やかで明るく輝く土地に導いてくれている。だから人々はもう後を振り向かない。その手とは小さな子供の手なのだろう。

われわれはこの小説のポイントをこうまとめた。「二〇世紀の未来とは、新しい共同体での、新しい児童中心主義となって現れた」。

リービス夫人はさらにこうもいう。ジョージ・エリオットはイデオロギーと不平等、余暇と労働、階級と身分といった、一八二〇年代の農村部のさまざまな側面を、農民を愚民あつかいすることなく、洗練された形で描いて見せた。パブでは荒っぽいが、気の効いたやりとりがあり、無学な議論が飛び交う。酒と馬鹿げた冗談と迷信。これらがまともなセンスや親切心、子供への愛情、もてなし、協力（これはその村では義務となっている）とともに共存している（p.39）。こうした地域共同体の複雑な要素のなかには、階級方言も含まれていた。

彼等の話し方や表現の仕方、……その力とリズムには、ある時ははっきりとした、ある時は微妙な形で、教養あるイギリス人とは異なった響きがあった（p.41）。

しかしこれらすべては、驚くほどのことではなかろう。社会学者は社会構造を作り上げるロールプレイに関心を持ち、彼等の発見をもとに、社会改良の提案を推進したり、警告したりしている。バルザック、ドストエスキー、ゲーテ、ジョルジュ・サンド、ウィリアム・モリスなどの小説家達は、社会に住む人々にしばしば熱い視線を向けてきた。ところが驚いたことに、彼等はコーヒー・ハウスでもサロンでも大学内でも、過去二世紀にわたって、摩擦を起こさず、ともに生きる道を発見できなかった。その説明のある部分は、その時代の科学が文化、宗教、政治に向けて、論争を仕掛けたことに原因があったのだろう。

小説家と社会学者の間では、あらゆることをめぐって戦争が起こった。最後にはウェッブ夫妻とH・G・ウェルズとの離反が起こった。ウェルズは一九〇二年にはウェッブ夫妻の呼びかけで結成された「協同クラブ」（イギリスの既成体制を内部からの改革をめざす著名人クラブ）のメンバーとなった。ところが一九一一年に出版された『新マキャヴェリ』*The New Machiavelli*（社会学的な小説）では、シドニーとベアトリスのことを（フィクション上の人物として仮面をつけているが）、科学を無批判に信仰する信奉者として描かれている。この無批判的な科学信仰の起源は、ハーバード・スペンサーにあったことはいうまでもない。

ウェルズは一九〇三年に社会学会に設立委員として加わった。そして一九〇六年にはロンドン経済政治学院で「社会学という名の科学」について講義をした。そのなかで彼は社会学はただ科学を装っているだけだと批判し、コントとスペンサーを愚か者と否定し、彼等を抹殺せよと説いた。そしてプラトンこそ社会学的な思想の最初の源泉だと説いた。

彼はまた社会学者は、互いにその学問の定義でさえ一致できないという、よく聞く話を繰り返した。そして数学で発見された手続きは（数え上げること、分類、計算）、すべて誤りにつながるだけとした。進歩に必要なものは、科学と文学の結合だとした。将来、科学的な社会学はなくなり、文学的な社会学だけが残るだろうともいった（Wells, 1907）。ウェルズは、一九〇七年にロンドン経済政治学院に創設された社会学の講座が欲しかったのだという話もある。しかしそれはホッブハウスのほうにいった。文学者で社会学の教授に最初になったのは、一九五〇年のチャールス・マジュ（一九一二〜一九九六）だった。

マジュはイギリス帝国の反逆児として、父親の遺産である帝国から戻ってきたところだった。彼の父親とは「ミルナーの若者」（ボア戦争の指揮官ミルナーのもとでイギリス人として戦ったグループ）の一人で、ボア戦争後の帝国再建に大活躍をした人物だった。その子チャールスは一九一二年ヨハネスブルグで生まれ、父親を第一次世界大戦で失ったので、イギリスにつれ戻された。彼は大人しい、育ちのよさを身につけていた。少し違った形で、自分を控える面があった。ただそれは熱っぽい衝動的なラディカルな本性を隠そうとしていたためであろう。彼は頭がよく、ウィンチェスター・パブリック・スクールで学び、ケンブリッジのモードリン・カレッジで学んだ。そこで彼は科学を専攻することに決意した。ところが彼はすでに詩を書き始めていた。詩と科学。果たしてのこの二つの関心は結びつくのだろうか？

一九三〇年代とは知識人にとっては、波乱に富んだ時期だった。世界経済の混乱ばかりでなく、マジュの世代は政治的にも、道徳的にも激動を体験した。独裁制は民主制を脅かし、不況は社会的な不平等の脅威をもたらした。マジュは科学と詩を結びつけ、それを人道主義に役立てようとした。それはケンブリッジの同世代人と同じだった。

たとえば、J・D・バナール（一九〇一〜一九七一）は『科学の社会的機能』*The Social Function of Science*（一九三九）を著し、ランスロット・ホグベンは『市民のための科学』*Science for the Citizen*（一九三八a）と『万人のための数学』*Mathematics for the Million*（一九三七）を著したが、その狙いは同じだった。マジュは東からのニュースを歓迎し、共産党の非活動党員となり、パリからはシュールレアリズム（精神分析とマルキシズムの思想を現実に適用することで、社会変革を図ろうとする運動）を受け入れた。彼の詩はW・B・イエーツによって選ばれ、『オックスフォード版現代詩』*Oxford Book of Modern Verse*（一九三六）に収録された。しかし彼の個人的なラディカリズムは、彼の身を「足元からさらった」。やがてグラマーな女性カトリーン・レインのためにケンブリッジを離れ（学位はとらず）、ロンドンに幸運を求めて出て行った。彼等は一九三八年に結婚したが、一九四二年に解消した。

その間、彼はT・S・エリオットの好意で（エリオットは彼の政治は嫌っていたが、詩は好いていた）、最初の詩集『消えゆく城』*The Disappearing Castle* を一九三七年に出版した。そしてエリオットは彼をデイリー・ミラー誌のリポーターに斡旋した（一九三五〜一九三六）。それからのことはマジュがいちばんよく憶えているはずである。彼は人類学を自学自習したという、企業的な広告業者であり、同時に自己宣伝業者であるトム・ハリソン（一九一一〜一九七六）とマス・オブザベイション社（世論調査機関）を創立した。

マジュは「デイリー・ミラー」で働いているうちに、普通の人が考えていることと、社会のリーダーが彼等が考えていると想像することとの間にギャップがあることに気づいた。彼はエドワード八世が退位する時、普通の人々の意見と新聞、議会、政党が表す意見との間に溝があることに気づき、ニュー・ステイツマン誌（一九三七年一月二日）に「マス・オブザベイション」社を通じて「大衆の科学」を作りだすと書いた。彼は当時人気のカリビアン・カリプソ「一九三六年一二月一〇日、ウィンザー公はキックした」を知っているとともに、同時に女王、ボードウィン（当時の首相）やチャーチルなどの公式の意見も知っていた。そこで彼はその双方のために、それぞれの意見を解釈し、科学的な事実に基づいた民主制を作ろうとめざした。

　ところがまったく偶然にも、トム・ハリソンが彼の最初にして生涯唯一の詩を、ニュー・ステイツマン誌の同じ号に発表した。ハリソンは、ごく最近太平洋のニュー・ヘブリデイズ諸島（現在のバヌアツ）の「人食い人種との共同生活」からイギリスに戻ってきたところだった。そしてボルトン北のイギリス人の研究をまとめていた。彼はさっそくマジュに一ヶ月以内に全国的な規模の「マス・オブザベイション」を発足させると手紙を送った。しかしこれほど対照的な人間の協力が長続きしないことは目に見えていた。マジュは距離をとり始めた。ただその前に彼等の事業は成功し、全国的な注目を集めた。マジュ、ハリソンは共編のペリカン特集『イギリス』*Britain*（一九三九）を出版した。そのなかで彼等はジャーナリストとしてのスキルを生かして、「観察者」の目から現代生活を生き生きと描きだすために、全国のボランティアから日記を募集した。

　マス・オブザベイションとはマジュの言葉を使えば、「われわれ自身についての科学」であった。トム・ジェフリー（1978 : 3）によると、それは「普通の人々が、独りよがりの新聞や無関心な政府によって、いかに間違った方向に導かれているかを知った時に始まった」。当時の社会学はあまりにも学問的にすぎるとして排除された。今必要なことは、事実を集め、それを流すことだった。マジュのもとに届いた日々の報告は、一年後には二三〇万語に達した。彼はそれを選り分けるのに一年かかった。T・H・マーシャル（一八九三～一九八一。本書一〇六頁以降参照）は一九三七年一二月のハイウエイ誌で、またマリー・ジャホダは「社会学評論」（*Sociological Review* Vol. XXX, 1938）で、研究意図の真剣さと、日記を寄せた全国に広がるボランティアのことは高く評価したが、その方法は非科学的だと非難した。

一九三七年から一九四五年まで回答を寄せた人数は一、八九四人に達した。彼等は中年というにはまだ若すぎる人々で、どちらかというと左派に偏り、大部分が中産階級に属していた。つまり全国からランダムに抽出されたサンプルとはいえなかった。しかしながら、その資料は今ではサセックス大学に保管され（詳しくは、Calder and Sheridan, 1984 : 246—59. 参照）、戦中、戦争直後の社会史の貴重な資料となっている。

マス・オブザベイション後のマジュは、ごく平凡でまともな人間となった。一九四〇年から一九四二年までは、全国経済社会調査研究所で、J・M・ケインズのもとで労働者の消費行動の研究を行った。その後いくつかの職を経て、一九五〇年から一九七〇年までバーミンガム大学の初代社会学の教授となった。そこでの彼の活動は、時々ユネスコの開発計画に関わるだけで、全体としては乏しかった。彼の詩は姿を消し、社会学者としての評価もまた高まらなかった。

奇妙なことだが、リチャード・ホガート（一九一八〜。『読み書き能力の効用』一九五七年の著者）が一九六三年にバーミンガム大学に現代文化研究センター（the Centre for Contemporary Cultural Studies : CCCS）設立のためにきた時は、マジュとほとんど関係がなかった。彼等はどちらも彼等に深く関係する事件が、過去にあったことを知らなかった。一八八〇年T・H・ハクスリー（一八二五〜一八九五。生物学者）がジョサイア・メイソン・カレッジ（バーミンガム大学の前身校）で、社会学が科学と技術中心のカリキュラムに追加される必要があると訴えていた。

バーミンガム大学での現代文化研究センターは、一九六四年からはスチュアート・ホール（一九三二年生まれ。『カルチュラル・アイデンティティの諸問題――誰がアイデンティティを必要とするのか？』二〇〇一年がある）の指導のもとで活動を開始したが、その発展はどちらかといえばあまり目立たなかった。ところがケンブリッジではC・P・スノー（一九〇五～一九八〇年。『二つの文化と科学革命』の著者）とF・R・リーヴィスの間で論争が始まった。ケンブリッジではあくまでアウトサイダーだったF・R・リーヴィスは、スクルーティニー誌 *Scrutiny* を通じて、イギリス研究を現代大学の教育の中心科目とすることを秘かに狙っていた。彼は広い範囲の文献を収集していた（Lepenies, 1988：175―95；Annan, 1990）。

他方スノーは一九五九年のケンブリッジでのリーズ講義で、文学と科学という二つの文化を対置し、その対照的な性格を説いた。とくにイギリスでは、科学者の俗物根性と人文学者の無関心からくる無知という構図が作りだされ、それが相互の敵意と偏見を生みだし、育ちがかかっている科学文明に悲惨な結果を招いているとした。スノーは文学のサークルには、反民主的態度が巣食っていると非難した。科学と民主制こそ将来発展の基礎なのだから、学部教育では科学の文化の方が重視されるべきで、文学優位の伝統は終わるべきだと主張した。これに対して、リーヴィスは一九六二年のリッチモンド講義で、スノーに対して論争的な反論を展開した（Leavis, 1962）。

当然のことながら、論争が終わるはずはなかった。ここで興味深いことは、この論争がすでに一九世紀末にマシュー・アーノルドとT・H・ハクスリーの間で起こっていたということではない。そうではなく、今や社会科学や社会研究もまたこの論争に加わり、そこに論争の三角形が出現したことである。

バーミンガム大学の社会学科は、かつては優れた社会学者の本拠地だったが、やがて激しいイデオロギー論争の犠牲となり、一九七〇年代、八〇年代には政府による予算削減の犠牲となった。その結果、この大学の社会学科は分解され、そこにいた教員達はあちこちの学科に分散させられた。しかし一九九八年になると社会学科は再建され、文化研究（カルチュラル・スタディズ）と社会学とのジョイント学科となった。再建後初の教授となったフランク・ウェブスターは就任講義のなかで、オックスフォードの計量的分析とバーミンガムの質的な分析の両方をめざす新段階がきたと語った。

このようにして、文化研究（カルチュラル・スタディズ）は二一世紀初頭に入ると社会学の主流となった。ことに一九九二年のポリテクニクの昇格以降（「訳者解説」参照のこと）、その傾向が強まった。それとともに二〇世紀末には科学は次第にその場を失い、統計学は選択科目か随意科目となり、ついには姿を消した場合もある。たとえばランシマンのように、その著書『社会的動物』*Social Animal*（一九九八）の序文のなかで、サンプリング手法の正確さを賛嘆し、社会学者を名乗る者はすべて、数学の初歩の神秘さを学ぶ必要があると説く教科書があるかと思えば、他方では社会学の入門書と名乗りながら、ページ数以外まったく数字が見られない教科書もある。もちろんサリー大学のように、計量分析が必修科目となっている大学もある。しかし計量分析を絶対必要な条件とは見なさない社会学者が、多く生まれるようになった。

その結果、社会学とはいっても、一方にログ・リニア・モデル（対数線形モデル。計量分析の一手法）を利用できる者がいるかと思えば、カイ二乗検定も、絶対移動と相対移動の違いも説明できない者がいるというように、社会学は異人種の混合体となった。多くの者は計量分析派と数学のまったくできない者との中間にある。同じように、科学的アプローチと文学的アプローチとに分かれている。しかしそれは今に始まったことでなく、昔からそうだった。この分離は社会学の歴史と同じほど古い。そこで問題はこうした分裂をやめるべきなのかどうか、もしやめるとしたら、どういう組織でそれができるのか、ということになる。

文化研究（カルチュラル・スタディズ）対計量社会学についての結論

われわれは社会学が科学なのか文学なのかという領土争いから話を始めた。これまで見たように、この戦争はすでに一九世紀初頭から始まっていた。ポッパーの用語を使えば、現代の実証的な計量社会学の強みは、明確に定義された仮説をこつこつ集めたデータを使って厳密に検証することにある。小説がもっとも弱い点はここである。しかし同じポッパーの用語を使うと、バルザックやディケンズの小説には多くの仮説の材料が含まれており、その微妙さと幅では、はるかに優れた素材が書き込まれている。だからそこから引きだされる結論は明らかである。つまり「社会学的な小説」と高度な統計的な分析の両方に可能性がある。一方の目的は記述し、定式化することであり（ポッパーのいう帰納）、他方は誤りを立証することである（ポッパーの演繹と実験）。社会学の宿命とは、この二つの方法の間の対立であり、二つの方法が分離したまま教育されていることに、社会学凋落の原因がある。この二つが分離したままでいる限り、科学によって教育された社会学者と数学音痴の文化研究（カルチュラル・スタディズ）

学派とが、互いに理解できないまま、にらみあいを続けるだけだろう。

こうして状況を見ると、計量的研究方法と質的研究方法の対立を、今一度よく反省してみる必要がある。前者は何が、どこで、いつ、どうなったかを問う。それに対して後者はなぜを問う。こうした二つの研究方法から得られるデータを付きあわせれば、正確で、豊富な、バランスの取れた結果がえられることだろう。ポストモダニズムが姿を消したとすれば、二つの方法論はもはや相手を貶しあう必要はない。お互いに協力しあって、社会についてのより完全で真に近い姿を把握できるようになるはずである。

このように二一世紀初頭の現在、社会学では文化研究（カルチュラル・スタディズ）と計量科学との間の論争に終始している。しかし議論すべきは、それがすべてではない。われわれはこの後で、ロンドンからの脱出、哲学からの脱出という二つのテーマを取り上げることにする。詳細は3章で論じるが、まずW・J・H・シュプロットのキャリアを見ながら、ケンブリッジの役割を説明することにしよう。

W・J・H・シュプロット

シュプロットは一八九七年、地方の弁護士の家に生まれた。彼は厳格な紀律で有名な私立の全寮制の学校に入った。そして一九一九年にはケンブリッジのクレア・カレッジに入学し、道徳科学を専攻し、優秀な成績で卒業した。

これはエドワード時代（一九〇一〜一九一〇年）のイギリス専門職家庭の典型的な少年時代だった。しかしシュプロットは他の少年とはやや違った面を持っていた。魅力的で、ウイットに富み、話術に巧みな彼は、たちまちジョン・メイナード・ケインズの秘密サークルに入ることができた。シュプロットはE・M・フォースター（一八七九～一九七〇。イギリスの作家。『インドへの道』などで著名）と親友となり、リットン・ストレイチー（一八八〇～一九三二。伝記作家）の執筆助手となった。彼はケンブリッジ大学とブルームズベリー・サークル（ヴァージニア・ウルフ、ケインズなどが参加した文人、学者グループ）の両方の「セバスティアン」（同性愛の対象）となった。彼は早くも一九二〇年には、誰でも入れるわけではない使徒団のメンバーに選ばれた。彼はつねにケインズのお供をしており、一九二一年にはケインズと一緒にアルジェリアとチュニジアで休暇を過ごした。おそらく彼はケインズにとっては、最後の男性の愛人だったのだろう。ケインズとの親しい関係は、一九二五年にケインズがリディア・ロポコヴァと結婚することで終了した（友人としての関係はその後も続いた）。

その年、シュプロットはケンブリッジ大学（一九二二年以来そこの心理学の実験助手をしていた）を離れて、ノッティンガム大学の心理学の講師となった。しかし「ブルームズベリー・サークル」との手紙の交換は、毎日のように続いた。その交流のなかには「セバスティアン」と署名された手紙もまた含まれていた。しかしこれらの手紙の大部分は、その後処分された。シュプロットからの手紙は、ケインズによって、またその兄弟であるジョフリーによって処分された。しかしいくつかの手紙が後に残された。そのうちの一つ（一九二二年四月付）には、ハーシュフィールドの『性の歴史』*History of Sex* を読んだあとの感想が書きつけられていた。「私は服装倒錯や自己同性愛や両性具有傾向に染まっているのではないかと思います。同性愛、オナニーはいうまでもありません。私の愛人へ。いつまでも変わらぬ貴方のセバスティアンより。」（Skidelsky, 1992：35）この手紙はケインズに宛てた手紙だった。

知性と耽美主義の結びつきは、第一次世界大戦後には賛美の対象だった。だから当時のケンブリッジでは「シュプロット」は格好よさと聡明さを表現する隠語となった。シュプロットは自分の性的な好みを隠そうとはしなかった。彼はベルリンのナイトクラブに、友人を引き連れて繰りだした。その後戦間期の彼は友人とともに、ドーヴァーやプリマスのパブで「低い生活の探検」を試みた。ノッティンガムではヴィクトリア時代の薄汚れた家に居を構え、同僚やその夫人達とともに、出所してきたばかりの囚人に料理をださせた。ブルームズベリーの「セバスティアン」という呼び名は、もっと砕けたプロレタリア風のジャックに変わった。

しかしこのシュプロットの影の部分は、彼の個人生活に孤独と悲しさの影を投じたものの、その魅力的な礼儀正しさを曇らすことはなかった。尊敬すべき世界に対しては、つねに古風な教師としてのマナーを崩さなかった。それと同様、彼の学問上の業績を荒廃させることもなかった。彼はウイットに富んだ雄弁な講師として、多くの人から高く評価された。公開講義の依頼は、その職業生活中、途切れることがなかった。彼の口からは辛らつで容赦ない批判が次々と飛びだした。とくに単純素朴な政治理論や「簡単に直す」ことで救済されるといった説に対しては、呵責のない批判を放った。だから彼との個人的な会話を楽しもうとする同僚や学生からは、大いに評価された。

彼はその上さらに、現代の大学人の大部分があえて試みないほどの、はるかに広い分野を、自由に行き来をした。彼はノッティンガムで哲学と心理学の講座を持っていた。彼は、社会学が一つの学問分野であることをイギリスの既成の権威達が認めないにも拘わらず、生涯を通じて信じ続けた。一九二五年にノッティンガムの心理学の講師となってから、一九四八年から一九六〇年の哲学講座の所有者となるまで、その考え方は一貫して変わらなかった。彼はノッティンガム大学に徹底した忠誠心を抱き続け、一九四八年から一九六四年までという長期間、大学の代表演説者を勤めた。

また彼はクレッチマーの『体質と性格』*Physique and Character* を翻訳し、フロイドの『精神分析新入門』*New Introductory Lectures on Psycho-analysis* を翻訳した。しかし彼の社会学の著作は、今日ではあまり読まれなくなったが、それでも社会学の歴史のなかでは重要性を失ってはいない。彼はイギリスの社会学者達にヨーロッパの社会学を紹介し、その論点を明らかにするとともに、ロバート・マートンのようなアメリカの洗練された機能主義をも紹介した。彼が一九五三年にバーミンガム大学でジョサイア・メイソン記念講義（ジョサイア・メイソンはバーミンガム大学の前身校の創設者）を行った時、イギリスには社会学の講座はわずか三つしかなかった。彼の「社会学」*Sociology*（一九四九）、「科学と社会的行為」*Science and Social Action*（一九五四）、「社会学七章」*Sociology at the Seven Dials*（一九六二）はホッブハウスの進化論から機能主義への橋渡しの役割を演じ、パーソンズの一般理論から中範囲のもっと慎ましやかな理論への橋渡しとなった。シュプロットはパーソンズの「さまざまな職業に分かれた産業システムと、深い友愛で結ばれた親族システムとの組み合わせが、今や子供達にそれぞれ異なった利益を配分する階層性のシステムになった」という一文を引用して（*Social System*, p.161）、機能主義に対する挑戦を行った。そのなかで彼は、産業社会の進化が機能的な限界を持っていることを示した（科学と社会的行為、p.139）。こうして見ると、彼はホッブハウスやギンズバーグのような、イギリス社会学の創設者と戦後派社会学者との間に立って、穏やかでスムーズな橋渡しを行ったことになる。彼は一九七一年七四歳でこの世を去ったが、その時レオン・ラジノウィク卿によって犯罪学を一つの専門分野として発展させた重要人物として賞讃された。彼の作品はすべて明快で優美な文章で綴られていた。

結論

以上、われわれは社会批評や「社会的な種」といった領域は、小説家、文人達の領域なのだとする彼等の主張を見てきた。またこうした主張に対して、どのような批判がなされてきたかをも見てきた。それは原因・結果の関係を説明するというよりも、まずは徹底的に記述することに目的があった。われわれは社会学の本当の所有者は、科学なのか文学なのかを決定することはできない。しかし今やこの戦いは文学対科学という二者対立ではなく、社会科学を含んだ三者対立となっていることを示しておいた。これからわれわれはこの分裂の制度史を辿り、相互の協力のあり方を見、社会科学を独立した専門分野として確立する試みが、どのように行われてきたのかを見ることにしよう。そこでわれわれは「社会の科学」を求める試みの歴史に目を転じることとしよう。

2章

科学的な方法の登場

調査という言葉は、少なくとも「ノルマン人の征服」以来使われてきた。オックスフォード英語辞典によると、この言葉が初めて動詞に使われたのは、一四六七年のことだという。その意味は「特定の目的のために、詳しく見たり、試したり、検査すること」とか、「こうした検査の結果を書いた文章とか記述」とされている。二〇〇一年イギリス放送局（ＢＢＣ）のラジオ四番の「今日のプログラム」は、秋の終わりを確かめるための調査を実施した。その目的は地球温暖化の結果、春の始まりが早まり、秋の終わりが遅くなっているのではないかという仮説をテストすることだった。このアナウンスをたまたま耳にした聴取者には、ツバメが旅立った日とか、トチノミが熟れた日とか、芝生を最後に刈った日とかを、放送局に報告するよう求められた。放送局はその結果をまとめて報告すると約束をした。

イギリスはバード・ウォッチング、ガーデニングの国として知られている。こうした専門家を集団的に動員することは意味のあることだろう。しかし気象学者や統計学者（社会学者は別として）はこうした方法を疑い、そこからでてくる結果を疑ったことだろう。こうしたタイプの科学的な調査には一つの歴史がある。その歴史は、アーサー・ボウリー（一八六九～一九五七。『計量社会学の誕生』の邦訳あり）が確率論を応用して、サンプリングの方法を採用した時から始まった。だからそれ以前の時代を、ここでは前史と呼ぶことにしよう。しかしイギリス放送局の例は、一九四〇年代とはまだ前史と本格的な歴史とが、重なりあった時期だったことを物語っている。ボウリーから一世代経ってからでも、まだジョフリー・ゴアラーは『イギリス人の性格を探る』*Exploring English Character*（一九五五）を書くために、新聞に広告をだし、それに応募してきた人々をインタビューする方法をとった。ここでは、経験的な社会学の主な手法である科学的な社会調査が、いかにして生まれたのか、これまでにどのような先例があるのか、どのように発展し、どう変化してきたのかを明らかにすることにしよう。まず最初にオックスフォード英語辞典の定義の前半（収集）と後半（分析）とを区別する必要がある。両方が互いに無関係ではないが、ひとまず区別することにしよう。

「社会学はどこを間違えているのか?」これが二一世紀の到来を祝福するために登場した、不安に満ちた本のタイトルだった（Cole, 2001）。われわれはこれまで、アカデミックな社会学の起源をめぐる論争を見てきた。文学と科学との所有権争いから始まって、一九世紀初頭の「社会の科学」という新たな福音の登場、一八四〇年代以降の波乱の歴史、ロンドン大学（まだこの本ではふれていないが）での最初の受容、二〇世紀初頭でのリヴァプール大学での受容、とくにロンドン経済政治学院での神経質な哲学的な位置づけなどを見てきた。ロンドン経済政治学院とは、オックスフォード、ケンブリッジの上流階級文化の権威に対抗する第二の砦として登場した大学である。

ところが第二次世界大戦後、社会学に対する熱気が地方大学に広まり、一九五〇年代、六〇年代には急速な拡大を遂げた。しかし一九七〇年代、八〇年代に入ると、この熱気は疑惑に変わり、拡大は止まり、最後には停止してしまった。熱狂期の話は4章、5章で述べることにしよう。それ以降襲ったペシミズムの時代のことは、6章、7章で扱うことにしよう。しかしこの章では逆の質問、つまり「社会学はどこが正しかったのか」に答えることにしよう。

この質問には、さまざまな答え方がある。これは啓蒙思想を自然世界だけに限らず、人間社会にまで拡張しようとする試みから始まった。こうした試みの結果、学生にとっては学ぶべき教材が際限なく増え、研究者にとっては刺激的で知的な検討課題が次々に供給されることとなった。これは一九世紀の社会改良家にとっては、道徳的な進歩を約束するエンジンとなり、没収社会主義（戦時下の統制経済）を体験した戦後派には想像力を掻き立て、現代の若者には、この世界の変化と連続性を理解するための挑戦状となった。

マルサス以来、果たして社会理論が発達したかどうかという点になると、なかなか意見は一致しない。しかし社会研究の方法が確実に進歩し、前世紀には一定の蓄積が行われたとする意見を疑う者はほとんどいまい。この章では、著名な社会調査の実行者だったジェイムス・デイヴィス（一九二九年生まれのアメリカの計量社会学者）の控えめな発言から出発することにしよう。彼はこう述べた（Cole, 2001：106）。「条件を統制したなかでの実験は、社会学ではほとんど不可能である。いくら出発点は派手に見えても、数学的な定式化は、われわれをどこへ連れて行ってくれるのかわからない。なぜならば、もともとどろどろしたものに形を与えることはできないからである。そこで大規模なデータセットの非実験的な分析が残ることになる。そこでわれわれは大声で叫ぶことができよう。『調査分析』こそ、一番鋭い道具だと」。われわれはまずサンプリング社会調査の登場を跡付けてみよう。統計学者が「有限母集団サンプリング」と呼ぶものである。

二〇世紀の末、社会統計の理論と方法に生涯を捧げた人物（カテリーヌ・マーシュという）を記念するための組織がマンチェスター大学に創設された。それは彼女の名前をとった国勢調査研究センターである。彼女の伝記は社会学での計量分析がどのようにして登場したのか、そして現在それに対していかなる不満が渦巻いているのか、一つのドラマにして見せてくれている。彼女がケンブリッジの学部生だった時代は、反実証主義の熱気がいちばん高まった時だった。その当時は丁度、学生反乱（未だに原因のはっきりしない）の起こった一九六〇年代のことだった。その当時のケンブリッジは社会学に対して懐疑的で、受け入れるのか否か、きわめて曖昧な態度しか示さなかった。その時、彼女は社会・政治学第二部の優等卒業試験を受験した。彼女は必修科目だった調査方法の試験を受けたが、「調査研究は絶望的にまで経験主義的で、アメリカ社会学の低俗な産物、非理論的で時間の無駄」という昔ながらの信念を持って卒業した（Marsh, 1982 : 1）。

彼女は低俗なアメリカ産物と貶したが、ところが皮肉なことにも、彼女はシカゴの全国世論調査研究所（the National Opinion Research Center : NORC）の所長、アメリカ人、ジム・デイヴィスの特別講義を聴いているうちに、完全に転向してしまった。デイヴィスはユーモア溢れる優れた講師だった。ちょうど社会科学研究審議会が組織した夏季講習のためにイギリスにきていた。彼はポール・ラザースフェルド（一九〇一～一九七六。アメリカの計量社会学者）の変数のエラボレイションの仕方をもとに講義をしていた。彼女は述べている。調査研究に対する疑いを未だに捨てきれなかったが、「私はこのデータ分析方法の完全な虜になってしまった」(p.2)。かつてジョージ・バーナード・ショウは一八七〇年代の老女の物語を語ったことがある。この献身的なメソディストの老女はロンドンにやってきて、メソディスト礼拝堂にゆくのを間違えて科学館に入ってしまった。彼女は幾年もチャールス・ブラドロー(一八三三〜一八九一。無神論を唱えた政治的アジテイター)の間近に席をとり、その雄弁に聞きほれた。彼女はブラドローの説く説をいっさい疑わず、彼女の信仰もまた一片といえども揺らぐことはなかった(*Prefaces*, 1965:165)。

ところがカテリーヌ・マーシュは、その老女とは違って改心した。彼女はロンドンの調査機関に職を見付けた。その職場は、全国世論調査研究所とミシガンの世論調査研究所をモデルに、一九七〇年に設立された機関だった。この調査機関で調査方法の訓練を受け、苦労しながら調査技術を習得し、一九七六年には大学に戻ってきた。その時彼女は良い社会学と良い科学はなんら矛盾しないという信念を持っていた(Marsh, 1982)。彼女の調査方法についての書は一九八二年にシリーズの一冊として刊行されたが、そこでは理論と実証という、長年分離してきた社会学の二つの要素をいかに結びつけようとしているか、その苦労がよく見える。マーシュはこの本のなかで、調査が社会学の説明にいかに貢献してきたか、簡潔なレヴューを行っている。社会調査に対する批判には正面から答え、調査とは一〇八五年のドゥームズディ・ブック(ノルマン征服王が作成した土地台帳)から始まったとする短い歴史を書いている。

ところがそれから二〇年も経ったのに、世論調査研究国際ジャーナル(*International Journal of Public*

Opinion Research：IJPOR）の編者はこういっている。「社会科学の世界では、計量的な研究方法はアメリカ人のすることで、ヨーロッパ人は体系的な理論を好む傾向があるようだ」。たしかにウェーバー、デュルケーム、パレート、マルクスといった古典的な社会学者は、みなヨーロッパ人である（*IJPOR*, 2001, 13/3：225）（マルクスが注目されるようになったのは一九七〇～七一年頃からだった）。しかし少なくとも第二次世界大戦後は、マートンやパーソンズのようなアメリカ人理論家も数世代にわたって世界中の学生に影響を与えてきた。編集者が主張したかったことは、ラザースフェルドはヨーロッパ人であるとともに、「現代の経験的な社会学の始祖」（Jerebek, 2001, 229―44）であるということだったのだろう。しかしそれと同じ主張は、一九世紀末から二〇世紀初頭に活躍した、イギリスの「チョコレート社会学者」といわれた（実際はチョコレート製造業者ではなかった）ブースとロウントリーについてもなされてきた（Abrams, 1951：Easthope, 1974）。クラウス・モーサーのような統計学の権威が「科学的な社会調査の始祖はブースである」（Moser, 1958：18）と主張している。しかしこうしたブースの評価に対しては、マーシュやセルヴィンは批判的である（一九八五）。彼女等は皮肉を込めて、ブースの社会科学への最大の貢献は、たかだか三万ポンドだったといっている（ブースはこの調査のために三万ポンドを投じた）。

社会調査の技術革新の推進者として、もっと妥当な主張ができるのは、ウィリアム・ファー（一八〇七～一八八三。イギリスの医療統計学者）であり、ケトレ（一七九六～一八七四。ベルギーの統計学者）であり、リチャード・ジョーンズ（一七九〇～一八五五。イギリスの経済学者）だろう（Goldman, 1987）。ジョーンズは政治経済学者であり、リカードの政治経済学をあまりにも演繹的だとして批判し、ケンブリッジの教師の間に起こりつつあった新たな帰納主義を擁護した。当時の指導的な自然科学者だったウィーウィルが、こうした運動の支持者だった。他方、ケトレはベルギーの数学者で、彼の「社会物理学」はコントを怒らせた。コントのアイディアをケトレは盗んだというのである。しかしケトレは重相関の手法を画期的に発展させ、それが現代の多変量因果関係論へと発展した（Marsh, 1982 ; Goldthorpe, 2000）。またファーは著名な官僚で、新たな社会の科学の信奉者だった。彼は一八三七年からは戸籍登記所に勤務していた。ゴールドマンによると、ケトレは「その時代の支配的な統計家」で、イギリスでの統計運動に誰よりも大きな影響を与えたという。

今「誰よりも大きな影響を与えた」と書いたが、これは質問の意味によって違ってくる。われわれは統計学者の話をしているのだろうか、それとも政治算術家の話をしているのだろうか、あるいは社会的な因果関係論者の話をしているのだろうか、人口学者の話をしているのだろうか、あるいは標本調査の話をしているのだろうか。ジョン・グラウント（一六二〇～一六七〇）もまた統計学の父ということができよう。彼はその著書『ロンドンの死亡率に関する自然的政治的観察』*Natural and Political observations on the London Bills of Mortality*（一六六二）のなかで初めて生命表を作成した。彼は一七世紀の政治算術家であるウィリアム・ペティと一緒に「見えないカレッジ」（有志の学者の集まった集会）を始めた。しかしこうした記述にはすべて「おそらく」という言葉をつける必要がある。

伝統的な調査は記述的で、ごく単純な表のなかから何かを探しだそうとするものだった。これに対して分析的な調査とは、数学の用語に置き換えれば、確率の一般理論の応用である。つまり一方ではサンプルの代表性をどうやって確保するかという問題であり、第二には多変量分析を使った要因間の相関を測定するのに、確率論をどう使うかという問題である。もともとリスクとか不確からしさは、人間にとっては普遍的な関心事である。確率を解くことは、日常生活のさまざまな場面で求められている。伝統的な答え方が魔術、占いに頼ることだったとすれば、現代では数学が解答を提供してくれる。

パスカルとフェルマーは一六五四年の手紙で、チョーサーの『カンタベリー物語』にでてくる免罪符売りの話を取り上げ、中世にも創始者がいたとしながらも、お互いが確率論の創始者だといっている。たしかにカール・ピアソン（一八三七〜一九三六）はブレール・パスカル（一六二三〜一六六二）を近代確率論の創始者としているが、他の主張もありうる。たしかにパスカルは「ポイントの問題」（ゲームを無限に続ける場合、得点とロスをどれだけつけたらよいかの問題）を解くには、数学の期待値の考え方を使えるといっている。また一六五四年のフェルマーへの手紙では、ゲームを何回続けるのかという問題をだしている。これが後に「ギャンブラーの破滅」問題として知られるようになった（カジノは無際限の資金を持っているが、ギャンブラーの方は資金に限界がある。無限にゲームを続ければ、最後はカジノ側が勝ち、ギャンブラーは破滅する）。フェルマーが「パスカルの賭け」を信じ、問題を「解いた」のは事実であろう。彼は期待値の考え方を使って、こう主張している。たとえ確率が小さくとも、永遠の救済が無限の価値を持っている以上、人は神の存在を想定しなければならない。「この確率を掛け合わせると、規模が大きくなることを、数学的に考える必要がある」とした。

フローレンス・ナイティンゲール（一八二〇〜一九一〇）もまた「情熱的な統計学者」だった。彼女はクルミア戦争後、その名声と家族の人脈と富を使って、官僚機構と戦いながら、陸軍病院ばかりでなく公衆衛生の改革に努力した。彼女は有能な統計学者で、疾病の原因を発見し、その知識を普及させようとした。彼女はファーと密接な関係を持つとともに、ケトレをも崇拝していた。彼女の目標は、クルミア戦争中の兵士の破滅的な死亡率は、入隊時の栄養不良とか体力不足に原因があるのではなく、病院内の不衛生な状態にあることを、政治家や官僚に理解させることだった。しかしファーは彼女を助けもしたが、邪魔もした。彼は彼女の「確実な事実」を掴もうとする情熱は高く評価していたが、しかし彼女のドラマ仕立ての誇張に対しては注意を促した。彼は彼女への手紙でこう記している。「統計学者は因果関係には立ち入るべきではない。統計学者は現時点での知識には誤りがありうることを意識すべきである」(Heyde and Seneta, 2001：173, essay by M.Stone)。

イギリスの統計学者、R・A・フィッシャー（一八九〇～一九六二）は一九二〇年代から三〇年代にかけて、実験研究所に勤務していたが、回帰分析の分野で功績を残した。彼は主に生物学の分野で活動していたが、コントロール群と実験群へとランダムに分けることで、一つの変数を一定に保てることを明らかにし、社会調査の分野に大きな刺激を与えた。しかしマーシュの評価によると、「多くの意味での調査分析の本当の父」はスコットランドのジョージ・ユール（一八七一～一九五一）に行くべきだとしている（Marsh, 1982：42)。

このようにさまざまな人物が創始者として挙げられるが、死者に対する賛辞としては意味があっても、それ以外には無意味である。ある理論やアイディアの発案者を探すことよりも、もっと興味深いのは、いかにして、なぜ、特定な条件にあった特定の巨匠が、決定的な進歩を達成できなかったかを説明することである。この歴史のなかで特筆すべきは、確率論のケースである。イギリスの社会学者はどうしてもっと早く「新イギリス統計学」の成果を取り入れ、多数の社会的な変数に多相関分析の手法を導入しなかったのだろうか。ホグベンやグラースの問題は後で取り上げる。ここでまず取り上げなければならないのは、もっと一般的な問題である。つまりイギリスの社会学は、ある政治的な偏見のなかから誕生したという事実である。その偏見とは、ダーウィン進化論をスペンサー流の個人主義的な立場から解釈するという歪みである。一九五〇年以前のイギリスの大学では、生物学が姿を消し始めた時に、社会学が積極的に教えられるようになった。

社会学がどうして統計学での確率論革命を取り込めなかったのか、この説明のしかたはいろいろある。フランス、ドイツを含めて（アメリカを除いて）、もっとも緻密な最近の著作はゴールドソープのものであろう（Goldthorpe, 2000）。しかしながらこうした記述は、集積の不完全性（いくら事例を集めても、まだ残っている可能性がある）の典型になる可能性がある。科学にとって知識の集積が必要だが、集積をすれば自動的に科学になるとは限らない。その典型例がメンデルの場合である。彼が修道院の庭で行った遺伝学上の実験は、長年忘れられていた。社会学の調査の場合には、実験室科学よりもこの不確実性の程度が高くなる。実験室科学の場合には、情報検索技術が高度に組織化されており、第一発見者をめぐる論争が起こることはあまりない。

しかし第一発見者の賞を誰にやるべきか、いくつか候補者を並べることは、必ずしも無意味なことではない。イギリス最初の調査はおそらく一一世紀のノルマンの征服者の行った調査であろう。これは数字の知識を持った支配階級が課税目的、あるいは軍事目的からその帝国を評価した事例といえる。社会変化はしかしながら征服だけから生じるのではない。それは環境の変化、人口の変化、技術的な変化からも生じる。イギリスでのこうした変化の例は、一四世紀に流行したペスト、一七世紀のロンドン・ペスト、一九世紀の産業化・都市化、健康・教育・福祉での国家介入の登場、二〇世紀の福祉国家の登場などに見られる。

社会学の歴史での解釈の違いは、およそ社会学の権威と呼ばれる人々の間でも発見できる。その理由は「理論」「社会科学」「社会物理学」「社会理論」「社会政策」「経験的な社会学」といった、基本用語の意味が違っているからである。そもそも社会学という名前それ自体の意味が一致していない。この章でのわれわれの関心の焦点は、社会調査の歴史にある。もともとの意図は政治的な支配にあったのだろう(ドゥームズディ・ブックがその例)。そこから始まって行政上の便宜のための調査が始まり(国勢調査)、さらにはコーホート分析といった精緻化された社会学的な手法が考えだされ、投票行動、移動研究、所得分布統計に至るまで進歩してきた。

ゴールドマンは一九八三年から二〇〇二年までの一連の論文(Goldman, 2002)で、その時代の中心人物が誰だったかを明らかにすることを目的に、社会統計学の歴史を書こうとした。ファーやガイにふれながら、彼はイギリス協会の第三年次報告を取り上げ、ヴィクトリア朝初期の統計家達が「数字で示すことができる事実、人々の社会に関するさまざまな事実、それをじゅうぶんに組み合わせれば、一般法則が導きだせるかも知れない事実」を求めていたことを示した。こうした統計運動は「一八三〇年代には、自覚的な運動となり、この新しい科学を樹立するために、その範囲を定め、学問上の境界線を明らかにしようとしていた。アドルフ・ケトレが一八三五年に発表した先駆的な社会統計学の論文『人間について』*Sur L'Homme...* ほど、新たな科学に定義を与え、秩序づけたものはなかった。イギリス協会の統計学部門の設立を促したのは、ほかでもない、一八三三年のケトレのケンブリッジ訪問だった。チャールス・バベッジに首都統計協会が必要なことを示唆したのは、ケトレだった」(Goldman, 1991:

426)。こうして一八三四年にロンドン統計協会（the Lomdon Statistical Society：LSS）が創立された。しかしマンチェスター統計協会はそれよりも早く作られていた。その当時マンチェスターは、新たな産業主義の中心地と見られていたからである。この二つの協会は社会改革のための資料を集める機関となることをめざした。しかしロンドンの協会はやがて政府のなかに取り込まれていった。一八八七年には王立統計協会となり、その機関誌を発刊することになった。

ケトレは一七九六年にゲントで生まれ（Harkins, 1908）、数学と物理学の教育を受けた。しかし一八二〇年代にはその並外れたエネルギーを社会現象に振り向け始めた。一八二九年にはベルギー国勢調査局の局長となった。彼の積極的で輝かしい実証主義は、一八三〇年代、四〇年代のヨーロッパ全体に、社会に対する科学的な手法を広めた。とくにさまざまな社会改良家達が活動していたイギリスでは大いに歓迎された。ケトレは社会現象にも規則性があることを、統計学的な分析を使って示した。さらに「道徳上の」規則性でさえ（たとえば、犯罪率、離婚、自殺など）すでに物理学者によって発見された物理的な規則性を持っていることを示した。特定の現象の観測値が正規分布するのと同じように（すでに誤差曲線は知られていた）、それらの現象もまた同様な分布をすることを示した。

ところがそれからほんのわずか経った一八七〇年代に、道徳統計がランダム理論から期待される以上に、平均値の周りを幅広く変化することに気づき、こうした仮説に対する疑問が生じた。ケトレ自身もこの現象には気づき、多変量解析に向かいだした。ゴールドソープがフランスの統計学者デロジエから引用しているように、それは平均値の統計学から変動の統計学への移動だった（Goldthorpe, 2000：265)。しかしながらその間に、ケトレとそのグループは、社会的な規則性は個人の選択の結果ではなく、社会環境（まさしく社会的政治的行動の目標である）から生じると推測するようになった。このようにしてケトレは社会改革をめざす人々に、道徳的な情熱を高めるための知的基盤を提供した。ゴールドマンはこういう（1991：428）。

改良的な改革は、今やヴィクトリア時代の最強のイデオロギーである「科学」によって正統化されることとなった。

このように、調査の歴史はいくつかの角度から書くことができる。しかし、そのどれもが何がしかの側面をとらえているが、どれもより優れているとはいえない。マーシュは調査の長所を強調して、批判者に応えようとしている。しかしゴールドソープは、イギリス社会学が確率論革命の成果を取り入れなかった点を強調している。両者とも理論と方法との結びつける上で、事実の収集が重要なことを強調している。しかしマーシュは収集の過程に目を向けているのに、ゴールドソープの方は、収集の欠如に目を向けている。多くの論者もまた理論と方法とを関連づけようとしているが、ある者はエネルギーの相乗効果が起こらないという知的活動以外の要因に注目している。

たとえばエイブラムスは、問題は制度化の失敗にあるとしている。ゴールドマンからすれば、知的な潮流は幅広いさまざまな社会変化に取り囲まれている。とくに議会、内閣に対する影響力をめぐる対立に左右される。土地を所有する古くからの貴族制（ヴィクトリア時代の初期には、ますます無力化し、閥族主義に傾斜していった）と、新たに権力を握り始めた官僚制（業績主義を作りだそうとする勢力）との葛藤からの影響を受けている（Goldman, 1986, 1991）。彼が述べるように、「一九世紀の社会調査とは、ごく数人の著名な貧困調査者が、たまたま社会的な関心を抱いたという以上のものがある。ヴィクトリア時代中期になると、社会調査は官僚機構のルーティンとなり、社会政策を企画し、実施し、制御するには欠かせないものとなった。そして立法府が社会変化についてゆくとすれば、調査は国家の継続的な義務となったのである」。

このようにして政府内部での「革命」は、強い影響力を持った中産階級出身の官僚によってもたらされた。彼等は工場監督官、保健官、学校視学官、主任警察官などで、法律家、医師、ジャーナリスト、教授などの支援を受けていた。彼等はいずれもヴィクトリア時代の専門職であった（Perkin, 1989：252）。

たとえば、人口の規模と増減、その原因と結果について、知識層がどのように考えているのかを見てみよう。一七世紀、一八世紀の重商主義は、人口増加を国富の源泉と見ていた。しかし紛争、病気、都市火災、ペストなどは、人口減少の恐怖を引き起こしたが、同時に出生、出産、病気、死亡についての公的な記録が欠けていること、もしあっても信頼できないことに気付いた。それとともに一七世紀の政治算術の運動が起こった。人口減少の危機感は一八世紀を通じて続き、「楽観論」と「悲観論」とのやり取りが続いた。議会が一八〇一年に国勢調査の実施を決定するまで、その議論は続いた。こうした議論のなかから、トマス・マルサスの『人口論』が生まれることとなった（一七九八）。

この歴史的な瞬間まで、イギリスは基本的には家族中心の農村社会のままだった。たしかに宗教的な分裂があり、大英帝国が少しずつ姿を見せ始め、富と識字が少しずつ普及し始めていた。しかしイギリスは依然として、貴族とジェントリーが支配する、身分的な不平等を抱えた前近代的な地方的な社会だった。カテリーナ・マーシュは一九世紀イギリスの社会構造の変化を、マルキストの立場から描写している。とくに北部都市では搾取が強まり、次第に姿を見せ始めた階級は、互いに封印されたままだった。

登場し始めたブルジョアは、何よりもまず群集の暴力を恐れた。健康、住宅、所得、生活条件、労働条件の不平等は神の定めた神聖なものだという観念は、次第に市場によって破壊され始めた。中産階級は自由市場での個人主義を信じる点では一致していたが、同時に懲罰的な救貧法や工場改革といった政策を通じて、断固とした行政的な統制が必要だと考えるようになった。こうした力は互いに対立しあっていた。だからそこから生じた抗争も広い範囲に及び、長い期間に及んだ。

その結果、公共機関による記録収集もごくわずかずつしか発達しなかった。とくに電話、飛行機、電報、コンピュータが登場するまでのテンポは遅かった。そのなかにあって推進力となったのは、「社会の科学」をめざす専門職間の知的な連帯であった。医療、法律、公務にたずさわる専門職は、ますます無力化する伝統的な貴族層（Goldman, 1991）と、新たに登場した無知で力のないプロレタリアート（Marsh, 1982）の両者に立ち向かった。豊富のなかでの貧困は、ヴィクトリア時代にあっては「問題中の問題」だった。

しかし政府は依然として政治経済に対しては不干渉という教義に支配されていた。他方、私人あるいは市民としての活動としては、チャーチストの運動（一九世紀に起こった労働者の人民憲章、チャーターの公認を求める運動）があり、暴動があり、労働組合があり、そのほかさまざまな反乱と抗議が起こった。しかし暴露とかスキャンダル化は一九世紀から二〇世紀初頭にかけての社会学と歴史に多くに遺産を残した。一八四四年に出版されたエンゲルスの『イギリス労働者階級の状態』をはじめ、多くの出版物が後に続いた。

これらの文献はいずれも、一九世紀から二〇世紀にかけての階級闘争の変化を記録している。それらは社会史としては重要だったが、社会調査法の発展から見れば周辺的だった。こういう評価の仕方は、ブースとロウントリーの古典をもって社会調査の出発点と見ている人からすれば意外かもしれない。そこでわれわれはもう少しブースのことを詳しく見る必要がある。

「問題中の問題」という言葉は、ブースとその妻だったメアリーの使った言葉である。しかし彼の社会学のなかでの位置については、さまざまな論議がある。彼のロンドンの労働者階級の調査は、一七年後になって一七巻の報告書『ロンドンの人々の生活と労働』*The Life and Labour of the People of London*（一九〇二〜一九〇三）となって出版された。この報告書はイギリスの実証社会学の始まりの一つだった。この報告書はそれ以前からの社会会計と社会調査とを結びつけたものだった。伝記作家サイミーの書いたブースの伝記は、リヴァプールの社会史とブース家の話を生き生きと描きだしている。

チャールズ・ブースは一八四〇年に生まれ、富裕な穀物商人の家庭で育った。彼はキリスト教のユニテリアン派の教義を学んだ。しかし同世代人やその後のホッブハウスといった世代がそうだったように、やがて信仰上の危機に直面した。彼は新しく家業となった海運業の事務所に毎日通勤する途上で、多くの貧しい人々の生活ぶりを見かけた。いったいこうした貧困はなぜ起こるのだろうか、どうしたら救うことができるのか？　彼のプロテスタント・ユニテリアン派はこの疑問に答えを与えた。その答えとは、神と無であった。神が破壊された時、無の悲劇が彼を襲った。彼は家族からもリヴァプールの非国教徒ブルジョアの生活からも身を引いた。彼は今や富者のディレンマに陥った。もしかしたら、自分のこの富は毎日目撃している貧困と結びついているのではなかろうか。彼はつねに自分のことを一商人、一金融業者と見ていた。さらに個人主義を信じる彼は、その生涯を通じて社会主義を嫌っていた。

それでは何ができるのだろうか。二二歳の時から一一年間、大西洋の両岸を行き来する海運業に没頭したが、突如彼はそれを捨てた。そして一八七三年一二月スイスに旅立った。その時彼は精神的にも肉体的にもボロボロの状態だった。果たして立ち直れるのか、周囲の者は危惧した（Simey and Simey, 1960：32)。しかしスイスでの休暇は、彼にはまったく効果がなかった。健康的にも思想的には葛藤を抱えたまま、ロンドンに戻ってきた。そこでマコーレー家の娘だった彼の妻は、彼を「新しい知識貴族」というサークルに紹介した（Noel Annan, 1955)。それはリヴァプールでは経験しなかった世界だった。そのメンバーのなかには、ポッター家も含まれていた。ポッター家の娘ベアトリス（のちのウェッブ夫人）は、彼がいかに強烈な印象を残したかを、彼女の自叙伝の第一巻に書いている。「その強烈な例外的な存在は、創造的な頭脳を示しているのか、それとも無能な奇矯なのか、人々を疑わせるものがあった」（B. Webb, 1929：219)。しかしブースの精神は次第に回復し、再びビジネスに熱中する暮らしに戻っていった。彼は決心した。「永遠の疑問はそのままにしておく」（Simey, 1960：60)。彼は彼自身の表現を使えば、「敬虔な不信」に満足することにした。この信念は生涯変わることはなかった。しかし彼は富には社会的責任があるというユニテリアンの教義を実行した。私生活では禁欲的だったが、その収入を必要だと思うことには自由に使った。そのなかに彼の有名な貧困調査が含まれていた。

一九六〇年に伝記作家サイミーはこう書いている。「調査が行われてから半世紀経った時、それが産業社会の社会問題解決のために、自然科学の方法を応用した最初の例だったことが明らかになった」(p.242)。「事実彼は単に成功した統計学者だったばかりでなく、偉大な社会学者だった。現代の社会学の標準的な教科書が彼にはまったくふれていなくても、その事実は否定できない」(p.247)。サイミーはいくつかのアメリカの教科書を注にあげている。一九六〇年以降のアメリカ人の見方は、ジェームズ・コールマンに代表されるだろう。一九七九年に彼はこう書いている。

社会政策研究史の近代は、一九三〇年代末から一九四〇年代にかけて実施された組織的なサンプリング調査の発展から始まった。この手法が開発されたことによって、ブースの手中にあった特技は、明確に定義された技術となった。これによって、普通の社会研究者でも政策に必要な情報を提供できるようになった (Coleman in Bottomore and Nisbet, 1978 : 694)。

ところがこのコールマンの評価は、見せ掛けの評価でしかない。第一にブースはサンプリングを使っていない。このサンプリングの手法はアーサー・ボウリーが作りだしたものとされているが、もしかしたら一八三三年マンチェスター統計協会の研究が最初かもしれない (Kent, 1981 : 17)。ボウリーは一八九一年卒のケンブリッジの数学者だった。彼は一九一二年、レディングで二〇軒から一軒の家計を抽出する方法を使った調査結果を王立統計協会に送った。一九一九年にロンドン経済政治学院に最初の統計学の講座が設けられた時、そこにはボウリーが選ばれた。

第二には社会調査の結果から政策に必要な情報を取りだすには、何らかの理論の検証が欠かせない。

しかしブースはこのような理論をどこにも示していない。こうした仮説検証を実行するには、さらにガルトン、ピアソン、ユールなどの統計学者による、相関、回帰、多変量解析の発展を待たねばならなかった。サンプリングについていえば、ケトレはそれには反対だった。むしろ全数を数え上げることで、自分の研究を基礎づけようとした。そこでブースもこの方式を踏襲した。大きな母集団から選ばれたサンプルを選びだし、その調査結果から議論を組み立てようとする方法は、ノルウェー中央統計局長だったカイアーから由来しているように見える。彼は一八九〇年代に老人と疾病給付を調査するためにサンプリングを用いた。カイアーは「代表サンプリング」と呼ぶ方法を、一八九五年国際統計研究所（the International Statistical Institute：ISI）で発表した。その手法にはさまざまな反対があったが、カイアーは自分の立場を守りきることに成功した。その後ボウリーはサンプリングの理論（ランダム・サンプリング、層化抽出法、無制限抽出法を含めて）を一九二五年の国際統計研究所の研究会で報告した。それ以降、サンプリングの理論は急速に発展した。

ブースが行った詳細な事実の収集は（巨大な首都の住民を一軒一軒尋ねて情報を集める、情報提供者の目撃証言を集める、政府の統計を集める。それは莫大な労力を必要とした）、ヴィクトリア時代末期のロンドンの労働階級の生活、労働、住宅、余暇に関する詳細な年代記だった。さらにまた彼はその報告書のなかに、暗示的ではあるが、多くの社会学的な考察を書き残した。今日の社会学の理論的な枠組みを使って表現すれば、そこからは都市エコロジー、社会成層論、産業社会学、宗教社会学、教育社会学、余暇の社会学などが生まれてくることだろう。ケント（一九八一：六二）がいったように、彼は「非常に繊細な社会学的な目と、社会的な事実に対する科学的な態度を持っていた」。

おそらくブースにとっての最大の失敗は、貧困と戸外での気晴らしとの関係を調べるのに、ユールの相関係数の手法を応用しなかったことだろう。もしその方法を応用していれば、根気強く集めたデータのなかから貧困の原因を解くためのヒントがえられたかもしれない。社会的な因果関係を明らかにする手法として、なぜ確率論を使わなかったのか、その理由はミステリーに包まれている。とくに「新イギリス統計学」が新たな社会測定学への発展の可能性を持っていたことを考えると不思議である。他の専門分野では計量経済学、計量心理学、計量生物学へと発展していった（Goldthorpe, 2000）。

これに対してこれまでのイギリス文学については、追加すべきことはない。セルヴィンによればフランスのデュルケームは啓蒙運動から「防衛」されていたという。彼を取り巻く個人的な緊密な制度的なサークル（ほとんど閉鎖的な）によって守られていたという。おそらくスペンサーやホッブハウスやギンズバーグは哲学的な指向が強すぎたのだろう。またゴールドソープがいうように、ブースはユールに比べると知識面で「あまり深くなかった」のだろう。事実彼はケンブリッジの数学出身ではなかったし、複式簿記とオッズ比率は、離れすぎていた。しかしその反面、説得的な社会学的な説明を展開するだけの知性を備えていた（Goldman, 1991）。

ケントのいうブースの失敗は、マーシュの解釈とゴールドソープの解釈を並べてみると興味深い（Kent, 1981：195—9）。そこでは技術革新が波及する際の障壁が説明されているし、コミュニケーション・ネットワークが狭いと、相互の関連に気付くのが遅くなる実例を示している。ブースは王立統計協会の会員であり、しかも一八九二年から一八九四年まではその会長だった。しかしそのブースが、カイアー、ガルトン、ピアソン、ユール達が一八九〇年代に行った技術革新に気付かなかった。一八九五年、ユールはブースが自分の貧困に関する発見を無断で利用したと批判した。ブースは反論したが（一八九六）、かえってその反論が彼が相関の概念を理解していないことを明らかにしてしまった。彼は二分割完全相関しか理解していなかった。

セルヴィン（一九七六）によれば、ブースはガルトンや優生学者の右派政治とは無縁だったという。しかしセルヴィンはユールが遺伝説には懐疑的か少なくとも中立的だったことを見落としている。ケントがいうように、ブースは「貧困と他の変数との関連の程度を測定するために、相関係数が有効であることを知らなかった」（p.197）。いずれにせよ、相関係数という統計手法は社会調査の分析には、その後半世紀間使われることはなかった。もう一度ケントを引用すれば、「その当時、新たな方法をともに議論したり、それを個人から個人へと伝える社会学的なコミュニティが存在しなかった」（1976, p.199）。

かくしてブースは二〇世紀のイギリスの経験社会学の創始者とはなりえなかった。彼は一九一六年にこの世を去った。その後も引き続き地方では社会調査が行われたが、そのまとめはA・F・ウェルズが書いている（一九三五）。一九世紀初頭の統計協会の使った調査方法には、若干の改善が追加された。その間に、視学官、衛生監督官といった知識のある専門家よりも、専門調査員を使う方法が多くなった（この方式をベアトリス・ウェッブは「卸売インタヴュー」と呼んだ）。それはかつてあまり信頼できない労働階級の代わりに、専門家の「責任のある」判断に置きかえたのと似ている。再訪問、再調査はごく普通の手法となった。標準化された質問紙と訓練された調査員を使う方式が導入された。ボウリーの開発したサンプリングは、社会調査のコストを大幅に削減した。しかしそれでも、社会学の理論研究と実態調査のギャップはなかなか埋まらなかった。マーシュは「第二次世界大戦勃発までの二〇年間、方法論上の進歩はなかった」（Marsh, 1982：32）と書いているが、それは間違いである。現代のサンプリングの基本的な原理は、一九三〇年から一九四〇年までに発達したからである。

またイギリス政府や商業界での行政面では、大きな進歩が起こった。第二次世界大戦は第一次世界大戦以上の総力戦となった。市民の戦意は空爆でテストされた。食糧、衣料は配給制となり、兵器産業は最高の生産性を上げる必要があった。一九四〇年には情報省の国内情報部によって、戦時社会調査が実施された。この調査にはアメリカのギャラップ調査所の調査研究員、ルイス・モスがリーダーとして雇用された。戦後は、この社会調査所が中央情報局に付置されることとなった。労働党政権は一九五一年までこの局を積極的に利用した。

保守党政権への交代後は、クラウス・モーサーの指揮する一般登録局に吸収された。そして二〇世紀末には中央統計局（Office for National Statistics：ONS）へと発展した。『社会の動向　二〇〇〇年版』*Social Trend 2000* は、創設三〇周年を記念してその編集方針をこう説明している。「中央統計局は他の政府所管の統計サービスとともに、議会、政府をはじめ広い社会に向けて、統計情報と分析結果を提供し、政策決定改善に必要な助言を与え、研究を刺激し、議論の内容を公表している。これは同時に重要な生活上の出来事を記録している。この局は権威ある、公平な社会の絵を提供し、政府の仕事と成果の窓口となり、政府の政策や活動の効果を測定するために使われている」。

これははるか遠く一九世紀から聞こえてくる叫び声である。その当時政府の介入は、古典的な自由主義のために強い抵抗を受けていた。一八六〇年代には慈善組織協会が国家の代わりを務めなければならなかった。ヴィクトリア朝末期においてさえ、ブース、ロウントリーといった富裕なアマチュアが慈善的な代理人となって実態調査をしなければならなかった。しかし第二次世界大戦後になると、私企業が行う市場調査、読者調査、視聴者調査、消費者調査、政治世論調査などが新たに加わり、社会調査は産業社会の不可欠な部分となり、公的セクター、私的セクター両者の所有物となった。

とくにアメリカではストウファー、リッカート、ガットマンなど、社会学者との連携ができあがっていた。なかでもオーストリア生まれのポール・ラザースフェルドは舞台を広げた。もともとウィーンに生まれた彼はウィーン大学で数学を学んだが、その人生のほとんどをコロンビア大学で過ごした。一九三三年オーストリーを支配下に収めたドルフス（一八九二～一九三四）の宗教ファシズム（信仰を強調するファシズム）を逃れ、ロックフェラー財団のフェローとしてアメリカにやってきた。彼はフランスのレイモン・ブードンといった社会科学者を通じて、ヨーロッパに大きな影響を与えた。彼はテオドール・アドルノの「行政調査」（調査とは行政の行う事務で、学問がすべき仕事ではないとする批判）といった批判をかわし、ミルズの「抽象的実証主義」（Mills, 1959）という批判や、テリー・クラークの「コロンビアの社会学機械」という批判を生き延びることができた。彼の方法論上の技術革新は多方面にわたり、今では社会調査専門家にとってはごく当たり前のこととなり、その著者の名前さえ忘れ去られた。

マーク・エイブラムスは一九五一年に、社会計画に対する調査の意義を書き上げた（Abrams, 1951：124―5）。この時代はイギリスの福祉制度の最盛期に当たり、政府による統制と市場の力がもっともよくバランスが取れていた時期だった。エイブラムスは一八〇〇年以降起こった革命として、三つの革命を上げている。第一の革命とは、人口まばらな農業社会から人口稠密な産業社会への変化であり、第二の革命とは自由放任主義が没落し、それに代わって、すべての市民に最低限の生活を保障する集合主義

（コレクティヴィズム）が登場したことであり、第三は一八世紀の寡頭政治が次第に民主制に切り替わったことだった。

彼はいう。「社会調査は社会が自分のことについて正確な情報をえるために、そして平和で一貫した方針で社会変化を達成する目的で実施されてきた」（p.124）。彼は民主的な福祉国家実現のために社会調査を広範囲に利用することをめざした。「近代の地域社会は社会工学を必要としている。人間福祉の維持を目的とする物理的な環境を計画し、それを建設するには工学が必要であり、そのためには、社会調査が計画の前提として必要であるとともに価値がある」。戦後は陽気な時代だった。社会調査は市民社会を向上させる道具と見られた。自由ではあるが、しばしば残酷にもなる市場の価格メカニズムの部分的な代替物と見られていた。

しかし一九五〇年代のエイブラムスの楽観論は、一九八〇年代には悲観論と向きあわざるをえなくなった。社会調査はたとえばブラロイ（一九八九、一九九八）の表現を用いれば、権威が大衆を操作するための権力装置と見られるようになった。

歴史的にも論理的にも、データの収集と分析とははっきり区別する必要がある。これまでの歴史を見ると、市民に対するサービスにはデータ収集とデータ分析との間に亀裂があった。前者では確率論的な方法が利用された。記述や分析のために重要なカテゴリー（階級、地域、年齢、性など）ごとに十分な数を確保するために、調査対象を層化して、そのなかからランダムに抽出するといった精緻なサンプリング手法が発達した。こうした改善は一九世紀末には始まり、一九三〇年代までには完成された。しかしデータ分析の段になると、官庁はそれを学者グループに任せた。ところが、学者グループは互いに対立する意見を持ち、ゴールドソープがいうように、そのなかにはケインズの巧妙な抵抗も含まれていた。ここに、イギリスの社会学者がなぜ新イギリス統計学を採用するのに失敗したかのという秘密がある。

一九三〇年代のロンドン経済政治学院でのホグベンやグラースのケースは3章、4章に述べたように、謎である。ホグベンは数学を誰でも理解できるように記述した民衆作家であったし、グラースは精密な統計学者だった。ところが両者とも二変数間の相関表にこだわり、パーセントの比較以上に踏み込もうとはしなかった（Goldthorpe, 2000）。ブースが統計に強くなかったことは、明らかである。また、ホッブハウスもグラースもロンドン経済政治学院の経済学者の演繹主義を嫌った。その相互非難は一八三〇年代にリカードを攻撃したリチャード・ジョーンズと大差ない。両者とも同胞の貧困者の生活向上をめざした「左翼人」だった。両者ともロンドンのユニヴァーシティー・カレッジ（University College, London：UCL）のガルトンやピアソンの主張する遺伝説を批判的に見ていた。それであるがため、ガルトン、ピアソンの使う相関や回帰分析といった手法をも批判的に見ていたのかもしれない。あるいはもっと広く当時のドイツ、アメリカで頻々に研究されていた反動思想、人種差別的な政策と、相関や回帰分析を結びつけて見ていたのだろう（Kevles, 1985）。ところが実際には、多変量解析とかログ・リニア・モデルといった統計学上の進歩がもたらされたのは皮肉にも、こうしたイデオロギー的には誤った思想からであった（一九六〇年代以降はコンピュータの発達でさらに促進された）。

このような一九七〇年代の「実証主義」に対する反動として起こったエスノメソドロジーは、社会的に構成された「事実」の再発見への道を切り開いた。そこからさらに、アルチュセールのマルキシズム（彼自身はすぐ撤回したが）の立場から、幾人もの人々が公式統計を利用する研究に対して厳しい攻撃を展開し始めた。彼等はとくに自殺統計に対して批判を始めた。つまり自殺とは自明のデータではなく、社会的に定義づけられた結果だとした。検死官、警察、関係する家族、牧師、医師、こうしたさまざまな人々がその定義に関わったその結果だと主張した。彼等は、失業、犯罪、人間開発指数（国連人間開発計画が開発した人間能力の開発の程度を示す指数）などの公的な記録を実証的に利用する研究をすべて批判し始めた。しかしながら、それに代わる考え方や測定方法を積極的に提案することはなかった。もしそういう提案がなされれば、社会学の議論はもっと豊かなものになっただろう。

ゴールドソープはその歴史を簡潔にこう結んでいる。社会学はなぜ統計学での確率論革命に反応できなかったのかは、確率論的に答えるべき問題だろう。一九世紀の「新イギリス統計学」に対する社会学の反応は、たしかにその確率においては低かったが、まったくゼロだったわけではない。二一世紀の社会学には「ついに目に見える形で歓迎すべき傾向が現れ始めた。しかしどれほど成功するかは、誰も保障できない」（2000：294）。

二〇世紀は中央統計局の設立によって終わった。その結果、一九七〇年からは『社会の動向』*Social Trend*が刊行されるようになり、その価値は次第に高まりつつある。その間に、クラウス・モーサーはオックスフォードのウォーダム・カレッジの学長に、デイヴィッド・コックスは同じくオックスフォードのナフィールド・カレッジの学長に選ばれた。王立統計協会は二一世紀に向けて、どう自己改革するか協議を始めた。ところがその結果は単なる自己満足に終わった。「研究評価」二〇〇一年版での統計学、オペレーション・リサーチに対する評価もまた自己満足にすぎなかった。この研究評価では「きわめて高い成功」と評価され、イギリスの位置は「世界最高の研究大国の一つ」だと形容された。しかし後のほうの評価はかなり疑わしい。一人当たりの指数にすれば、イギリスは三位から一〇位に転落している。

しかしシティ・ユニヴァーシティと統合され、大学システムのなかに組み込まれた社会地域計画研究（Social and Community Planning Reserch：SCPR）は、これまでに一級の調査研究を行ってきた記録を持っている。またアンソニー・ヒース（現在のオックスフォード大学社会学科の主任教授）とオックスフォードの同僚との人脈を通じて、一九八四年からは中央官庁との連携のもとに、社会態度について定期的な調査を開始した。それは今や社会調査中央センターと改名され、再編成された。経済社会研究審議会（the Economic and Social Research Council：ESRC）はこの調査アーカイヴと新たな研究方法プログラムの積極的な支持者となった。これは四〇〇万ポンドを投じての二一世紀に向けての新企画となり、二〇〇二年から開始された。この新たなプログラムは量的方法と質的方法との連携をめざすことを目標としている。おそらくこうした努力のなかから新たな方法論が登場することだろう。

結論

この章はやや込み入った章だった。この章の目的は社会の科学の可能性を求める文脈を追うことであった。科学運動に対する最初の衝動は、一九世紀の産業化が人間に与えた影響にあった。それは、政府と市民の自発的な意思から作られた制度とをどう関係づけ、貧困、疾病、混乱の問題にどう対処するかという問題だった。1章に見たように、これらの諸問題に対する知的な反応は、文学、詩、ドラマ、小説、パンフレット、雑誌、演劇となって現れた。第二の文化もまたニュートン的な科学を社会現象に応用するという形で現れた。地方政府、中央政府ともに、ファーやナイティンゲールといった英雄と並んで、科学革命の拠点となった。明確な記録を蓄積すること、そして科学的な統計学を応用することが、改革の基礎となった。都市には統計協会が結成され、公的な生活では専門性が高まった。社会政策の道具としての社会調査が登場した。

同時に慈善団体、宗教団体、改革家によるボランティア活動が起こった。こうしてブースやロウントリーはイギリスの近代社会学の創始者となった。おそらく彼等は世論と政府に影響を与えたことだろう。しかし確率論の進歩と社会問題への応用は遅かった。とくに大学での応用は遅く、わずかロンドン経済政治学院とロンドン・ユニヴァーシティ・カレッジで社会統計学が登場しただけだった。社会学科の組織化はとくに遅れた。第二次世界大戦後になって初めて、地方大学にも社会学科が設けられるようになり、社会学の全国的な規模での繁栄期を迎えた。一九世紀と二〇世紀前半の統計学の影響を受けて、社会調査の方法論で進歩が起こり、社会学はそれと結びついた。以上が社会学の発展が起こった文脈である。次いで、社会学の制度的な発展を語ることにしよう。

第Ⅱ部—ものがたり

3章

戦前の社会学

いったい社会学はどこからやってきたのだろうか。1章で明らかにしたことは、社会学の歴史、少なくとも近代的な意味での社会学は、一八九五年のロンドン経済政治学院という組織の成立とともに始まったという事実である。この「学院」は第一次と第二次世界大戦の間、事実上イギリスの社会学を独占していた。一九四五年に疎開から戻ってからは、新たな活力をえて再建されることとなった。ロンドン経済政治学院は人物と思想の組織である。そこでまず人物から始めることにしよう。

今や二一世紀が始まった以上、われわれは社会学の著作が文学以上に、あるいは科学以上に流行に左右されやすいという事実を思い起こす価値があるだろう。私は二〇〇一年に社会学の教授を対象として、二〇世紀の社会学にもっとも貢献した人物は誰かという質問を行った。ところがこれに対して、理由はともあれ、何人かは答えることを拒否した。ある回答者はこう答えた。「誰か特定の人物を挙げることは控えたい。社会学は社会学のコミュニティ全体によって発展させられたもので、〝偉大な人物〟を好む趣味はむしろしばしば社会学の発展の妨害となった」。

われわれは幸いにも社会学のコミュニティの特徴を調査する機会を持った。その結果によると、「偉大な人物」は、いささか警戒すべき速度で次々と現れては消えていった。つまりこのことは、要するに傲慢にかまえるよりも、謙遜であるほうが適当だということであろう。しかし、問題の焦点はまさにここにある。

しばらく前、マックス・ビアボーム（一八七二～一九五六。イギリスのパロディ作家）が、味わい深い法螺話をした。先週ソホーのレストランで食事を一緒にしたイノック・ソアムス（Enoch Soames）という、あまりぱっとしない詩人の話である。彼は売れない作家で、カトリックの悪魔研究者だった。彼はいかに自分が世間受けしないかを、しきりにこぼしていた。そこでタイムマシンに乗って二〇世紀末のブリティッシュ・ミュージアムの図書館に行きたがっていた。彼の子孫達のほうが、よほどよく彼の詩のよさを評価してくれるのではないかと思い込んでいた。それを彼は確かめたがっていたのである。

ところがちょうどその時、隣のテーブルに悪魔が座っていて、その話を聞き、ファウストの契約をしないかと声をかけてきた。真っ赤なコートを着た、いかにも品のない、意地悪そうな男だった。ソアムスはただちに契約を結んだ。その晩の食事代は彼のおごりとなった。そこで一世紀たった大英図書館にでかけて、あれこれひっくり返したが、こういう文書しか発見できなかった。

T・K・ナプトン著、政府発行の「一八九〇年から一九〇〇年のイギリス文学」の二三四頁からの引用――

たとえば現代の作家（名前はマックス・ビアボームという。二〇世紀まで生き延びた）は、一編の小説を書き、そこにイノック・ソアムスという想像上の人物を登場させた。その人物は三流の詩人にすぎなかったが、自分では偉大な天才と思いこんでいた。彼の子孫が彼のことをどれだけ知っているか確認するために、悪魔と契約を結んだ。これはいささかきつい風刺だったが、一八九〇年代の若者が、自分のことをどのように考えていたのかを知る上では価値のあることであろう。しかしこの現代では文学は今や政府直営の公共サービスとなり、それぞれの作家は自分の実力を知り、明日の心配なしに、その作家なりの義務を果たすようになった。労働者はその賃金なりに働くことになった。お陰さまで今日ではイノック・ソアムスの本は一冊もない（Beerbohm, 1919 : 33）。

それからまもなく、悪魔がやってきて、彼を永遠の業火の燃え盛る「地獄に連れて行った」ことはいうまでもない。

一八八〇年代から一九四〇年代まで（ちょうどホッブハウスの青年期からクレア・マーケットのロンドン経済政治学院が建て替えられるまでの時期）、少なくとも一ダースほどの著名人が登場した。しかしスペンサー、ブース、ロウントリーの誰もが大学の席を持っていなかった。パトリック・ゲッデス、ヴィクター・ブランフォード（一八六四〜一九三〇）、R・M・マッキーヴァーといったスコットランド出身者も大学には席がなかった。ただバーバラ・ウォートン（本書一二〇頁以降参照）だけがケンブリッジ大学の講師職を持っており、後にロンドンのベッドフォード・カレッジの社会学のポストに選ばれた。

またシドニー・ウェッブ、ベアトリス・ウェッブ、ホッブハウス、ベヴァリッジ、ギンズバーグ、マーシャル、グラース、カー・サウンダースなどの名前が挙げられるが、彼等もまた大学とは関係がなく、関係していたのはすべてロンドン経済政治学院の方だった。彼等はすべて社会学というタイトルの著書の著者で、自身のことを社会学者と見ていていた人物である。

それでは彼等のうち現在なお社会学者としての地位を持ち続けている者は、どれほどいるのだろうか。イノック・ソアムスの運命から逃れることができた者はいるのだろうか。

イギリスの社会学者の特徴は、その名声の寿命がきわめて短いということである。このことはおそらく将来もあまり変わるまい。一九三七年刊行のタルコット・パーソンズの『社会的行為の構造』*Structure of Social Action* の冒頭には、「今誰がスペンサーを読んでいるのだろうか」と書かれている。いかにも自信に満ちたせりふではあるが、パーソンズは明らかに情報不足だった。おそらく第二次世界大戦後ならば、「誰がホッブハウスを読んでいるか」というせりふになったのだろう。少なくとも一九七九年に、ステファン・コリーニが『自由主義と社会学』*Liberalism and Sociology* を刊行するまではそうだった。

また一九五九年にミルズが『社会学的想像力』*The Sociological Imagination* のなかで、敵意に満ちた「翻訳」をしてからは、「誰がパーソンズを読んでいるか」ということになるだろう。試みにロンドン経済政治学院の二〇〇一／二年度の社会学のシラバスを見ると、ホッブハウスの著書を上げている例はまったく見当たらない（彼の名前は政治学のイギリス政治思想のコースには乗っている）。つまりホッブハウスの名前は、今ではイギリス社会学の舞台からは姿を消した。それはちょうどラスキの名前が政治学から消えたのと同じである（Shils, 1997：179）。

ホッブハウスは学院にとっては重要人物だったが、彼の学科は人気がなかった。むしろ社会科学科の運営面で成功したのはユーリックで、彼はT・H・マーシャルを社会学の講師として採用した。しかも第一次世界大戦後のホッブハウスの周辺には、ほんのわずかな社会学者がいただけだった。また一九三〇年以降のギンズバーグの場合も、それに似ていた。カール・マンハイムは戦間期の最後の数年間、ケンブリッジに疎開中、ごく周辺的な関わりを持っただけだった。

一九〇九年にリヴァプール大学で社会科学科が創設され、ごく小規模な社会調査研究室が添えられただけで、それ以外イギリスの社会学には何の変化も起こらなかった。一九三〇年代のマーシーサイド調査を指揮したのはカーラドッグ・ジョーンズだった。カー・サウンダースはベヴァリッジの後任として、一九三七年の学院の所長に任命されたが、それまでリヴァプールのチャールス・ブース講座を担当していた（一九二三年から）。彼の背景は自然科学で、オックスフォードのモードリン・カレッジの卒業生だった。卒業後彼はトインビー・ホールや優生学研究所に勤務するうちに、社会科学に傾斜するようになった。

彼はその学問的な評価を、一九二二年の「人口問題」*The Population Problem* や一九二七年の「イギリス、ウェールズの社会構造」*The Social Structure of England and Wales*、一九三三年の「専門職」*The Professions* を通じて高めていった。彼の社会学でのテーマは人口問題だったが、人口学を広くとらえ、家族や階級についての経験的な研究をも含めていた。その彼が一九三八年にホグベンの社会生物学科を引き継いだ。その学科には、人口学の講師ロバート・クチンスキーが勤めていた。この人事については、デイヴィッド・グラースとの関連で4章でふれる。

マッキーヴァーはヘブリデイズ諸島の生まれ（McIver, 1968）で、この漁村から奨学金をえて、エディンバラー大学に入学し、そこで古典を学び、さらにオックフォード大学ではギリシャ語、ラテン語を学んだ。やがてアバディーン大学で政治学と社会学とを教えるようになったが、そこの教授と対立し、一九一五年にはカナダに移住した。やがて彼はニューヨークのコロンビア大学に移った（一九二九）。

彼は次第に社会学の領域に入り込み、第二次世界大戦後のイギリスでは教科書「社会」*Society*（一九三七年と一九四九年）の著者として広く知られるようになった。ただ講師として見る限り熱心ではあったが、さほど刺激的ではなかった。他方、ゲッデスは第一次世界大戦前にル・プレ（Pierre Guillaume Frédéric Le Play, 1806~1882. フランスの技術者兼社会学者。社会経済応用研究国際協会の創設者）の社会学の熱心な支持者として名を上げた。講師としても才能を発揮し、社会学会のメンバーとしても活発に活動した。

彼は一九〇七年に「学院」に設置された社会学の講座を競ったが、敗れ、エディンバラー大学にアウトロック・タワーを設立した。これは経験的な社会調査の改善をめざした最初の社会学実験室で、学問的な研究よりもむしろ実用的な都市計画をめざした（Mairet, 1957）。

ブランフォード（一八六四~一九三〇）はビジネスマンで、エディンバラーの学生時代にゲッデスと知りあいだった。彼はアマチュアとしてゲッデスの試みを大いに支持し、社会学会でも大いに活躍した。彼は社会学論集 *Sociological Papers* の編集委員として働き、学会の名誉事務局長を務めた。彼はホーソンが「ロマンティックな噴出」を呼んだように、しばしばホッブハウスを困らせた（1976 : 167）。

もしゲッデスがイギリス初代の社会学の教授に選ばれていたら、その後の様子はかなり変わっていただろう。社会を形作るのは、遺伝ではなく環境だという思想が強まったことだろう。マーティン・ホワイトもヴィクター・ブランフォードもゲッデスの方を評価していたのだろう。いったいなぜホッブハウスが最初の社会学の教授に選ばれたのかは、未だに謎に包まれている。たしかにゲッデスはスコットランド生まれそのままに、権威者に向かって平気で皮肉を口にする面があった。また学歴のない彼は、他人から批判されると、途端に昂奮してどなりだす癖があった。

それと比較すると、ホッブハウスはパブリック・スクール出身のオックスフォード大学出で、恵まれた背景を持ち、マナーの点でも申し分なかった。彼等は一緒に仕事をしたことはなかったが、もしそういう関係になったら、うまくやっただろう。二人ともガルトン達の優生学とは違って、自然よりも成長のほうを重視する立場にあったからである。

ベアトリス・ウェッブとシドニー・ウェッブは自分達を社会学者と考えていたが、この現代では歴史研究者以外に彼等の書いたものを読むものは誰もいない。彼等二人については精力的に資料を集め、それをもとに伝記が書かれている。これに対して、ウィリアム・ベヴァリッジはリストに含めるべきか否か、一番迷う人物である。しかし彼は、ダーレンドルフが「学院の英雄時代」と名付けた戦間期に(一九九五)、ロンドン経済政治学院に大きな足跡を残した。ベヴァリッジをリストに加えるのは、社会政策面で大きな功績を残したからである。彼が一九四二年に書いた報告書は、王室出版局最初のベスト・セラーとなった。しかし教授間の対立が原因でロンドン経済政治学院を辞め、オックスフォードのユニヴァーシティ・カレッジに移籍していった(Harris, 1977)。

戦前期の社会学の歴史を分析している研究者が、すでに何人もいる。戦前期の社会学に共通していえることは、要するに一九世紀のイギリスは社会学的な想像力を制度化することに失敗したという点である。しかしその理由は政治算術家、社会哲学者、社会人類学者がいなかったからではない。フィリップ・エイブラムスが述べているように（一九六八）、ヴィクトリア時代に知的な資源がまったくなかったわけではない。原因は、優秀な人物のための公認された社会学のポストがなかったことにある。

それさえあれば、社会問題についての関心が公認され、そうした関心もまた満足させられたことだろう。それだけではなく、さらにはより多くの人々の関心を呼び集めることができたであろう。ところがすべてが社会学の役割の革新にとってマイナスに働いた。そうでなければ、「公人」（特定の階級の人だけでなく、多くの人々に開かれたグループ）が、政府のなかに入ってゆく機会が増したことだろう。そうなればどのような規準から見ても、一九世紀のイギリス政府（アマチュアとしてであれ、専門化した組織としてであれ）は、他の国よりもはるかに早い速度で成長したことだろう。たとえイギリス経済に何が起ころうとも、政府はもっと早く成長したはずである。その頃ちょうど政治制度は拡充途上にあり、しかもきわめて柔軟性に富んでいた。政府の行政機能も情報収集機能もともに、エネルギーを高めている最中だった。そうした動向は社会学の成立に向かうはずだったが、残念ながらそれは現実のものとはならなかった（Abrams, 1968 : 4）。

社会学がようやく制度化され始めたエドワード時代（一九〇一〜一〇年）を見てみると、決定的な位置にいた人々はすべて、次の三つの種類のどれかであった。お金のあるアマチュアか、学問上の異端者か、老人かのどれかであった（Abrams, 1968）。

しかしこのエイブラムスの社会学の制度化の失敗説は、今となっては若干修正が必要であろう。彼が政治制度の開放度に注目している点は重要である。行政官や監督官、社会行政官といった新たな専門職が、政府のなかの新たなポストとして登場し、拡充していたことは事実である。しかしそれと同時にこれら社会専門職を養成する機関や、次第に高まる産業社会の問題を研究しようとする機関もまた拡充し始めていた。

このようにして、ヴィクトリア時代の後半にはロンドン経済政治学院が創設され、地方の都市では統計協会が結成され、中央登録局が設置された。さらには地方には社会調査機関が設置され、リヴァプールのような新しい大学では、社会福祉士を養成する学科が設置されるようになっていた。

こうした生まれて間もない教育センターや研究センターは、互いにネットワークを張って、社会学をカリキュラムのなかに取り入れ始めていた。ところがこうした社会学の出現を前にして、さまざまな問題が噴出した。なかでも既成の学問分野からは強力な反対論が登場した。歴史を誇るオックスフォードとケンブリッジ大学という学問の砦ばかりでなく、その出先機関ともいうべき学校、政府、学会からも反対論が噴出した。

イギリス社会学会の初代会長であり、後にブリティッシュ・アカデミーの総裁となったジェームス・ブライス卿（一八三八～一九二二。イギリスの政治学者。『近代民主政治』は邦訳あり）は、一九〇四年の社会学会の最初の会合で、社会学の将来について自信溢れる主張を行った。一九世紀は物理学、生物学が一大変化を遂げた世紀だった。人間科学もまたドイツ、フランス、アメリカで大きな進歩を遂げた。今やイギリスで社会学が発展すべき時代が到来した。社会の相互理解を深め、一体感を高める手段として利用する時代がきたのだと。

ところがそれから一三年後の一九一七年、彼は学界の権威者達を前に、ブリティッシュ・アカデミーの本部から「これからの三〇年」という講演を行った（Brock, 2002）。ところが彼はそのなかで社会学には一言もふれなかった。しかしながら、社会学の分野だと主張する領域が、すでに歴史学、人類学、経済学、政治学でカバーされていた点を見逃すべきではない。

ホッブハウス

二〇世紀の前半、社会学の制度上の変化はまったく起こらなかった。戦間期のイギリスの大学は、社会学を無視し続けた。社会学がかろうじて場所を占めたのは、ロンドン経済政治学院だけであった。ホッブハウスは学界の異端児で、オックスフォード大学の哲学のチューターのポストを捨てて、マンチェスター・ガーディアン誌の記者となった。それを経て、一九〇七年にロンドン経済政治学院の社会学講座の教授となった。

エイブラムスによれば、社会学のモデルには「啓蒙活動」と「工学」の二つがあり（Janowitz, 1970 : 243—59）、イギリスの社会学では一八三一年以降、「政策科学」から「アドヴォカシー」（弱者を擁護するための学問）へ移行する強い流れがあったとしている（Bulmer, 1985 : 182）。こうした構図のなかで見ると、ホッブハウスは啓蒙モデル（明確化）を採用したイギリス最初の社会学者だといえよう。つまり彼は、社会学を「利用するのに十分で適切な考え方」と見ていた（p.193）。

これに対してスペンサーがめざしたのは、政策科学としての社会学だった。ホッブハウスの一連の著書は「スペンサー、ガルトンなどの優生学者と社会生物学者の政策科学の野望を暴露することを目的としていた」という。ホッブハウスは社会学は論証的でなければならないと見ていた。まずある価値観を枠組みとして、科学的な方法で証拠を集める。彼はほかの社会学者と同様、社会学が何らかの行動の指針を示すことが必要で、その証拠は科学的な方法で十分根拠づけられている必要があると考えていた。そしてその価値の正統性は、道徳哲学によって根拠づけられる必要があると見ていた。つまり、このように方法と価値とが結びつくことで「社会の科学」になると信じていた。こうした応用を可能にするのが、根拠に基づくアドヴォカシー（弁護）で、彼の場合にはそれが新リベラリズムの政治運動となった。

つまり社会学にはそうあるべきだという理想と、現実はこうだとの間に橋を架けることが期待され、理論と行動とを結びつけることが期待された。しかしこの困難な課題は一〇〇年前に達成されなかっただけでなく、今日においても未だに達成されていない。

しかしホッブハウスの記憶のなかには、学問世界で社会学がなんらの場も与えられていない時代の記憶があった。ところが彼はそれを今や、すでに一〇年間の歴史を持つロンドン経済政治学院に発見することができた。しかもその当時の彼はまだ三〇歳の若者で、その当時の知識人が抱いた理想で胸は燃え盛っていた。その理想とは宗教に代わりうるものを発見しようという絶望的な野心であった。

ベアトリス・ウェッブはこういったことがある。ますます合理的になり科学的になる時代のなかで、宗教心を見失った人々は、「何かの前に自分を投げだそうとする衝動を、神に向かってではなく、人間に向けようとしている」（Webb, 1926）。

ハンフリー・ウォード（一八五一～一九二〇）は「ロバート・エルスメーア」*Robert Elsmere* という小説のなかで（一八八八年）、この孤独感に襲われた人物を描きだしている。一八七〇年代にオックスフォード大学を卒業したこの若者は、いったんは英国国教会の牧師とはなったものの、やがて信仰に疑問を抱き、その代わりになるものを成人教育に求め、多くの貧困者が住むロンドン東部に入ってゆく物語である。

この小説の主人公と同様、ホッブハウスは一八六四年、司祭の家に生まれたが、学校時代にすでにキリスト教を捨てて、父親とも疎遠になった。オックスフォードの教員という特権生活に罪悪感を抱き続け、トインビー・ホールのジェントルマン集産主義に憧れ、マンチェスター・ガーディアン誌に身を投じた。この政治的道徳的モラリストは、その後Ｒ・Ｈ・トーニーが発展させた倫理的社会主義の先駆けと見ることができよう（Dennis and Halsey, 1988）。思えば彼は不幸なラディカリストだった。こうした個人的な道徳的な漂泊が、その後周期的に見舞われた鬱病と悲観主義の原因となったことは疑いない。

第一次世界大戦は進歩の思想を完全に打ち砕いた。「人にとっては人が狼である」がフロイドの下した判決文だった。ウィルフレッド・オーウェン（一八九三～一九一八。詩人。一九一八年一一月終戦の一週間前に戦死）はフランダースの塹壕での経験を、荒々しい皮肉を込めた一編の詩にしあげた。

我が友よ。けっして子供達には伝えるな。

子供達は絶望的な栄光に憧れる。
昔の嘘はいう。
祖国のための死は甘美にして高貴だと。

ホッブハウスは多くの学問的な著作を発表した。しかし、科学としての社会学の場を見出すことがいかに困難かを感じていた。二〇世紀最初の一〇年間の雰囲気は、「道徳的理想の起源と発達」*The Origins and Development of the Moral Ideas*（ウェスターマーク著、一九〇八年）に対する彼自身の書いた書評（Sociological Review, Vol.2, 1909）のなかに現れている。「この著書は社会学をまことしやかな理論化から引き離し、帰納的な科学として確立させようとする最初の貢献である」（p.402）。

エドワード・ウェスターマークは一八六二年生まれのフィンランド人で、ロンドン経済政治学院ではホッブハウスと親友であった。彼はドイツ文化の影響を受けたが、やがてそれを拒絶した。つまり形而上学が高尚に見えても、それは要するに論の組み立て方が曖昧なだけだとした。そこで彼はイギリス文化に転向し、やがてその実証主義とすべての仮説を経験によってテストする立場の信奉者となったのである（Ginsberg, 1940 : 1）。彼は英語を学び、一八八七年にイギリスに来、ヴィクター・ブランフォードを通じてマーティン・ホワイトに紹介された。彼は一九〇三年には三年契約の社会学講師となった。

一九〇七年にホッブハウスに講座が与えられた時、ウェスターマークの講師ポストも更新された。その結果、彼は時間を使い分けて、道徳哲学の講座を持っていたフィンランドのヘルシンキ大学と、ロンドン経済政治学院の社会学の講義と、モロッコでのフィールドワークの三本立ての生活をすることとなった。ホッブハウスの優生学的進化論の流れのなかで見ると、彼は徹底して真理を追い求めた点で傑出している。彼のフィンランドの同僚は、「彼はイギリス思想の扉を開いた。過去三世紀にわたって、フィンランドの学界は圧倒的なドイツの影響下にあったが、ウェスターマークは英語を自在に操る最初の人間となった」と形容した（Ginsberg, 1940：1）。

そこで「今誰がホッブハウスを読んでいるか」という問題に戻るが、これは「今誰がアイザック・ニュートンを読んでいるか」という質問と同様、答えるのは簡単である。しかしその答えは自然科学とでは意味が違っている。自然科学の場合には、創始者の名前は忘れられても、理論は蓄積されてゆく。オーギュスト・コント以来、「社会の科学」の信奉者はみな同じ野望を抱いた。ホッブハウスもまた科学的な方法の信奉者だった。彼はT・H・グリーンの弟子だったが、しかし理想主義者にはならなかった。

少年時代に受けたイギリス国教会の進歩の代わりに、彼独自の進化論、「優生学的な進化論」を精力的に深めようとした。ホッブハウスによれば、「優生学的進化論」こそが本当の進化論で、人類のなかにいかにして自己意識が出現するかを説明していた。これがダーウィンからの決定的な分岐点で、そこから倫理的な発達が始まる。人類が精神を欠いた「自然」進化の鎖から解放され、自分自身の運命を切り開けるようになったのは、このためだとされた（Hobhouse, 1901）。

こうしたダーウィン説の変形版は、当然のことながら、経験的に証明される必要がある。そのために彼は「単純文化の人々の物質文化」*The Material Culture of the Simpler Peoples*（一九一五）、「進化のなかの道徳」*Morals in Evolution*（一九〇六）（一九六〇年まで社会学専攻の学部生の必読書だった）、「進歩と目的」*Development and Purpose : An Essay Towards a Philosphy of Evolution*（一九一三）といった一連の著作を発表した。

それではホッブハウスは社会学にとってどれだけ重要な人物なのだろうか？　ボットモアとニスベット編の『社会学理論の歴史』*History of Sociological Theory*（一九七八）の人名索引には、彼の名はでてこない。ケネス・ボックの「発達と進化」*Development and Evolution* を見ると、ホッブハウスにふれた箇所は本文中にはなく、かろうじて最後の注（九七番目）に彼の名がでてくるだけである。

しかしそれとは反対に、ホッブハウスのことを高く評価しているのは、アメリカの社会学者アルビオン・スモールで、アメリカ社会学雑誌（American Journal of Sociology : AJS）の「社会発展」*Social Development*（一九二四～一九二五）のレビューではこう書いている。「現在存命中の哲学者、社会学者のなかでホッブハウスを越える評価を受けられる者はいない」（p.216）。

ギンズバーグはホッブハウスの弟子で後継者だったが、コリーニにいわせれば、たった一人の弟子だったという。そういうギンズバーグにも弟子がおらず、フレッチャーのような信奉者が数名いただけだった。ホッブハウスもギンズバーグもともに哲学者として出発したが、晩年になると、社会学ではなく哲学に戻りたがった。社会学はいつの時代でも、不承不承な者の歴史であり、脱走兵の歴史であり、行政ポストで上昇するか、社会的政治的なポストで出世をめざす者の歴史だった。

コリーニの表現を使えば（一九七九）、ホッブハウスの名が忘れられたのは「彼自身に責任がある」。彼は一九〇七年学院の社会学の講座を引き受けるのをためらった。その後彼に提供されたアメリカでの講座は、ほとんどが道徳哲学か社会哲学の講座だった。

これに対して、マギー・スタッドホームのように、ホッブハウスの影響力は二一世紀にまで及んでいると見る者もいる。ゲッデス、デュルケーム、ウェーバーの名を使って、ホッブハウスを追放しようとする努力がさまざま続けられてきたが、それにも拘わらず、彼はギデンズの著作にまで影響力を与えているという。

しかしコリーニは、それとは反対の見方をしている。ホッブハウス個人と、一八八〇年から一九一四年までの政治論争に関する彼の優れた著書の冒頭でこう書いている。

> 自由主義と社会学とはもともと理論的に両立できない。事実問題としても、両者は敵対関係にあった。自由主義とは個人主義の政治的な表現であるのに対して、社会学とは集合主義という神学に基礎があったからである。この二つの起源はいずれも一八世紀末から一九世紀初頭の社会理論に行きつく（Collini, 1979 : 1）。

その時代とは、理想主義、物質主義、功利主義の立場からの批判として、さまざまな社会理論が登場した時代だった。

しかし自由主義、個人主義、社会学、集合主義という四つの箱に押し込めるのは、あまりにも乱暴すぎる。一九世紀末から二〇世紀初頭のヨーロッパ、イギリスの歴史を、この四つで説明するのは、あまりにも事実からかけ離れている。デュルケーム、ウェーバーはけっしてこの四つの分類にうまくは納まりきれない。それと同様、ホッブハウスもまた納まりきれない。

コリーニにとって関心があったのは、一八八〇年代の若者を魅了したイギリスの社会思想、政治思想とは、いずれも基本的には「社会的」だったと再定義する必要がある点である。たとえそれが集合主義（集産主義）や新たな社会学の方向に向かったにせよ、あるいは自由主義（むしろ新自由主義というべきであろう）に向かったにせよ、それらは「社会的」だったという事実である。それは大きな転換期であり、第一次産業革命の社会的結果に対する反動期であり、さらにいえば、合理主義の勃興期であるとともにキリスト教の没落期であった。

デニスとハルゼーは『イギリスの倫理的社会主義』*English Ethical Socialism*（一九八八年）のなかで、ホッブハウスをエドワード時代の典型例として位置づけた。イギリスには一六世紀初頭のトマス・モアから始まり、最高のキリスト教社会主義者R・H・トーニーにいたるまでの長い倫理的社会主義の伝統がある。ここまでの目標は、モアからトーニーまでのイギリス政治学に流れている集合主義の倫理の後を追うことだった。これからはそれに反対する流れがどういう形で登場したのか、社会学はいかにして登場したのかを、二人の人物とロンドン経済政治学院という一つの制度を中心にしながら辿ってゆくことにしよう。

イギリス最初の社会学者、スペンサーとホッブハウスは、一九世紀の後期ダーウィニストだった。しかし二人とも奇妙な形で自由主義に結びついていた。まずスペンサーの方は伝統的な個人主義的な反政府的な自由主義に結びついており、ホッブハウスの方は新自由主義（積極的に自由を達成し、貧困と不平等を抑えるためとあれば、ある種の国家の干渉をも認める）と結びついていた。一八世紀のスコットランド啓蒙主義から社会学への大きな貢献があったことは事実だが、ここではとりあえず、ホッブハウスが一九〇七年にイギリス最初の社会学の講座についた時から話を始めよう。もちろんドイツのマックス・ウェーバー、フランスのエミール・デュルケームもまた自由主義者と呼ぶことができよう。ただ両方ともナショナリストでもあったことは事実である。

二一世紀初頭の現在、われわれは社会学（社会の科学）を論じる際、その方法論を中心に考える傾向がある。つまり第一次世界大戦以来の方法論の進歩、測定の進歩に目を向けがちである。しかしホッブハウスはもともと一九世紀の哲学者で、その当時この新しい科学、社会学は道徳哲学者から批判され、拒絶された時代だった。

コリーニの表現を使えば、ホッブハウスの同時代人の特徴は「上品ではあるが、富裕な中産階級や専門職の家庭の出身ではなく、むしろ宗教的な背景をもった家庭出身者（彼等の圧倒的な部分がイギリス国教会の牧師だった）が多かった。生まれ育ったのは田舎か地方の小都市で、そこからパブリック・スクールに進学し、オックスフォードでラテン語、ギリシャ語を学んでいる。ところがそのうちに信仰に疑問を抱くようになり、自分達の恵まれた人生に罪悪感を抱き、ロンドンにやってきて、社会事業かジャーナリズムの仕事に就いた者が多かった」という（Collini, p.51）。

アンドリュー・アボットとエドワード・シルズは（両方ともシカゴ出身だった）、アメリカの初代社会学者もまた宗教的な背景が強く、多くが農村出身者だったことを指摘している。いったい信仰の喪失という側面に注目すれば、イギリスの社会学者もまったく同じだったのだろうか?

ホッブハウスはオックスフォードでは、一種のアウトサイダーだった。身分の高い富裕な同級生達と比べれば、彼は貧しかった。そして父親の宗教にそむいたという罪悪感を抱いていた。彼は上院廃止案を支持するといった、その当時のオックスフォードの保守党的な流れとは逆のラディカルな主張を唱えた。コリーニによれば、ホッブハウスの社会学は、「進歩に対する信仰が中心的な役割を担っている」(p.148)という文脈で見れば理解しやすいという。

一九世紀末の社会思想は「集合主義はスペンサーに似た自分達の指導者を必要」(p.149)としていた。ホッブハウスは『進化のなかの心』*Mind in Evolution*、『進化のなかの道徳』*Morals in Evolution* を通じて、歴史発展について楽観的な、目的論的な展望を示した。彼の説く優生学的な進化論では、合理的な人間性の自己実現という考え方が示されていた(p.216)。デニスのホッブハウスのついてのエッセイの最後は、A・E・ハウスマン(一八五九～一九三六。イギリスの詩人・古典語学者)の嘆きで終わっている。つまりハウスマンにいわせれば、ホッブハウスの仕事は失われたというのである。

これに対してコリーニの方は、ホッブハウスの名声を評価するのを拒絶することで終わっている(p.253)。しかし実際にはホッブハウスの著作に対しては、破壊的な非難をあびせている。「彼の思考は、今やわれわれが何ら忠誠を誓うべき対象ではない。彼の取り上げたテーマで、われわれの関心を引くものはまったくない」。これはまさしく論争的な主張である。

しかしほんとうに「発達」といった考え方は、もはやわれわれには無関係な思い込みになったのだろうか。パーソンズの後期の仕事は、これに関わっていたのではなかろうか。現代の進化論的な心理学にとっては、関係のないことなのだろうか。道徳的な進歩とは今や死んでしまったテーマなのだろうか。二一世紀での「人種浄化」や発生学的な操作といった問題は、今でも生きているテーマではなかろうか。

ロンドン経済政治学院の社会学の外側では、大した変化は起こらなかった。パーソンズの機能主義でさえ、ほんの一時の勝利だったのではないか。それもたまたま彼がハイデルベルクに行く途中、ロンドン経済政治学院に立ち寄ったという偶然の結果だったではないか（一九二四年から二五年にかけて）。パーソンズ自身はアルフレッド・マーシャル、マックス・ウェーバー、エミール・デュルケームとヨーロッパの伝統を遡り、彼自身の統合理論に到達したのだと主張している（Parsons, 1937）。一九四〇年代から五〇年代にかけてのパーソンズがホッブハウスの理論に挑戦していたことは事実である。

ロンドン経済政治学院の影響力は、ロンドン大学の外部試験制度によって再強化されただけであった。それは、ロンドン経済政治学院が社会学のシラバスを決定し、それに依存する地方の大学を通じて波及したからである。この機構から学位をえようとする者は、少なくとも一九五〇年までは伝道師ホッブハウスの教育を受けたことになる。この年になって初めて、これらの地方大学は独立して学位がだせるようになったからである。

だから各大学の独自性がでてきたのは、一九五〇年代に入ってからのことだった。ハル大学では人類学の影響が強くなり、ノッティンガム大学では社会心理学が、レスター大学ではヨーロッパの理論の影響が強くなった（ノーバート・エーリアスが一九五六年に着任した）。

ギンズバーグ

ホッブハウスの後継者のなかで、一番目立っていたのが、モーリス・ギンズバーグだった。彼は一八八九年にリトアニアに生まれ、一九一〇年にロンドンのユニヴァーシティ・カレッジに入学してきた。学部生時代には哲学を専攻し、その才能は早くから注目されていた。こうした移民のケースは、その時代は決して珍しいことではなかった。

しかしモーリス・フリードマン（ギンズバーグの同僚であるとともに崇拝者で、ユダヤ社会学雑誌 *Jewish Journal of Sociology* の共同編集者）がいうように、「青年期までイーディシュ語（ドイツ系ユダヤ人の言語）だけを話し、それから本格的なイギリス中産階級の一員に転身したタルムード研究者（ユダヤ教の律法集）は、ほとんどいなかった」（Flectcher, 1974：269）。

ギンズバーグの生涯とその性格のなかで、一段と興味深いのは、こうした目立たないリトアニアのユダヤ人社会でヘブライ語古典を学んだ者が、その後ロンドン経済政治学院でイギリスの社会研究で高い地位を獲得した点である。彼の若い時代のことは、あまりはっきりしない。若い時代のことにはまったく話さなかったし、個人的な思い出の記録を残すことを拒否したからである。彼は自分の書いた著書と講義だけを通じて、記憶されることを求めた。

例外ともいうべき頭の回転のよさときわめて的確な表現力で、ギンズバーグは第一次世界大戦以前のロンドンのユニヴァーシティ・カレッジで高い評価を勝ち取った。その頃の彼はマーティン・ホワイトとジョン・スチュアート・ミルを研究していた。彼はその後もユニヴァーシティ・カレッジと関係を持ち続け、哲学研究を生涯続けたが、一九一四年から始まるロンドン経済政治学院との関係では、社会学が中心となった。

その年彼は初めてホップハウスのパートタイムの助手となった。彼は一九二二年になって初めて終身の職をえたが、それ以降四〇年以上にわたって「学院」のために働いた。まずリーダー（准教授）となり（一九二四）、その後ホッブハウスの後継者としてマーティン・ホワイト社会学の講座（一九二九）を引き継ぎ、名誉教授（一九五四）として一九六〇年代に入るまでパートタイムの講義を続けた。第一次世界大戦中は近視のため兵役にはつかなかったが、その代わり普通の教員四人分（そのなかにはアトリー少佐とトーニー軍曹の分が入っていた）働いたという伝説が残っている。しかしそれは単なる伝説ではなく、事実そのものだった。

彼のホッブハウスとの関係は、彼がまだユニヴァーシティ・カレッジの学生だった頃から始まった。彼はホッブハウスの比較人類学の研究を助けたが、その成果は今では古典になっている（Hobhouse, et al. 1915）。しかしギンズバーグのホッブハウス主義は決して偏狭なものではなかった。それはその当時経済学に支配されていた社会科学よりもはるかに広く、経済史、心理学、統計的な人口学などによって補強されたものだった。

経済学専攻の科学士の学位をとるには、フランス語、ドイツ語、イタリア語の社会科学の論文が読めるよう、ヨーロッパの言語を理解する必要があった。初期の「社会学評論」*Sociological Review* では、読者がドイツ語、フランス語、ラテン語を読めることを当然として編集されていた。しかし一九二七年からは語学試験の時は、辞書の使用が認められるようになり、一九六〇年までには語学試験は姿を消した。

これに対してギンズバーグはヨーロッパの言語を自由に操ることができた。パレートの『心と社会』*Mind and Society* を初めてイタリア語から英語に翻訳したのは彼だった。彼はいくらでもウェーバーやデュルケームの講義をすることができたが、それはほとんど取らなかった。彼の社会学理論の講義では、二人とも補助的な場を占めていただけであった。ホッブハウスは一九二九年の没後も、依然として理論社会学のシラバスの中核を占めていた。彼の後継者となったギンズバーグもまた、その講義ではゲッデスにもパーソンズにもまったくふれなかった。

だからギンズバーグが講義をしている限りは、ホッブハウスが圧倒的な影響力を発揮したことになる。ギンズバーグはもっぱら、ホッブハウスが説いた自由主義の伝統、人類の物質的、社会的、文化的、道徳的な進化について講義を続けた。この伝統の中心にあったのは、人類の道徳的な進化は確実だとする前提であり、それと社会経済的背景との関連だった。これを中心的なテーマとしてギンズバーグは、社会構造が変化すると、道徳的な信念や行動にどのように影響されるのかを説いた。合理的な倫理の基礎を求めること、理性と正義を表現する社会制度を作る方法が、彼の中心的な関心だった。

ただしこうした知的関心を追求するとなれば、哲学的な精緻化と大量の社会史の知識が必要となる。現にギンズバーグはその両方を身につけ、その結果を大量の著書、論文、講義として示した。彼の文体は簡潔で、控え目だったが、その背後に膨大な学識が控えていることがすぐわかった。それらのタイトルは、ホッブハウス以来のテーマをそのまま引き継いでいた。「道徳的進歩」*Moral Progress*（一九四四）、『進歩の思想：その再評価』*The Idea of Progress: A Revalution*（一九五三 a）、「道徳の多様性」*On the Diversity of Morals*（一九五三 b）、「社会における理性と非理性」*Reason and Unreason in Society*（一九四七）などである。一九六五年に刊行された最後の著書『社会における正義について』*On Justice in Society* は、正義、平等、権利、義務といった概念を分析し、それらが刑法、契約、国際関係でいかに応用されているかを論じたものだった。

社会のなかの倫理という、困難で終わりのないテーマへのギンズバーグの貢献は、二〇世紀の学問のなかに不動の地位を与えた。ダーレンドルフは彼のことを「聡明な社会哲学者」(Dahrendorf, 1995 : 204) と呼んだ。しかし社会学者としての彼の評価は、不安定である。ホッブハウス以降、ギンズバーグは戦間期のイギリスでは中心的な社会学者となった。しかし第二次世界大戦後の社会学の急速な発達は、彼の脇を通り過ぎ、一九九六／七年度の「学院」の指定図書のなかから彼の名は消えた。

専門職としての社会学が急速に発展するにつれて、方法論も理論も多様化し、道徳哲学と社会研究とを一体化させる試みは、今や姿を消した。これこそギンズバーグがホッブハウスを指導者として仰ぎ見ながら、追いかけていたテーマだった。ホッブハウスとギンズバーグが追求してきた、道徳的進化と社会的進化というテーマは、重要ではあっても、もはや社会学の中心テーマではなくなっている。

私生活の面では、ギンズバーグは同僚や学生から大いに愛された。ただまったく敵がいなかったわけではない。とくにカール・マンハイムとはうまくいかなかった。フレッチャーはこの敵対関係については、何にも知らないふりをしているが、「学院」の学長はマンハイム・ギンズバーグ問題 (Fletcher, 1974 : 6 ; Dahrendorf,1995 : 295) として報告を残している。しかしダーレンドルフ (一九九五) もシルズ (1997 : 215—6) も、それを客観的な記録として残しているだけである。

ギンズバーグの謙虚さも目立ったが、いったん学問のことになると絶対に譲らない性格も目立った。彼のこうした両面が、他人にはパラドクシカルに見えたのだろう。一種の傲慢さ、それも自分を目立たないように抑えている傲慢さが目立ったのだろう。

彼の講座は、多くの学者から疑いの目で見られていたが、彼個人の学問的な水準はその伝統から見れば、最高のものだった。彼の同時代の人々は、彼の著作を通じて彼の職業面での活動を知っていた。しかし個人的には「小さくて、物静かで、真面目だが心安い人物と見られていた。周りの壁はすべて本で覆われた部屋で、いつも古い椅子に身を丸めていた。彼はまるでこの膨大な本のなかから生まれでてきたように見えた」(Fletcher, 1974 : 265)。

T・H・マーシャル

戦間期の学院を代表する三番目の人物は、タマス・ハンフリー・マーシャル(T.H.Marshall, 1893～1981)である。彼はロンドン中心部のブルームズベリーの高級住宅街で生まれた。彼のイギリス国教会に対する信仰は、ラグビー校(著名なパブリック・スクールの一つ)でさらに高まった。ところがケンブリッジのトリニティー・カレッジに在学中にその信仰心を失った。このカレッジで彼は一九一四年に歴史学の優等卒業試験でトップの成績をおさめた。その年の夏、国際関係の職をめざしてドイツに渡り、ドイツ語を習得したが、まもなく第一次世界大戦が勃発し、ベルリン近郊のルーレーベンの捕虜収容所に収容されてしまった。

ところがこの捕虜収容所はマーシャルにとっては、それまでのイギリス・ブルジョア知識人の家庭環境とはまったく異なっていた。彼は狭いブルジョア社会から強制的に脱出させられることになった。収容所という空間は、何かを生産をするわけではないので、マルクス的な意味での階級社会ではありえない。しかし商人、水夫、漁師、「収容所プロレタリアート」は、マーシャルのまったく知らなかった階級文化を教えてくれた。

ルーレーベンに船員がいなかったら、その収容所はまったく違ったものになっていただろう。穏やかで、あまり男性的とはいえない、頭でっかちな知識人にとっては新しい経験だった（Ketchum, 1965：126）。

その時の経験は、彼にとっては、将来の職業への暗黙の入門編となった。

ルーレーベンでの経験はマーシャルにとって、道徳的にも知識面でも決定的な役割を果たした。それは彼の内面にヴィクトリア時代のロンドン、エドワード時代のケンブリッジを超えた、別の社会に対する新たな感性を育てた。しかしながら、初めからそうなったわけではない。第一次世界大戦が終結すると、彼はケンブリッジに戻ってきた。そしてJ・H・クラパムが指示したテーマ、一七世紀のギルドについて卒業論文を完成させ、それでトリニティー・カレッジのフェローのポストを手に入れようとした。ところがここで彼は変心した。少なくとも短期間ではあるが、教師としての普通の道から外れ、労働階級との出会いという新しい経験をえるために、コースを変えた。彼は一九二二年の総選挙で、保守党地盤である選挙区から労働党の候補者として立候補した。しかし彼は落選し、あらためて政治家は自分にはあわないことを知り、ケンブリッジに戻ってきた。とくに選挙運動は彼の気質にはあわなかった。政治への関心は薄れなかったが、この時、自分に相応しいのは学問の僧院だと心に決めた。

こうして彼は歴史研究に戻り、G・T・ワーナーの記念碑的な研究『産業史』*Landmarks in Industrial History*（一九二四）を読み直し、ジェームス・ワットの生涯について短文を発表した（一九二五）。ところがここでも彼の性格の限界が災いした。残る人生をずっと、歴史史料を丹念に追いかけて過ごすのは、自分の性分にあわないことに気付いた。とくに歴史研究で高い評価を受けるには、そうとう厳密な史料研究が必要だが、そうした作業は自分にはあいそうもないと悟った。

フェローの期限が切れる時、彼は今こそケンブリッジから離れる時だと悟った。彼はロンドン経済政治学院が社会福祉の学生のチューターを募集していることを知り、応募することにした。ベヴァリッジ学長は一九二五年に彼を採用し、こうして彼の社会学への旅が始まった。その後一九三〇年には准教授に昇進した。

一九三〇年代のマーシャルは、次第に自分を社会学の専門家として考えるようになった。彼は一九五〇年「イギリス社会学雑誌」*British Journal of Sociology* を立ち上げるのに力を貸し、社会階層や社会政策に関心を寄せ、「階級間葛藤と社会成層」*Class Conflict and Social Stratification*（一九三八ａ）や「人口問題」*The Population Problem*（一九三八ｂ）などの研究を編集した。しかしながらこのテーマに取り組むには、統計学のスキルが必要だったが、彼はそれを持っていなかった。助けを借りるとすればＡ・Ｌ・ボウリー（一八六九〜一九五七。イギリスの統計学者。ケンブリッジでアルフレッド・マーシャルから経済学を学ぶ）か、その後となると、Ｄ・Ｖ・グラース（一九一一〜一九七八。本書一五〇頁以降参照）だったただろう。

しかしそれは彼の能力の範囲内のことだった。彼の論文や書評を読めば、彼が調査の方法を完全に理解していることがわかる。そして社会測定の威力ばかりか、その限界をも知っていたこと、そして多変量解析の理論を理解していたことがわかる。しかし彼はあくまでも賢明な消費者の立場に徹し、統計処理の専門的な実践者とはならなかった。

彼は社会学者はただ道具を学ぶだけでなく、「その指先から道具そのものを作りだすことを学ぶべきだ」という意味曖昧な合理化を行ったことがある。これは優れたテクニックを持ちながら、もっぱらアマチュア・ヴァイオリニストに徹した彼自身の経験から生まれた言葉だったのだろう。それは機会を逸した人間の犯した誤りだといった者もいる。

良かれ悪しかれ、マーシャルは専門分野の研究と著作に、ピューリタン的に没頭することはなかった。もしそうだったならば、フートン街（ロンドン経済政治学院の所在地）のエートスをもってすれば、可能だったはずである。彼の専門は専門社会学者に落ち着くほど狭くはなかった。

ロンドン経済政治学院では、教えることは研究と同じほど重要な任務であった。しかし学院の運営は彼にとって煩わしいだけの雑務で、しかたなく引き受ける義務でしかなかった。ことに社会制度の教授、社会事業学科長（一九四四～一九四九）、ギンズバーグから引き継いだマーティン・ホワイト社会学教授（一九五四～一九五六）を勤めながら、学院の運営に当たることは、雑務以外の何ものでもなかった。

公務というものは、いったんその職に就くと、無際限の回答を要求される職務であった。彼は一九三九年から一九四四年まで外務省の調査局に勤務し、一九四九年から五〇年まではドイツ占領委員会の一員として勤務した。そして一九五六 年から一九六〇年まではユネスコの社会科学委員会の委員長を勤めた。こうした専門分野の仕事や公職の外に、彼の場合には、音楽、友人との交流という文化の香りの高い私生活への求引力が絶えず働いていた。彼が自分の才能をもっともよく発揮できたのは、この世界だったのであろう。

一九三九年から一九六〇年のケンブリッジからの引退まで、彼はこうした学界の外側での活動を続けたが、その間彼は彼なりの社会学を実地に応用した。たとえばドイツの戦時中の宣伝活動、戦後ドイツの復興計画、ユネスコでの開発問題への社会科学の応用などがそれである。

彼が社会政策や社会行政に集中しだしたのは、定年後のことだった。定年後になって彼はようやく、この分野の標準的な教科書を書いたり、改訂したり、あるいは論文を書いたりするようになった。ところが、この仕事もまた彼なりの応用社会学だった。社会政策や社会行政の定義は一九五〇年以降、リチャード・ティトマス（Richard Titmuss, 1907～1973）とロンドン経済政治学院にいる社会福祉の情熱的な推進者達によって、さらに精緻化されていた。マーシャルは彼等の定義にまるまる依存したわけではなかったが、その多くを応用した。マーシャルの定義は彼等の定義よりもさらに幅が広く、歴史的な背景をよく押さえていた。しかしティトマスの詳細な実証研究には及ばなかった。それもけっして平等主義的な福祉論ではなく、右派と左派を足して二で割った、いわゆる「ブッチェリズム」の福祉国家擁護論だった（保守党、労働党それぞれの立場から、バトラーとゲイツケルが福祉国家の必要性を説いた。そこでジャーナリズムはButlerとGaitskellの名前を結びつけて、Butskelismという用語を作りだした）。

ケンブリッジでの市民と階級という未完成な講義録を別とすれば、マーシャルの社会政策に関する決定的な研究は、定年後にいたるまで書かれなかった。とくに『二〇世紀の社会政策』*Social Policy in the Twentieth Century*（一九六七）、最後の論文集となった『福祉への権利』*The Right to Welfare*（一九八一）

は、社会制度の社会学的な側面を社会政策と関連づける上で、彼が独自な能力を持っていたことを証明している。マーシャルの立場からすれば、競争的な経済市場から生じる価値の対立、代表的民主制、法律によって定められた社会サービスは、けっして民主的な福祉資本主義の弱さではなく、その復元力を示すものだった。彼は同時に貧困の撲滅には、厳格な平等主義的な政策が必要だとする従来からの考え方に反対した。ある程度の不平等は経済成長を促進するし、政府が基礎的な社会サービスへの権利を保障する限り、貧困撲滅の前提条件になると考えた。

マーシャルの文体は格調高く、同時に簡潔だった。彼は社会学の隠語や細かすぎる引用は避けた。講義では明快で醒めた分析を展開した。簡単に思いついたような話に見えても、その背後には広い学識が覗いていた。彼の公的な行政面での活動は、著名な出版者だったウォールフと同様、緻密で誠実で、同じく緻密な専門性に裏付けられていた。礼儀正しさ、有能さ、遠慮深さ、献身、これらが彼の活動の特徴だった。ロックウッドはマーシャルの特徴をこう形容した。「対立するものの間に微妙なバランスを保っている」。

いったいそれでは、ヴィクトリア時代を支配した階級的な不平等、福音宗教、社会的な服従から、いかにして福祉国家を作りだす合意が成立したのだろうか。またいかにしてブッチェリズムが生まれたのだろうか。マーシャルは生涯を通じて、それを分析していたのではなかったのか?

その答えはマーシャルの場合、彼の社会学のなかに現れている。それはケンブリッジの知的な文化のなかに根ざしていた。第一は、二〇世紀に起こった市民的、政治的、社会的な権利の発展の過程に、メイトランド（一八五〇〜一九〇六。ケンブリッジの歴史学教授。社会進化論的な解釈ではなく機能主義的な解釈をめざす）の歴史観を拡張させることだった。第二に、一九世紀中葉からのケンブリッジでの、シジウィック、アルフレッド・マーシャル、レスリー・ステファンなどを創設の父とする「道徳科学」の蓄積を代表していた。その道徳科学とは、社会道徳の必要性や社会統合の説明を、伝統的な神学を使ってではなく、世俗的な方法で正統化しようとする試みであった。

マーシャルはこうしたアイディアを吸収し、私生活に取り込んだ。それはやがて彼の著作となって現れたが、とくに一九四九年にケンブリッジを再び訪れ、マーシャル講義を行った時、説得力を持ったものとして姿を見せた。この時の講義は翌年『市民と社会階級』*Citizenship and Social Class* となって出版された。

社会学者としての成熟期を迎えていたマーシャルは、かつて一八七三年にアルフレッド・マーシャルが立てた疑問に答える時がきたと見た。つまり「われわれの社会がなかなか進歩しなくとも、少なくとも職業に関しては、すべての者はジェントルマンである」（Marshall,1950：4）という命題に対する解答である。T・H・マーシャルは、市民性の発達を通じて、どのようにして、どの程度まで、それが現実のものとなったかを示さなければならなかった。

彼は政党活動家のように演説台に立つのではなく、研究室と図書館のなかから、やや距離をとって観察する方法をとった。トーニー（マーシャルより一三歳年上）はバリオール・カレッジからロンドン東部のトインビー・ホールに行き、労働者教育協会で働いた。ジョージ・オーウェル（マーシャルより一〇歳年下）はパリのスラムに行き、聞き耳を立てた。これに対してマーシャルは、研究室のあるフートン街に行くのでなければ、ケンブリッジとブルームズベリーから離れることはなかった。

マーシャルは学院にくる以前に、すでにケンブリッジ・エリートとしての個人的、職業的な道徳とマナーを身につけていた。しかしそれは高級文化の代表以上のものだった。彼にとっては、ジェントルマンであることは、習慣以上のものだった。内気でハンサムなこの人物は、他者に対しては批判的であると同時にきわめて寛大であった。皮肉、遠慮、義務感を取り混ぜたマーシャルは、同僚としては楽しく、公務員としては几帳面だった。彼の正義に対する静かな情熱は、時には演説台に立たせることもあった。たとえば、バートランド・ラッセルを講師に復帰させるために、トリニティー・カレッジ学長宛の請願書に署名を寄せた（Hardy, 1977）。階級の不平等と社会政策は、彼にとっては生涯の研究テーマとなった。

彼は自分の限界を知っていたので、あえて控え目な態度をとったのだろう。現在ならば、そうした装いの背後に、われわれは彼の純粋な社会学的な精神を見ることができる。

彼にとって、市民の権利は自由な民主政の防波堤であった。市民の権利のうち、法制上の権利は、さまざまな社会制度を通じて実現される。それはすべての社会関係に本来的に備わっている。しかしそれは政治だけに限らない。市民は単に政治上の演技者だけでなく、社会的な権利の消費者でもある。それらは制度以上のもので、むしろ一つの文化である。思想、言論、集会の自由、正義に対する権利、法律に定められた規則、これらの権利は、幼児期からしつけられ、内面化された原理の外的な表現である。

それらは個人のパーソナリティの一部になり、日常生活のさまざまな場面でそれがにじみでてくる。個人の文化の内在的な要素であり、社会的な行動能力の基礎となっている。個人は環境条件の創造者であり、それが民主的な文明での社会行動を可能にしている（Marshall, 1981：141）。

高度な文明の継承者としてのマーシャル。高い感受性を備えた学者としてのマーシャル。ここに描写されているのは、彼個人の最高の姿であり、彼の国に対する理想像であり、すべての社会の倫理的社会主義者としての究極の希望なのである。

マーシャルに対する敬意を表する目的で、T・H・マーシャル連続講義が一九八三年以来サウザンプトン大学で始められた。そのなかで行われた一二の講義が今では『今日の市民』*Citizenship Today* というタイトルで公刊されている。すべて指導的な社会科学者が行った講義であり、その多くがマーシャルが第二次世界大戦後の重要人物である点で一致している。

彼の行った市民と社会階級についての歴史的な立場からの分析、そして「二〇世紀を通じて市民と階級とは闘争状態にあった」（Marshall：1947：115）とする彼の解釈は、一方で評価されるとともに、他方では多くの批判を呼んだ。たとえば、レイモン・アロン（一九〇五〜一九八三。フランスの社会学者）はマーシャルの論を、よく考え抜かれた歴史と評した。ギデンズはあまりにもホッブハウスの倫理的進化論に傾きすぎており、マルクスを無視していると批判した。デニスとハルゼーは、マーシャルの論は倫理的社会主義への重要な貢献であると評価した。マン（マイケル・マン。一九四二年イギリスに生まれ、カリフォルニア大学ロサンジェルス校の歴史社会学の教授。『ソーシャル・パワー――社会的な〈力〉の世界歴史』の邦訳あり）はマーシャルはあまりにもイギリス的だとした。ギデンズは女性を無視しているといった。これらのテーマはすべて現在でも論争中のものである。論争を超えたものがあるとすれば、マーシャルが今後も続くだろう論争の舞台を用意したという事実である。

バーバラ・ウォートン

戦間期の四番目の人物はロンドンのベッドフォード・カレッジのバーバラ・ウォートン（一八九七〜一九八八）である。彼女は後期ヴィクトリア時代のイギリスが生んだ著名な娘の一人である。彼女はケンブリッジの教師の三番目の子供として生まれた。ふつうだったら、エドワード時代のイギリスで、特権的な人生のスタートラインを切ったことだろう。ところが二つの事情がそのキャリアを妨害した。その二つとは、死と性である。

彼女の父親は彼女がまだ一〇歳だった時、四七歳の若さでこの世を去った。彼女の最愛の親友は学校で死んだ。彼女の兄弟アーサーは戦死した。それ以来、彼女は多くの同時代人とともに、運命を耐え忍ぶことになった。

彼女は若くして戦争未亡人となった。彼女の夫、ジャック・ウォートンはノッティンガム出身の非国教徒で、実家は製造業を営んでいた。彼はバーバラの兄弟ニールの親友で、ケンブリッジでは将来性のある研究院生として認められていた。彼女はこのハンサムな青年と一九一七年に結婚した。その時、彼は二六歳、彼女は二〇歳の若さだった。彼女は三六時間だけ結婚生活を過ごし、フランス戦線に向かう彼をヴィクトリア・ステーションで見送った。

それから五週間経った時、軍事局は「残念ながらご報告いたさねばなりません」という通知を送ってきた。血に染まった軍服もまた、かっちり規定通りに彼女のもとに届けられた。彼女は歳をとる前に、生よりも死を知った。彼女が一生涯悩まされた恐怖心と強迫観念は、こうした不幸に原因があったのだろう。

しかし彼女はこうした不幸を前に確たる責任感を持ち続けた。彼女にはまだフロイドの影響が及んでいなかった。徹底した自立心は、内に勇気を秘めた驚嘆すべき性格の持ち主の信条であった。彼女は考えた。「いかに生まれが恵まれていなくとも、子供はできる限り早いうちから、自分の運命の主人になるよう励ませば、すぐはそうならなくても、いつかはやがて自分の運命の主人になることができる」。

女に生まれたというもう一つの事情もまた、彼女の性格形成に少なからぬ影響力を及ぼした。彼女の階級の少女は、男兄弟に負けない名誉と顕著さを示すことを期待された。しかし現実にはその機会は閉ざされていた。彼女は男兄弟のように学校に行ける日がくることを願ったが、一三歳になるまで、家庭教師の元から逃げだすことができなかった。一三歳になって、ようやくケンブリッジのパース・ハイ・スクールに昼間部だけの生徒として通えるようになった。母親の意思と希望は、ケンブリッジの女子カレッジであるガートン・カレッジに進学し、古典の教養を身につけることだった。

彼女は自分の歳には、兄弟達は準備学校からパブリック・スクールに行く時期だということを知っていた。しかし彼女の同級生の大部分は賃金を稼ぐために畑か工場に行き、それ以降一生涯、学校から離れることを知った。バーバラは入学試験にみごと合格し、優等試験の第一部の候補者となった。彼女は死んだ言語（ラテン語、ギリシャ語）の学習を捨てて、アルフレッド・マーシャルの近代経済学を学ぶつもりでいた。目にする身の回りの出来事は、彼女にはすべて現代文明の堕落に見えた。彼女はなぜそのようなことが起こるのか、その原因を突き止めようとした。
戦争は終わり、彼女の勉強も終わりを迎え、卒業試験の時期がきた。ところが彼女は悪性の扁桃腺炎に罹り（おそらく心身症が原因だったのだろう）、正式の卒業証書ではなく、病気欠席の時にもらえる卒業証書を手にして卒業することになった。後に彼女はその自叙伝のなかで、それは意識的で、意図した反逆だったとしている。

素晴らしい夏休みにやってくるギリシャ語の詩に対する反逆、頭の良い娘を演じさせられた日々への反逆、ジャックと過ごせたはずの時間よりも、古典語の方を高く評価する世界に対する反逆。

彼女の自叙伝『私には無かった世界で』*In a World I Never Made*（一九六七）というタイトルは、A・E・ハウスマンからとったものである。彼女はその世界にハウスマン同様、まるで異邦人のように住み、終わることのない性の営みの最高潮を、言葉少なに思い起こしている。
彼女の自由解放は、優等試験の第二部から始まった。それは、巧妙に仕組まれた母権制領土に閉じ込められた少女時代からの解放であった。彼女はギリシャ語、ラテン語の教科書は脇に押しやり、経済学の教科書を集中的に読みだした。彼女はトップの成績をおさめただけでなく、今まで誰にも（男でも女でも、それ以前にもそれ以後にも）与えられなかった「秀」を貰った。ところが皮肉にも彼女は女性であるが故に、名前の前にバチェラー・オヴ・アーツの称号をつけることができなかった（バチェラーとは独身男性を意味している）。

やがてガートン・カレッジは彼女をロンドン経済政治学院の研究院生から、フェローとして呼び戻そうとした。そしてカレッジ卒業後まだ一年しか経っていない彼女をカレッジの社会科の学科長に任命しようとした。経済学委員会は経済学と国家の講義に彼女を招聘した。ところがケンブリッジ大学はその当時まだ女性の入学を認めていなかったので（女子寮であるガートン・カレッジは入学を認めていた）、大学のメンバーでない者の講義を認めることができなかった。その時、フーバート・ヘンダーソンは勇敢にも立ち上がって議論をさえぎった。そして自ら宣伝講師の役割をかってでて、この講義は括弧つきでウォートン夫人によって行われるとすれば、すむではないかと提案した。

陽気さはしばしば皮肉よりも勝ることがある。彼女は一九三五年にジョージ・ホワイトと再婚した。彼は成人教育とロンドン市役所での同僚で、その当時はたまたまタクシー運転手をしていた。ところがここでも平和は続かなかった。ジョージは「生まれつきの多妻主義者」で、たえず「二番目の妻」を追いかけていた。それでいながら彼がもっとも愛するのはバーバラだと周囲にはいい続けた。彼女は彼が一九六四年にガンで死ぬまで、長年病身の彼の看護をした。

彼女の自由解放運動はさらに続いた。彼女は古典語を捨てただけでなく、学問も宗教も捨てた。彼女の境遇と気質は、次第に彼女を合理主義者に、不可知論者に、そして社会主義者に変えていった。この方法、この哲学、この関わり方が、その後も一貫して、彼女の長い職業生活、公人としての生活を決めることとなった。彼女の合理主義は明らかに、単なる知的な才能からきたのではなく、死別という経験、社会のなかで才能ある女性に割り当てられる場所の非条理性からきている。彼女の不可知論は、およそ考えられるいかなる神性の慈悲も信じられないという深い懐疑と、世界大戦による宇宙秩序の崩壊が原因だったのだろう。また彼女の社会主義は、他者に対する同情さえあれば、残るのは批判的な理性だけで、これこそがこの地上での救済につながる唯一の道と信じた結果であろう。

こうした事件はすべて、彼女が生きてゆく上での明かりにもなったが、同時に彼女の目を眩ませもした。象牙の塔は彼女を休ませてくれる場ではなかった。そこで彼女は一九二二年から労働党の調査部と労働組合協議会で働き始め、一九二六年からはモーリー・カレッジの校長となり、一九三八年からはロンドンのチュートリアル学級研究所の所長となり、一九四四年にはベッドフォード・カレッジの社会学科の准教授となった。一九四九年にはロンドン経済政治学院の社会行政学の教授ポストと部長ポストをT・H・マーシャルと競ったが、不成功に終わった。

学界での彼女の関心はつねに実際的な問題にあった。彼女は次第に犯罪学、刑罰学、社会事業での専門家として認められるようになった。彼女の著書『社会科学と社会病理学』*Social Science and Social Pathology*（一九五九）は、社会の啓蒙主義的な経営を目標に、功利主義の哲学と実証的な社会学を応用したものとして今では古典になっている。

彼女を一挙に著名人に押し上げたのは、一九五〇年から一九五六年まで勤めたイギリス放送局総裁のポストだった。彼女は四つの王立審議会の委員を勤めた。その後「地方地域審議会」の議長を勤め、女性としては最初のイギリス社会学会会長に選出された。一九五八年には一代貴族に列せられ、彼女は女性初の上院議長となった。彼女が上院議長となったことは、民主社会主義者達を驚かせた。彼女はそれを認め、こういった。

民主政から見れば、弁解の余地はない。上院といった制度が存在してなかったら、それをあえて作ろうとする者は誰もいまい。しかし古くからの記念碑は、そう簡単に壊すべきではない。

これはもっと一般的な言い方に置き換えれば、彼女は既存の制度を最大限に活用しようとしたのだろう。だからスターリン路線の革命によって、ごく普通の人々を悲惨な状態に追い込むようなことは好まなかった。彼女が選んだのは漸進型の改革であり、ロンドンの平和の裁判官として働くことだった。

この仕事を彼女は二九歳の時から続けてきた。つまり女性参政権がまだ認められていなかった時から続けてきたことになる。これは人間の公的な努力としては、きわめて長い記録である。彼女は一九八八年にこの世を去った。彼女を知る多くの人々から尊敬された。彼女を記念して追悼集が発刊された。強固な信念をもって論争し、説得に努めた一人の女性。彼女の目標は社会主義的な共和国を建設することだった。

社会人類学

ここまでイギリスの社会学の歴史を書いてきたが、社会人類学についてほとんどふれてこなかった。これからはそれをやろう。社会学を育てたロンドン経済政治学院という組織は、同時にマリノフスキーの故郷であり、ウェスターマークやファース、ゲルナーなどの社会人類学者の生まれ故郷でもあった。社会人類学はイギリスではるか以前に確立し、学界ばかりでなく、植民地行政、政治、文学界といった広い範囲で高い尊敬を払われてきた領域である。

二〇世紀の初めの頃は、社会人類学と社会学との境界線は、今よりもはるかに流動的だった。だからウェスターマークは一九三六年のハックスリー記念講義でこう主張した。

研究室であれフィールドであれ、この地上に社会人類学の成果で競争できる国はほかにはない。その理由は社会人類学の持つ正真正銘の明晰さと優れたセンスにある（Ginsberg, 1940：28）。

それでは、ホッブハウスの「物質文化」は社会学の作品なのだろうか、それとも社会人類学の作品なのだろうか？　たしかにホッブハウスの研究はフィールドよりも「研究室での研究」であったことは疑いない。しかしそれは社会進化の原理を求めるものだった。マリノフスキーが議論の流れを変え、機能主義的な説明を求めるまで、コントからスペンサーまでの社会科学はその原理を求めていたはずである。

しかしながら一九五〇年以降社会人類学は新しい活気を帯びるようになった。その理由は一九四六年に創設された社会人類学会（Association of Social Anthropologists：ASA）が採用した閉鎖的な戦略にある。社会人類学会は学部教育を無視し、もっぱら研究用のセミナーを推進し、それを通じて集団としての結束力を高めたようとした（Spencer, 2000）。それとは対照的に、社会学は戦後突如として生じた人気を歓迎し、むしろ開放政策を採用した。学部教育にも参加し、専門学会を創設し（一九五一年）、入会を希望する者は誰でも会員になれる方式を採用した（Platt, 2003）。それがどのような結末となったかは、５章で述べる。

社会政策学と社会行政学（両方とも密接に結びついていたが、後者の方が先にできた）は一九五〇年代に基礎ができたが、彼等は今世紀のかなり早い頃から、大学に地盤を築き始めていた。ほとんどが社会事業者を養成するコースという名目で、リヴァプール（一九〇九年から）、バーミンガム、マンチェスター、レスターなど、地方の赤煉瓦大学に作られた。オックスフォード大学でも第二次世界大戦前から養成コースは始まった。

一番大切なことはロンドン経済政治学院での発展だった。「学院」は一九一二年に「社会科学及び社会行政学科」を創設した。この新しい学科はそれより七年前に、慈善組織協会の設立した社会学スクール（School of Sociology）を吸収し、社会事業家の養成を始めていた。ただ初めのうちは、このウェッブ夫妻の作った学校に漂う集合主義の傾向を警戒し、「学院」からの独立性を守ろうとした（Harris, in Bulmer et al., 1989）。この学科は救貧法の少数者報告（一九〇九年にベアトリス・ウェッブが提出した報告書）によって作りだされた知的、政治的な雰囲気の産物だった（Harris, in Bulmer *et al.* (1989)）。ダーレンドルフがいったように、それは事実上、社会政策をめざす学科だった（Dahrendorf, 1995：197）。その目的は、ラタン・タタ財団（インドの富豪の設立した財団）の資金をもとに、実証研究を発展させ、社会サービスの専門職化をめざすことだった。

しかしブースやロウントリーの伝統を引く社会調査という活動と、社会事業家を養成する活動とは、なかなかかみあわなかった。理論派と応用派、社会学と社会行政学、価値自由をめざす学問と社会改革をめざす学問、これらの間で摩擦が絶えなかった。ダーレンドルフがいうように、「学院」では物事の原因を知ろうという欲望と、それを変えようとする欲望とが絶えず緊張関係にあった。しかしそれは「学院」に限ったことではなかった。

オックスフォードでも、やや小規模ではあったが、まったく同じことが起こった。一九一四年バーネット・ハウスが、サミュエル・バーネット（一八四四～一九一三。牧師兼社会改良家）を記念して創設された。バーネットは一八八四年のバーネット・ハウスの創設者であり、トインビー・ホールと呼ばれたロンドン東部の最初の大学のセツルメントの院長にもなった。一九世紀末の社会が抱える問題とは、バーネットから見れば、一〇〇年後ダーレンドルフが気付いた問題と似ていた（Dahrendorf, 1988）。その問題とは、すべての者に共通の文化と共通の生活様式を「権利として与える」にはどうしたらよいのかという問題だった（Parker, 1998：29-49）。

バーネットは初めは慈善組織協会の支持者だったが、一九世紀末にはその基本原則を拒否するようになった。彼はこういった。あたかも牧師がイコンを守るように、政府による救済の独立性と貯蓄が、今や慈善組織協会の防衛するイデオロギーとなっている。しかしそれでいて、慈善組織協会は目の前の問題に関わることがなくなった。

不正が増加し、物乞いが通りをパレードをし、無差別な喜捨が近隣社会全体を退廃させている。しかし協会の声はほとんど聞こえてこない。労働者には仕事がない。努力する家庭は壊され、協会は治療法がないという（Barnett, 1887 ; quoted in Parker, 1998）。

オックスフォードに新しくできたバーネット・ハウスという施設は、社会経済的な問題を研究し、青年を社会事業や社会調査に従事できるよう教育訓練するためのものだった。初めはロンドン経済政治学院がそうだったように、バーネット・ハウスもまた、正式にはオックスフォード大学の附属機関ではなかった。ただハウスの所長とカレッジのフェローや創設メンバー間の緊密な連携が保障されており、これらの人々が運営組織のメンバーとなっていた。

一九四六年になって初めて、大学は社会訓練コースに責任を持つようになり、このコースを監督する代表者を送ってくるようになった。一九六一年までにバーネット・ハウスは社会・行政研究学科として大学のなかに吸収された。初期の頃は、研究、教育とも盛んだった。地域調査も実施された。もっとも目立つ調査は、オックスフォード地区の社会サービスについての実態調査だった。これは教師と地方政府の職員との共同作業となった。資金はロックフェラー財団から拠出された。この調査から二巻の報告書が生まれ、大学出版局から公刊された。

しかしその後は第二次世界大戦のために中断された。もう少し後の調査は、オックスフォードに疎開してきた子供達の調査で、バーネット・ハウスの指揮の下で行われた。その報告書は一九四七年に大学出版局から刊行された。

一九四六年以降は大学が社会養成コースの責任を持つようになり、バーネット・ハウスの他の活動は低下した。そして一九五四年大学評議会はその廃止を決定し、その資産は大学に移管され、バーネット財団が管理することとなった。バーネット・ハウスは学科の名称として残ったが、その正式名称は社会政策・社会事業学科となった。社会学は一九九八年に別の学科としてそこから分かれた。

ロンドン経済政治学院

ついにロンドン経済政治学院に戻る時がやってきた。しかし、卒業生として客観的に「学院」の歴史を書くことは難しい。ラルフ・ダーレンドルフは一九五二年にハンブルクから大学院生としてやってきて、帰国後自由民主党党員、外務次官、ブラッセルのヨーロッパ共同体の委員を経て、一九七五年に学長として戻ってきた。彼は自分の仕事は十字軍と同じと見ていた。

「学院」はその出発当初から防衛感情を引きつけるところがあった。しかしそこは時代の直面する大きなテーマを考えるコックピットでもあった。講義でもセミナーでも学界の権威と情熱家の間で厳しい論争が交わされた。ダーレンドルフの書いた「学院」の制度史は、現代の作品のなかでは最高のものであろう。たいていの場合、歴史家はノスタルジーに堕ちこんで自滅してしまう。これに比べられる作品は、リプセットとリースマンの書いた『ハーバードの政治と教育』*Education and Politics at Harvard*（一九七五）だけであろう。両方とも事件の場所と時代を、的確に社会学の角度から把握している。

もしダーレンドルフに欠陥があるとすれば、それはあまりにも学長の立場から書かれているという点である。たとえ例外はあるにしても、学長はけっしてカレッジを作ることはない。カレッジを作ったのは、学長以外の人々である。ベヴァリッジやカー・サウンダースといった歴代の学長が、果たしてどこまで真剣にロンドン経済政治学院の運命を変えようとしたかは疑わしい。

ダーレンドルフ自身がいっているように、大学全体を運営する必要はない（p.488）。学長の一番大事な仕事は、いかにして大学を生き延びさせるかである。「学院」を財政面から見れば、それは危機と奇跡の連続だった。つまり、国と巨大慈善家と海外の財団とロンドン大学との調整の歴史であった。また政治面から見れば、国家を含めた外部からの圧力と偏見に晒されながら、いかにして情熱家と知的巨匠とのバランスをとるかが問題だった。これもまたデリケイトな作戦が必要だった。

ヴィクトリア時代のロンドンでは、初めのうちは「学院」をユニヴァーシティ・カレッジの一部として位置づけられるかどうかが課題となった。学生は夜間部の学生だったし、そのカリキュラムは幅が狭すぎるといわれた。しかし現在の「学院」はフェビアン協会のものではないし、著名教授が支配しているわけではない。夜間の講義がなくなったことを惜しむ声もある。あるいは教員の間のやる気が落ちたという話も聞こえてくる。今ではそこからは、さまざまな騒々しい声が聞こえてくる。情熱に燃えた学部生は「学院」は価値よりも値段にこだわりすぎると嘆く。合理主義者と伝統主義者との対立は依然として続いている。金持ちの会計士は、政治的な空想家を肘で押し退けようとする。学長はこうしたさまざまな要素が集まると、どういう化学反応が起こるのかを監視しなければならない。すべての声が未だに自分の居場所を確保しようとしている。

しかし学生から見れば、そこはスコットランド時代からの伝統である、偉大な学者が講義をする場である。フートン街の両サイドは教授達が真剣に輝かしい講義をする場である。そこは世界中から訪問者を引きつける場であった。そこは大蔵省でも交通局で、上院でも下院でも、誰でも歓迎してきた。第一次世界大戦以前から第二次世界大戦後にいたるまで、イギリスの権力機構の育成場であった。

「学院」はたしかに労働党とともに始まったが、労働党が敗北しても没落したわけではなく、一九六〇年代再び労働党が権力の座に返り咲いたからといって、生き返ったわけでもなかった。ダーレンドルフがいうように、政治的な葛藤という危険と背中合わせに生きるトリックは、「学院」の現実そのものだった。「学院」の偏向を疑う見方は、公共の立場からすれば当然のことであろう。しかしイギリスが持っているプラグマティックな抑制を欠いた別の国では、こうした偏見はもっと顕著に現れたことだろう。

「学院」を創設したのはウェッブ夫妻であり、バーナード・ショウであり、グレイアム・ワラスであり、フェビアン協会の人々だった。「学院」は初代の教授達のなかから、永遠に若さを失わないハロルド・ラスキを学長に選んだ。ダーレンドルフは、まだ生存者の記憶に残っている困難な時期に、きわめて公平な歴史を書き残している。しかし「学院」でのロビンズとハイエークの対立、ケンブリッジでのケインジアン達の対立は依然として今なお治まっていない。

ダーレンドルフはたくみに解いて見せてくれているが、「学院」の歴史のなかで、まだよく理解しきれない箇所が一つある。それは倫理的に中立的で、政治的な歪みを持たない社会科学をどうやって作れるかという問題である。ベヴァリッジはそれを生物学に発見しようとした。その結果が、人口学の発達となった。それに対して、あまり幸福な結果を生まなかったのが、ランスロット・ホグベンの社会生物学講座への採用だった。この人事にはベヴァリッジ、「学院」の教授群、評議員会、ロックフェラー財団が絡んでいる。たしかにホグベンが稀に見るほど喧嘩早い人物だったことは疑えない。彼は一九三七年には「学院」を辞めた。しかし後に著書『政治算術』*Political Arithmetic*（一九三八b）を残した。彼の辞任の原因は、経済学の同僚に対して、その方法があまりにも演繹的すぎると批判したためではなかった。むしろその理由は、一七世紀の王立協会初期から続く、社会科学に永遠の基盤を与える伝統についての彼の理解の仕方にあった。

何かの目標に向かって情熱を傾けることに際限はない。しかし社会科学の仕事は、この目標を達成するための合理的な手段を探すことである。こうして実証的な調査というエネルギーのかかる仕事が、社会科学の仕事となる。この問題を解くには、「学院」は少なくともこれからも千年は活動を続ける必要があるのだろう。

結　論

一九五〇年以降の問題に移る前に、答えをだしておくべき問題がある。いったいわれわれのリーダーとは誰だったのだろうか。おそらく三つのカテゴリーが考えられる。まずは社会学に消しがたい影響を残した人々、二番目は不幸にして社会学者というラベルを貼りつけられた者、三番目は社会科学の文化の特徴を体現するかのように、一時は流行となったが、やがては流行遅れとなって消えていった者である。三番目のカテゴリーに入るのは、ホッブハウス、マンハイム、パーソンズであろう。パーソンズは二〇世紀の半ば、世界的な人物となったが、六〇年代にはラディカルなグループによって否定された。その後、「本能的な敵意と徹底的な排斥との長い時期を迎えたが、今再び再生の兆しがある」という

（Trevino, 2001：xv）。

このようにアメリカでは標準的な構造機能主義のパーソンズ学派が成立したが、イギリスではこれまで議論してきた人物を中心とする学派が成立することはなかった。ウェーバー・サークルもできなかったし、デュルケーム学派もシカゴ学派もできなかった。第二次世界大戦後まで、ロンドン経済政治学院はアメリカの三大センター（シカゴ、コロンビア、ハーバード）に対抗できるものではなかった。

4章

戦後の社会学者達

たとえばフレクスナー（一八六六〜一九五九。エイブラハム・フレクスナー。一九世紀末から二〇世紀初頭にかけて活躍したアメリカの学問上のオーガナイザー。プリンストン高等研究所の設立者の一人であり、初代所長を勤め、アインシュタインらの渡米を助けた）のようなアメリカの社会科学者が、第二次世界大戦後のイギリスを訪問したとしよう。彼はまずケンブリッジでは経済学が、オックスフォードでは政治学がすでに確立していることを発見することだろう。さらにまたマンチェスターとかグラスゴーのような大学でも、これら経済学、政治学は、慎ましやかとはいえ、しっかりした地盤を築いていることを発見することだろう。またロンドンでは経済政治学院が目立っており、そこにはほぼ同じ年齢の十数名の社会学専攻の学生がいることを発見したことだろう。しかも彼等の身なり服装が当時のオックスフォードとはまったく違っていることに気付いたことだろう。ロンドン経済政治学院から学位を取った彼等は、新たな野心を胸にフートン街（ロンドン経済政治学院の所在地）を忙しく歩き回っていた。彼等はいずれも社会学のプロとなることをめざしていた。
一五年後、今度はフランスのレイモン・アロン（一九〇五〜一九八三。フランスの社会学者・哲学者）がパリからオックスフォードを訪れた時には、ナフィールド・カレッジのハルゼーの研究室で、イギリスの社会学の現状をあれこれ論じている社会学専攻の学生を発見した。突然アロンは話題に加わって、こういった。

問題の原因は要するに、イギリスの社会学とは労働党の政治に知的な装いを与える試みにすぎないということだ。

さらにそれから一五年たって、今度はアーネスト・ゲルナー（一九二五〜一九九五。歴史学者・哲学者）がオックスフォードを訪れ、ハルゼーに向かってこういった。

ちょうど今、イギリスの専門社会学者の第一グループとは、結局何だったのか、その論文を書いているところだよ。彼等の知的な政治的関心とは何だったのか、およそ前例のない、そしてとうてい実現できそうもない職業的な野望とは何だったのか、結局彼等は何になったのか、その目論見はどうなったのか、それを書こうと思っているのだよ。

これを聞いてハルゼーは決心した。一九五〇年代の初頭、ロンドン経済政治学院の社会学科を卒業した者を中心とした論文を書くことである。登場人物にはラルフ・ダーレンドルフのように他の国から大学院生として加わった者も含めることとした。何人かの先輩もいたが、なかにはたとえばジョン・ポーターやアンソニー・リッチモンドのように、カナダ、オーストラリア、アメリカの大学にチャンスを求めて去っていた者もいる。

正確を期するために、このグループの氏名を挙げると次頁の表のようになる。

この章は、一九六〇年代の半ばまでに社会学の権威となったロンドン経済政治学院の卒業生の話である。彼等は必ずしも一九五〇年から一九六五年までの社会学の発展を独占したわけではない。彼等の直接の先輩の多くが（ジーン・フラウド、マイケル・ヤング、ドナルド・マクラエ、トム・ボットモア、トム・バーンズ、ダンカン・ミッチェル、イリヤ・ニューシュタットなど）まだ活躍中だった。それに他の大学や分野から社会学に加わった者もいた。しかもその上、ロンドン経済政治学院自身が次々に卒業生を送り続けていた。しかし彼等はやがて少しずつ仲間意識を作り上げていった。そしてイギリス各地に新増設された社会学科の教授ポストにつき、学科長として名が知られるようになった。

ところが、こうして一九五〇年代に築き上げられた仲間意識は、一九七〇年代に入るとともに姿を消した。新しい世代が登場し、ポストを求めて大声を上げるにつれて、古い世代と新しい世代の間に、超えがたい溝ができてしまった。

だからここに記すのは、あくまでもイギリスで社会学が、一つの確立した専門分野として成長していった時代のことに限られている。つまりこれは完全な記録ではない。一九五〇年代の初めにロンドン経済政治学院を卒業し、一九六〇年代に全国各地に散らばり、職業的な成功を収めた人々によく向けら

氏　　名	当　　時	現　　在
J・A・バンクス	ロンドン経済政治学院1950年卒業	レスター大学社会学名誉教授
オリーヴ・バンクス	同上、1950年卒業	レスター大学社会学名誉教授
マイクル・バントン	同上、1950年卒業	ブリストル大学社会学名誉教授
バージル・バーンステイン	同上、1952年卒業	ロンドン大学教育社会学名誉教授（2000年死去）
パーシー・コーエン	同上、1951年卒業	ロンドン大学教育社会学名誉教授（1999年死去）
ノーマン・デニス	同上、1952年卒業	ニューキャッスル大学社会学准教授
ラルフ・ダーレンドルフ	同上、1952年卒業	ロンドン経済政治学院元学長・オックスフォード大学セントアンソニー・カレッジ学長
A・H・ハルゼー	同上、1950年卒業	オックスフォード大学社会行政研究名誉教授
デイヴィッド・ロックウッド	同上、1952年卒業	エセックス大学社会学名誉教授
サイリル・スミス	同上、1950年卒業	社会科学研究審議会元議長
J・H・スミス	同上、1950年卒業	サウザンプトン大学社会学名誉教授（2002年死去）
アッシャー・トロップ	同上、1950年卒業	サリー大学社会学名誉教授
ジョン・ウェスタガード	同上、1951年卒業	シェフィールド大学社会学名誉教授

れる質問に答えるのがここでの目的である。

それでは彼等はどういう人々だったのだろうか。何よりもまず、ほとんどが地方出身者だった。地方という意味をもう少し正確にいえば、出身階層の面でも、政治意識でも、そこにいたるまでの経歴でも地方的だった。別な表現をすれば、彼等は一種のアウトサイダーだった。そこにはコーエン、ウェスタガード、ダーレンドルフという三人の外国人が含まれていた。イギリス生まれの者もイギリスに移民してきた者も、初めは進むべき方向も定まらぬ夢遊病者のようなものだった。しかし彼等の受けた教育とその職業のお陰で、首都ばかりでなく国際的な舞台でも認められるようになった。およそ以前には考えられないほどの成功を収めた。

ところがその職業もやがては変化する運命にあった。一九六〇年代とは全国に二八の社会学科が新設された時代だった（「訳者解説」参照）。アメリカやヨーロッパでは学生運動が高まっていたのにも拘わらず、新たなポストが設けられ、次々に卒業生が就職していった。その結果、一九七〇年代までには、ロンドン経済政治学院卒業のパイオニア達は中年の少数派になってしまった。彼等よりもはるかに若く、多様な社会学者達のなかに埋没しかねない規模になってしまった。

しかし彼等以前の時代には、専門的な分野としての社会学は存在する場所がなかった。すでに述べたように、イギリスでの社会学の思想上の先祖は、一九世紀、あるいはそれ以前に遡ることができる。しかし戦後派社会学者は、大学制度の恩恵にあずかった最初の世代であった。彼等は学部段階から大学院段階まで一貫して社会学専攻の学生として正規のコースを辿ることができた。そして最後は大学の上級教員だけが入ることのできるサロンに入っていった。

ところで、今でもしばしば問われるのだが、社会学とはどういう課目なのだろうか。今日の意味での社会学は、その起源をヨーロッパ大陸に持っている。それはマルクス主義に対するヨーロッパの回答であった。しかし果たして一九四〇年代末のロンドン経済政治学院の学部生に教えられていた課目とは、それだったのだろうか。おそらくそうではなかったのだろう。むしろロンドン経済政治学院のシラバスに乗っていたのは、ロンドン統計協会の統計的な実証主義とホッブハウスの主張する優生学的な進化論との対立との繰り返しだった。

ウェーバー、デュルケーム、パレート達の「古典的な社会学」をロンドン経済政治学院にもたらしたのは、ほとんどエドワード・シルズ（一九一〇〜一九九五）であり、それはパーソンズの「社会的行為の構造」*Structure of Social Action* を通じてであった。だから一九五〇年の卒業生達は、混乱した社会学の遺産を受け取ったと回答している（イギリスでのパーソンズの凋落は本書一六八頁参照）。それは彼等の思想背景を語る上では無視できない特徴となっている。しかしその前にまずは、彼等の社会的文化的な背景を見てみよう。

ロンドン経済政治学院への道

ここで取り上げる一〇人のイギリス生まれは、第一次世界大戦と第二次世界大戦の間の不況期に、イギリス社会の周辺地域で生まれた。彼等のなかに恵まれた家庭出身者は誰もおらず、コネを持った者もいなかった。全員が労働者階級出身者だったわけではなかったが、キリスト教徒、ユダヤ教徒を問わず、都市に住む専門職や行政官やビッグ・ビジネスからの出身者は一人もいなかった。ある者は正真正銘の地方のプロレタリア出身だった。

たとえばハルゼーは地方の鉄道の荷物運びの子供だった。ノーマン・デニスは電車の運転手の子供だった。他の者もみな子供時代を労働者階級の周辺で過ごした。彼等の父親の多くは小商店主か事務員だった。ほとんどの者が政治的には革新系で、「労働運動」に関心を持った家庭環境だったと回想している。全員の言葉に「なまり」があった。正規の発音の訓練を受けなかったばかりでなく、彼等の属する階級と地域がそういう話し方を求めたからである。

全員ではないが、ほとんどが「奨学金を受けていた」。女性はたった一人だけだった（オリーヴ・バンクス）。「パブリック」・スクール（「訳者解説」参照）出身者は誰もおらず、彼等はいずれもグラマー・スクールに通い、そこで奇妙な地方的な愛国心を身につけた。一九三〇年代の国家主義的な歴史と文学、科学と数学を学び、高いスキルと勉学心を身につけた。その間に多少は方言を洗練する術を学んだものもいた。いいかえれば「右であれ左であれ、我が祖国」（オーウェル、一九七〇）で描かれた雰囲気が、地方のグラマー・スクールの隠れた特徴だった。それはいわば「オーウェルのイートン」であった（豊かではない家庭に生まれたオーウェルは奨学金をえて、パブリック・スクールであるイートン校で学んだが、うまく適応できず、反抗的な態度を示していた）。

第一次世界大戦に出兵した父親から、台所で聞かされた戦争体験と組み合わされると、その効果は一段と高まった。ただJ・A・バンクスだけが例外的に良心的な兵役拒否者だったが、残りの者はみな軍隊のなかで大学前の教育を済ませた。バントンは海軍士官だったし、バーンステインは空軍の爆撃手だった。鉄兜をかぶりながらH・G・ウェルズを読んで、社会学という単語にふれた者は、一人だけではなかった。彼等はいずれも民主的社会主義とアトリー政権（一九四五年に成立した労働党政権）への熱烈な支持者で、それを女王陛下の軍艦、戦闘機、兵舎のなかで育て上げた。彼等はオーウェルが戦時中に彼等に発した次のような問題に対する解答を手にしていた。

彼等は自分の運命を自分で決めなければならない。ごく普通のイギリス人がごくわずかな力を手に入れさえすれば、イギリスはその特別な使命を達成できるはずだ。われわれは戦争中しばしば聞かされた。今度こそ危機が去ったら、チャンスを逃してはならない。過去を繰り返してはならない。戦争のたびに起こる不況を繰り返してはならない。もう二度と失業手当を貰う行列の脇を、ロールスロイスが通り過ぎるようなことがあってはならない。不況地域イギリスに戻ってはならない。空の乳母車とジャイアント・パンダのイギリス、これを克服しなければならない。果たしてこの約束が守れるかどうかはわからない。しかしそれを実現できるのは、われわれ以外には誰もいない。もしわれわれがやらなかったら、チャンスは二度とくることはあるまい。過去三〇年のイギリスの歴史は、これまでイギリス国民が誠意をもって作り上げた成果を、切り売りするだけの歴史だった。その蓄えもけっして無尽蔵ではない。これからの一〇年間で、イギリスが偉大な国民として生き延びることができるかどうかが決まるだろう。もし「イエス」と答えるとしたら、それはごく普通のイギリス人がしなければならない（George Orwell, 1970 vol.Ⅲ p.55）。

彼等が学校に通っている頃、将来自分達が大学へゆくことになるなど、夢にも考えなかった。その彼等が大学へ進学できたのは、ひとえに兵役と帰還兵のための奨学金のお陰だった。彼等はロンドン経済政治学院を選んだ。彼等の頭のなかで描かれていたイギリスとは、依然として身分秩序が残ってはいるものの、戦争と労働党政権の社会的で民主的な革命によって、すっかり時代遅れになってしまっている国である。それを改革するための知的な手段を提供しているのが、ラスキのいるロンドン経済政治学院であった。

彼等の学ぶ場所はロンドンではあったが、その外側にはシルズのいう「オックスフォート大学・ロンドン大学・ケンブリッジ大学」という学問的権威の枢軸が走っていた。そこには社会学など居場所がなく、政治、権力、文芸という黄金の三角地帯の巨匠達によって、拒絶されていることを知っていた。

彼等のロンドン経済政治学院

彼等の社会に対する態度、経歴、反応の仕方は必要条件ではあるが、なぜ学問としての社会学を選んだのか、その志望を説明するには不十分である。ロンドン経済政治学院での経験は、多少の限界を持ち、彼等の野望を削ぐ面があったことは事実だが、彼等にとっては決定的な経験だった。オックスフォード大学・ロンドン大学・ケンブリッジ大学というイギリス伝統の枢軸に比べれば、傍系だったことは紛れもなかったが、しかしそれでもロンドン経済政治学院は知性と政治のメッカだった。

そのビルはオードウィチ外れのフートン街の東西に、汚れにまみれながらも、それでも活気をもって広がっていた。復員服、戦闘服、それにそぐわないカレッジ・スカーフで飾った学生達が、二つの講義講堂の道路に群がっていた。図書館は多くの学生で溢れかえり、本のカビと人間の汗の匂いでむせ返るようだった。学生食堂は安いだけで、食欲の沸かない食い物がごたごた並んでいた。学生組合のパブ、スリー・タンは、我慢しながら立っているだけの場でしかなかった。

しかし野心に燃える社会学専攻学生にとっては、ビルの無秩序や汚さは関心外のことだった。たとえこの人間蟻の巣が多少不便であっても、そこでは偉大な学者との会話ができた。その姿を見ることができ、声を聞くことができた。それに換えられるものは何もなかった。学部一年生を対象とする著名教授による講義の伝統は、完全にまた良心的に守られていた。彼等はロビンズ、ポッパー、トーニー、ラスキ、ギンズバーグの講義に耳を傾け、熱心に社会科学を吸収していった。

もちろん、知的な出会いとは学生同士、あるいは教師との人間関係と深く織りあわされている。彼等は次第に近代大学そのものにも、さらには社会学という専門分野に対しても、すでに確立しているのだという意識を育て上げていった。しかし自分達の成長過程と比べると、戦前のイギリスの典型的な教師達の成長過程がいかに違うのかを、確実に学び取っていった。

数年後、もともと芝居気のあるケネス・タイナン（一九二七～一九八〇。演劇批評家。演出家。「オー・カルカッタ」を演出し話題をよんだ）が、この「すでに確立している」のだという意識をドラマに仕立て、皮肉交じりの手紙に書き上げたことがある。それは若者に宛てた手紙の形をとっているが、そこでは一九五六年の卒業生のことが皮肉られている。彼は若者と一九四四年教育法（「訳者解説」参照）のお陰で、エリートコースに乗ったクラス全体に語りかけている（Hoggart, 1957）。それはリチャード・ホガートが描く奨学金少年のなかで、もっとも成功したクラスである。

お前達、政府から金を貰っている学部生の六〇％よ。お前達の出世の先が見えている。サマーセット・モームはサンデイ・タイムズに一九五五年のクリスマス・メッセージを送ったが、そこでは何ら恐れることもなく、いささかの曖昧さもなく、こういっている。「彼等はくずだ」

たしかにモームの表現は少しひどすぎるが、彼等に欠けているものをモームが補ったとタイナンは見た。つまり彼等の立場は、しょせん社会的にも政治的にも中継地点だという紛れもない事実である。彼等には所属すべき階級がない。というよりも、彼等はトップを除けばすべての階級からきている。彼等はそれに苛立ちを感じながらも、過去からの慣習や「良い趣味」や「イギリス製の威信」とうまく折りあいをつける舞台が必要だった。

タイナンはドラマという批評の場を提供したが、ジョン・オズボーン（一九二九〜一九九四。劇作家。「怒りをもってふりかえれ」で話題を呼ぶ）は演劇、初期のキングスレイ・エイミス（一九二二〜一九九五。オックスフォード卒業後、いくつかの大学の講師を勤め、小説を発表。小説『ラッキー・ジム』では任期切れになりそうな講師が救われる物語を皮肉に描写した）は小説という批評の舞台を作りだした。それと比較すると、ロンドン経済政治学院の「社会学のくず」は、別の形の社会分析と批評の舞台を提供した。それはけっして華々しいものではなかったが、貧困と不平等についての「社会調査」という伝統を意図的に引き継いだ、古くからあるスタイルだった。

ただし違っていたのは、学界を政界に入るための入り口として、利用しようとはしなかった点だった。このグループのうち、ロンドン経済政治学院の学生組合や、労働党クラブといった政治組織に積極的だった者はだれもいない。それらの組織活動はジョン・ストーンハウス（一九二五～一九八八）のような政界での出世をめざす者の私有物として避けられていた。この悪名高きロンドン経済政治学院労働党クラブの活動家は、後に労働党の議員となり、ものの見事にスキャンダルに巻き込まれ、最後には投獄されるはめに陥った。彼等はすべてマックス・ウェーバーの『職業としての学問』と『職業としての政治』を読み、学問のほうを選んだ。しかし政治に対する関心を放棄したわけではなかった。

野心の形成

だがしかし、彼等の抱いた職業的な野心とは、果たして社会的に可能なものなのだろうか。このディレンマは個人の生き方としてもディレンマであるとともに、社会学という専門領域の制度上のディレンマでもあった。

イギリス人教師のなかで、家柄の良さといい、輝くような知性といい、最大の尊敬を集めたのは、T・H・マーシャル（一八九三～一九八一）であった。彼は出身家系でも、そのパーソナリティでも、社会的文化的背景においても、彼等学生達にはとうてい及びつかないものを備えていた。彼自身が書いているように、彼は一八九三年ロンドンの成功した建築家の息子として生まれた。

われわれの家庭は、その当時の上流専門職階級の典型だった。知的にも芸術的にも経済的にも恵まれていた。その上、普通の学校生活に加えて、厳しい選抜で有名な寄宿舎学校で準備教育を受け、それからラグビー校という、徹底的にブルジョア的でスノッブの入り込む余地のない「パブリック・スクール」で学んだ。このことから見ても、若い頃の私の見方がいかに限られていたか、いかにナイーブで社会学的でなかったたか、理解できるだろう。私は労働者階級の生活をまったく知らず、北部工場地帯の煤煙に満ちた悪夢の土地を知らなかった。そこを通らない限り、ロンドンから湖水地域への旅行のできない所としか認識していなかった（Marshall, 1973)。

こうした文章を引用したからといって、マーシャルのことを誤解すべきではない。彼の「労働者階級」に対する同情は、たとえそれが労働者階級のためにはならなかったとしても、まったく純粋なものだった。

彼はケンブリッジのトリニティー・カレッジのフェローだったが、臨時休暇を貰い、一九二二年の総選挙のためのキャンペーンに出かけた。彼は保守党地盤のサリーから労働党の候補者として立候補していた。そこで階級的な偏見の現実を知ることによって、彼の目は開かれた。彼は一九一四年戦争捕虜としてルーレーベン収容所に収容されていた時、突如として社会学的な意識に目覚めた。その収容所内で教育のない水兵との荒っぽい人間関係を経験し、同時に知識人や音楽家とも交流を深めた。

彼の書いた「市民と社会階級」*Citizenship and Social Class*（Marshall, 1950）はイギリスの社会不平等の歴史を見事に解釈したものであるとともに、普通の人々の権利を擁護しようとする情熱を内に秘めていた。一九五〇年代初頭のロンドン経済政治学院の社会学専攻学生の関心を引いたのは、マーシャルのケンブリッジなまりであり、彼のシャイではあっても自信に満ちた、それでいてかすかな倦怠感を漂わす姿であった。ただ彼等学生からすれば、もはや自分達もそれに加わるべきものではなく、やがては姿を変えるべきものとして写った。そこには一握りの社会学者しかいない戦前とはまったく異なった光景が広がっていた。

戦前期にはリヴァプールのトム・サイミーやデニス・チャップマンといった人々が、互いに孤立していた。社会学のポストが増える可能性はなく、さまざまな文化的背景を持った人々が社会学の分野に入ってくる可能性も期待できなかった。デイヴィッド・グラースやジーン・フラウドがそうだったように、戦前期の労働者階級か下層中産階級の出身者だったならば、服装や話し方を都市上流の専門職の文化にあわせるのに苦労したことだろう。しかし戦後派学生からすれば、彼等は「テレホン」とか「モーター」といった単語を動詞に使う、自分達とは違った人種としか見えなかった。

古き時代の社会序列や不平等に背を向ける姿勢は、「学院」の精神として当たり前のこととされていた。少なくとも多くの社会学専攻学生がいるフートン街の東側でそうだった。たしかに新入生達は教師達の洗練された身なりに、強い印象を受けたことだろう。しかしそれ以上に強い印象を与えたのは、グラースの学識豊かな温和さやフラウドの知性に満ちた快活さだった。しかもこれら二人の先輩もまた「慎ましい家庭」の出身者だった。しかし彼等はともに、強いられてのことか自ら進んでのことかはともかくとして、都市上流の専門職の文化をじゅうぶん身につけていた。ただ戦後派学生からすれば、自分達もまたそれに同化しなければならないとは思っていなかった。

ともかく彼等の先輩や教師の社会的な性格は、（現代流の用語を使えば）「状況の定義」としては重要だったとはいえ、結果にはそれほど影響しなかった。彼等の旅の目標は知的な専門職になることで、その旅にどのような服をまとっていようとも、たいしたことではなかった。新入生の多くはキリスト教徒で生まれは低く、イギリス紳士の輝かしさには敏感だった。もしかしたら敏感すぎたのかもしれない。しかし彼等学生の間には幾人かのユダヤ人がおり、外国籍の者もいた。さらに外国籍を持ったユダヤ人もいた。それは彼等の教師の場合も同じことで、彼等に知的な装いを与えた文献の著者達もまた、その背景は同じだった。生まれの曖昧な地方出身者にとって、旅は欠かせなかった。

学生のなかではコーエンは南アフリカ出身だったし、ウェスタガードはデンマーク、ダーレンドルフはドイツ出身だった。教師ではドナルド・マクラエがスコットランド（ほんの少し年上だったが、学校時代から早熟だった彼はすでに長い経歴を持っていた）、アーネスト・ゲルナーはプラハ出身のユダヤ人で、エドワード・シルズはアメリカ人だった。

その当時はモーリス・ギンズバーグ（3章参照）が学科長だったが、彼は社会的にも文化的にも曖昧な人物だった。もし彼が学生達の野心を知ったら、おそらく穏やかではあるが、悲しげな表情をして首を横に振ったことだろう。彼は学生にとってはまったく刺激的ではなかった。

教授達の多くは、偉大な社会科学のほんの一部分を覗かせてくれるだけだった。ただ例外が二人いた。それがグラースとシルズで、この二人は学生達の野心の優れたガイド役となった。しかし二人とも不思議なくらい講義には冷淡だったが、圧倒するようなカリスマ性を帯びていた（まったく宗教教育を受けたことのない学生達は、この便利な言葉をむさぼるようにして学び取った）。グラースは方法論を、シルズは理論を学生達に伝えてくれた。

グラースはイギリスの社会構造の実証的な研究の活動的なリーダーであった。政治的にはラディカルで、個人的には怒りやすく、社会的には厳密な方法を使った社会的不平等の研究者として知られていた。学生達が求めていた「学院」伝統の人口学と統計調査によく通じていたのは彼だった。だから彼はその政治姿勢、個人としての知力の面でも、学生達の野心にはうってつけの人物だった。

デイヴィッド・グラース

かつてダーレンドルフはロンドン経済政治学院の歴史を書いたが（Bulmer, 1985：16：Dahrendorf, 1995）、それとの関連で、ここで特別な（奇妙なかもしれない）話を付け加えておこう。それは戦前期の、社会学と人口学との関係についての話であり、またグラースの初期の経歴にも関係する話である。

当時、学長だったベヴァリッジは社会科学は自然科学に基礎があると信じていた。ロックフェラー記念財団のラウラ・スペルマンと学院の教授会との長期間にわたる交渉の末（ベヴァリッジが最初の手紙を書いたのは一九二五年のことだった）、「学院」に社会生物学の講座を新設することが決まった。

一九三〇年にこの新設講座に座ったのは、ランスロット・ホグベン（一八九五〜一九七五）だった。彼はケンブリッジ出身の生物学者で、あちこちの大学を渡り歩いていたが、その当時はケープタウンで動物学の教授をしていた。この気難しいホグベンは嵐のような歳月を「学院」で送り、一九三七年にはスコットランドのアバディーン大学の教授として去った。有名な人口学者ユージン・グレベニック（一九一九～二〇〇一）によれば、彼は「学院」に「何も残さなかった」。しかしここから学院の人口学が始まり、グラースの輝かしい経歴が始まった。

グラースは一九五〇年代にはイギリス社会学の中心人物となっていた。彼は一九一一年にロンドンのイーストエンドに移民として移り住んだユダヤ人仕立て職人の家庭に生まれた。グラマー・スクールを経て、「学院」にやってきて、一九三二年には地理学の学生として卒業した。

その後彼はベヴァリッジの研究助手になったが、ホグベンは彼に人口研究の面白さを吹き込んだ。そして社会科学での計量研究の重要性を教え込んだ。グラースはその期待に応え、厳密で禁欲的な研究を発展させた。彼の場合には、それに左派の政治思想が結びついていたが、この厳密さこそ永遠の学者としての特徴であろう。

彼は次々に人口問題についての論文を発表し、人口学の歴史（それと人口学の社会のなかでの役割について）の、その時代最高の権威となった。彼の『人口。ヨーロッパにおける政治と運動』*Population, Politics and Movements in Europe*（一九四〇）は出版されると同時に古典となり、今でも古典として通じている。

終戦後彼は「学院」に人口学の講師として戻ってきた。それは一九四五年のことだったが、はやくも一九四八年には社会学の教授に昇進した。見かけは堂々とはしているが、彼はいつも忙しかった。それでもしばしばフートン街のジョー・カフェーで学生とおしゃべりしている姿が見られた。彼は学生に実証主義の重要性を熱っぽく語っていた。彼は一九三六年から人口調査委員会の仕事をしていたが、一九四九年には王立人口審議会の報告書をまとめた。多くの同僚達は彼の幅広い才能を高く評価し、尊敬していた。学生達は彼のことを社会科学のなかば神様として敬っていた。

実証的な社会学としてもっとも著名な、一九四九年度社会移動調査の指揮をとったのは、この社会学の講座からであった。この結果は一九五四年に彼の編著として公刊された。これは実証社会学の歴史上に残る記念碑で、イギリスばかりでなく、彼の国際社会学会での影響力を通じて、ヨーロッパ中に影響を与え、さらには北米にも影響を与えた。

ところがグラースにとっては、これは最初にして最後の社会学への遠足となった。人口学でもなく、社会史でもない、それらから区別された社会学への遠足という意味である。その後の彼はますます歴史人口学に引きこもり、一九七八年には若すぎる死を迎えることとなった。

いったいどうして一九六一年にはマーティン・ホワイト社会学講座まで与えられた人間が、歴史人口学に引きこもってしまったのだろうか。好意的に見れば、若い時からの人口研究に対する関心が彼を引きつけて止まなかったからだろう。彼はその性格からして、疲れを知らない厳密な歴史研究者であり、こつこつ積み上げる統計学者だった。しかし否定面を見れば、彼を取り巻く「学院」の雰囲気が、次第に彼にあわなくなったためだろう。一九六〇年代に入ると、狭苦しいいやな雰囲気が漂い始め、社会学科はさまざまな人を失うこととなった。一九五一年度以後の大学院生の一人は、その当時の社会学科を「救いがたい」という言葉で表現した。しかし後で述べるように、その当時は「学院」以外のところに職をえる機会が、次々に広がりつつあった。グラースがどの程度このポスト拡大に貢献したのか、反対したかは依然として不明である。

もともと学者の世界に競争はつきもので、学問世界には悪意に満ちた噂が流れたり、「人格殺人」が起こったり、さまざまな謎が巻き起こる。だから同年輩の同僚に対する攻撃だったらまだ許せる。しかし若手に対する攻撃は許せない。ところがグラースはしばしば自分の学科の若手や、外からやってきて目立ち始めた者を貶す傾向があった。そのなかには、マイケル・ヤング（本書二一〇頁以降参照）やハルゼーやダーレンドルフが含まれていた。彼はさらに、一九六〇年代の末、オックスフォード大学のナフィールド・カレッジとバーネット・ハウスが、新たな社会移動研究を計画した時、社会科学研究審議会に圧力をかけて、研究資金の配分を阻止しようとした。その理由というのは、そのテーマは他ならぬ自分がすでに手掛けており、その計画をすでに公表したが、資金がえられず実現していないだけだと説明した。これは本来ならば尊敬に値する学者の生涯の最後としては、あまりにも悲しい話である。彼は社会学者としてよりも、むしろ人口学者として記憶に残ることだろう。

たしかにグラースをこのように冷たく書くのは、公平さを欠いている。彼の階級についての社会学的研究と人口学の分野での貢献は大きい。彼の歴史人口学に対する愛情は、一九六三年に発表されたジョン・グラウント（一六二〇～一六七四。イギリスの人口学の始祖）についての論文のなかに、あたかも宝石のように輝いている。

一九七八年九月二七日のタイムズ誌に載せられた彼の追悼文は、これ以上手を加えることができないほど完璧だった。

グラースはある者にとっては、気難しく内向的で禁欲的な人間だっただろう。しかし書物を語り、インドを語る彼を見た者は、穏やかな人間に見えたことだろう。彼はロンドン経済政治学院を独特な研究機関として傑出させた偉大な人物の一人だった。

エドワード・シルズ

もう一人の牽引車がシルズだった。彼はヨーロッパ社会学の古典を、アメリカ的な味つけをして説いてきかせてくれた。彼は学部生はすべて大学院生になり、大学院生はいずれ専門家になるのが当然と見ていた。教師としての彼は、その獰猛さとオリンピアのような博識でもって学生達に襲いかかった。学生達の中途半端な恐るべき野心に対しては、正面から挑戦してきた。彼の「アメリカ社会学の現状」*Present State of American Sociology*（一九四八）は、社会学という分野の難しさと、それだけにやり甲斐のあることを雄弁に語っていた。かつてはヨーロッパ産の骨董品に祭り上げられていたが、今ではアメリカの現代生活のなかに根付いていることを教えてくれた。社会学の研究は輝かしい伝統を持つとともに、現実生活のなかに生きていることをも教えてくれた。

シルズは一九一〇年フィラデルフィアに生まれ、地元の高校を経て、ペンシルベニア大学を一九三一年に卒業した。その当時の就職事情がいかに厳しかったか（一九二九年の大恐慌の直後）、説明するまでもなかろう。彼は短期間ではあるが社会福祉員として働いていたが、そのうちにルイス・ワース（一八九七～一九四四。シカゴ大学の社会学の教授）の研究助手となり、そこでシカゴ大学の知的な世界にふれた。一九三〇年代の彼がルーズヴェルトのニューディール政策支持者だったことは驚くことではない。

しかしシカゴの雰囲気のなかで成長するうちに、彼は「権力」に不信感を抱くリベラリストへと変身した。そして右であれ左であれ国家の暴君に対する闘士となり、自由に対する献身者へと変身した。一九七〇年代の彼は、二〇世紀のアメリカ的な意味での新保守主義者となった。伝統を信じ、社会秩序は人と人との結びつきにあると信じるようになった。そしてマンチェスターの同僚、マイケル・ポランニー（一八九一〜一九七六。ハンガリーの科学哲学者。『暗黙知の次元』の著者）とともに、科学者と学者の世界的なネットワークのなかに、彼の理想郷を発見した。真理を追究する、自由な科学の組織に保護された学者達の世界的なネットワーク、これが彼の理想郷となった。

彼は原子科学者雑誌 *Bullentin of the Atomic Scientist* の創刊者の一人となり、「冷戦」時代のマッカーシイズム（さまざまな知識人に共産主義者とレッテルを貼って追放しようとした）には、行動をもって反対した。彼は「秘密の拷問」*Torment of Secrecy*（一九五六）で、民主的な複数主義の必要性を主張した。彼は学問の自由を主張して止まない、最後の熱狂的な宣教師となった。フンボルト時代のドイツの大学を賛美し、今やマルクス主義イデオロギーの裏切りと国家支配によって失われつつある学問の自由を継承し、それをさらに強化しようとした。公平かそうでないかはともかくとして（私は不公平だと思うが）、シルズはグラースのことをイギリスのスターリニストと見ていた。

シカゴでの彼は、ロバート・パーク（一八六四〜一九四四）からは実証的な社会学を学び、経済学者フランク・ナイト（一八八五〜一九七二。シカゴ大学教授。一九五〇年アメリカ経済学会会長）からは厳密な論理の追究を学び、物理学者レオ・シラード（一八九八〜一九六四。ハンガリー生まれの核物理学者。マンハッタン計画に参加。戦後は原爆開発に反対するパグウォッシュ会議に参加したが、必ずしも同一歩調はとらなかった）からは政治権力を動かす徹底した努力を学び取った。

彼は核兵器を国際的な管理下に置く運動に、精力的に関わっていた。しかし彼は自分の専門分野に対しては良心的で、たえずヨーロッパの古典と現代のアメリカの実証研究に目を通していた。またタルコット・パーソンズと一緒に仕事を続け、多くの著作を発表した。彼は死の直前にいたるまで、近しい友人の範囲を超えた「知識の運動プロジェクト」を企画していた。それは、時代、文化、宗教を超えた知識人のネットワークで、ウェーバーの構想に近かった。しかしそれはついに完成することはなかった。おそらく学問研究としては永遠に完成不可能なプロジェクトだったのだろう。

このことが物語るように、彼の読書範囲は桁はずれに広く、その知識はさまざまな分野に及んでいた。彼は数ヶ国語を話し、歴史についての深い知識を持っていた。アメリカが第二次世界大戦に参戦すると、彼はイギリスにきて、イギリス政府とアメリカ戦略事務局との合同事業に就く機会をえた。この任務とはドイツ人捕虜を尋問することだった。彼はこうした尋問を通じて、ドイツ国防軍の力はナチス・イデオロギーよりもむしろ第一次集団への忠誠心だとする結論に達した。これは後年になって実証的にも確認されることとなった。

イギリス滞在中の彼は、たちまちロンドン在住のヨーロッパ知識人の間に溶け込み、彼等との交流を楽しむようになった。そのなかにはレイモン・アロンも含まれていた（彼は自由フランスのメンバーとしてロンドンにきていた）。戦後の彼はロンドン経済政治学院とシカゴ大学との連携ポストをえて、大西洋を跨ぐ知識人の最初の一人となった。その後（一九六一）にケンブリッジのキングス・カレッジに移り、その後さらに（一九七〇）ピーターハウスに移籍した。それは著名な人類学者エドモンド・リーチ（一九一〇〜一九八九。ケンブリッジの社会人類学者）の影響力から逃れるためだった。デイクル卿はリーチのことを「揺れ動く学長」と呼んだことがある。

その間、彼はシカゴ大学との関係を持ち続け、やがてジョン・ネフが寄贈した社会思想委員会の一員となった。彼はヨーロッパ、北米、アフリカにまたがる、おびただしい数の知識人を知っていた。インドの知識人とも親しく、インド社会での知識人の地位についての研究をまとめた。それが「伝統と近代の間の知識人」*The Intellectual Between Tradition and Modernity*（一九六一）となった。彼は永久運動を続けているかのように、あらゆる会議、学会、会話に姿を見せた。しかし基本的には一人でいるのが好きな人だった。彼は忙しく、攻撃的で、論敵の前では顔をしかめ、友人に向かっては微笑みかけた。ノエル・アナンが述べているように、「社会学が偉大なヨーロッパの知的な伝統に根ざした学問であることを理解しない人に対しては、その深い知識をもって徹底的に論破することを、何ら躊躇わなかった」(Annan, 1990)。

シルズにとって社会学的な分析の中核は、中央と周辺の構造的な関連であった。それが社会を集合的な自己意識の複雑体として理解する上で、鍵となる概念だった。デュルケームの有機的な分業の発展とシルズの中央・周辺の枠組みは、マルクスの階級意識よりもさらに広い。マルキストが「虚偽意識」として流し去った感情、感覚、思想などの隙間を埋めるものである。たとえば、ロバート・パークに対する好意的ではあるが、厳しい批判を含んだ書評で、シルズはこう述べている。

同化する社会（アメリカ一般がそれで、シカゴがその部分）、その周辺にいる少数者（人種的、宗教的、国籍上の少数者）をたえず自分のなかに同化させる社会。それを分析するという挑戦的な課題に答えるには、見落とすことができないポイントが一つある。中央と周辺の距離が縮小すること、それが近代のリベラルな民主社会の道徳上の成功のポイントである。しかしながら、パークはこのポイントを見落としている（Shils, 1992）。

私が強調したいのは、傍点をふした部分であるが、そこにシルズのマルキシズムに対する野心的ともいうべき挑戦を見ることができよう。

おそらくシルズが最後まで関心を持ち続けたのは、知識を生産し維持する組織としての大学だったのだろう。この関心を実現するために、彼は一九六二年に雑誌ミネルヴァ *Minerva* を創刊し、死ぬまでその編集者として活動した。もしかしたら、彼は活動をしすぎたのかもしれない。緑のインクでシャワーのようなコメントが書き込まれ、きわめて適切な書き直しの指示の入った草稿が送り返されてくるのを、多くの寄稿者が経験したことだろう。アシュビー卿（エリック。一九〇四〜一九九二。イギリスの生物学者。「科学革命と大学」の著者）はシルズを今世紀最大の編集者と形容した（Shils, 1997）。この現代にその雑誌の表紙に、彼ほど確実な証明書を張れる編集者はいまい。

彼はユダヤ人だったが、ユダヤ教を信仰していたわけではなく、それを実践してもいなかった。しかし祖先に対しては誇りを持ち、疑わしく思えるほど信心深かった。理性が宗教を駆逐するという世俗化の傾向が、仲間の間で広がるのを残念に見ていた。彼からすれば、生命の解きがたい神秘は社会意識のなかに起源があった。逆説的にまで複雑であるが、合理性の起源は人間の情緒のなかにあると、シルズは考えていた。

しかし科学と学問で成功するには、個人的な感情を制御する必要がある。そのためには、正確な引用、公開の発表、同僚による審査、こうした習慣を持った、合理性の支配する制度に委ねる必要がある。

今ではシルズに関する評価が分かれている。かつては偉大ではあったが、今やその影響力が低下しつつあるのは、彼の活動期がたまたま冷戦時代と重なったためである。第二次世界大戦終了とともに始まった冷戦は、途中その姿を変えはしたものの、一九八九年のベルリンの壁崩壊後になっても未だに終わらない。この長期間の冷戦のなかで、シルズは断固としてアメリカ側の戦士として戦った。

彼の勤務した戦略事務局とは、後に中央情報局（the Central Intelligence Agency：CIA）となるその前身だった。その機関は文化自由会議（the Congress for Cultural Freedom：CCF）に資金を与え、雑誌エンカウンター *Encounter* を創刊したが、シルズはそれに深く関わった。ところが一九六〇年代の半ばに、こうした関係が明るみにでると、文化自由会議の影響力は低下し（Coleman, 1989）、シルズの評判も傷ついた。とくにその当時社会主義者が主流を占めたヨーロッパの大学では、シルズに対する評価は堕ちた。

しかし彼のケンブリッジでのキングス・カレッジからピーターハウスへの移動、シカゴ大学への変わらぬ忠誠心は、今度は右派知識人としての彼の評価を高めた。彼は相変わらず大学をめぐって起こる諸問題について、その保護と伝統に専念していたが、しかしその説得力は弱まった。

さらにその上、一九六〇年代、七〇年代とは、学問上の立場がいとも簡単に政治上の立場に置き換えられる時代だった。パリの教授アラン・トゥレーヌ（一九二五〜。フランスのナンテールの社会学の教授）はキャンパスをマルクスとエンゲルスが描いた初期の産業都市に擬えた。つまり、教授は資本家、学生は労働者に擬えた。シルズはこの極端な単純化の犠牲者となった。

その後に起きた事件は、大学とは社会のミクロ・コスモスであることを、われわれに痛みをもって教えてくれる。倫理上の問題、入学合否判定の基準の問題、学内管理上の問題、その様式と精神、これらは大学を取り巻く政治によって、いくらでも揺れ動くものだという事実である。政治秩序とは同じではないとしても、それの反映であることは確実である。

もちろん、福祉国家を支持する立場と、これまで機会を奪われてきた人々（人種、性、階級によって）に教育機会を拡大させることとは、関連しあっている。しかしカテゴリー間の相関から個人の行動を予測することはできない。学部生であれば全員が生態学上の誤謬を避けることを学ぶはずである（黒人地域での犯罪率が高いからといって、黒人の犯罪率が高いとは限らない。むしろ黒人地域に住む白人のほうが、犯罪を犯す確率が高いことがある。それを生態学上の誤謬という）。シルズは研究と教育にとっては、自由が絶対的な必要条件だと徹底的に主張した。その上、教師にも学生にも、自分達が所属する大学に対して忠誠心を持つべきだと主張した。平等に対する彼の立場は複雑だったが、つねに知的な業績よりも下位に置かれるべき基準とされた。

社会科学者の肖像画

同時代人の生涯を描く時、描き手の人生や経歴が反映され、場合によっては歪められることもある。シルズは著書『肖像画』*Portraits* のなかで、一九三〇年代のシカゴ大学、その後のロンドン経済政治学院で、彼の知的文化的な世界を作り上げた環境を、生き生きと描きだしている。この『肖像画』を読めば、シルズがいかに巧みな言葉を使って、しかも簡潔に、彼の同僚達を描写しているかわかるだろう。彼は英雄達に対しては、愛情深く尊敬を込めて描きだしている（Shils and Blacker, 1996）。同時に彼が認めない人間については、善悪両方を秤にかけながら公平に描写している。

一例をあげれば、ハロルド・ラスキの悲劇をシルズはこう描写している。ラスキは若い頃耳にしたスローガン（「きわめて意味曖昧なマルキストの決まり文句」）を、あたかも確立した学問と取り違えているという、破滅的な批評をシルズは書いた。驚くほどの記憶力とか、次々と飛びだす言葉の連発は、短期的には意味があっても、長い目で見れば損失だとシルズは見ていた。しかし当時の「学院」の学生達はラスキの機智とレトリックに酔いしれていた。しかしシルズは講義室には政治が入るべきではないというウェーバーの理想から、ラスキが逸脱していると見ていた。

だが同時にシルズにもまた見落としがあった。ラスキが一方では歪んだ攻撃をしながらも、他方では自分の立場とはまったく反対の立場の著作を、細心すぎるくらいに繰り返し、最高の参考文献として上げていたという事実を、シルズは見落としていた。

シルズの学問的な理想郷とは、何ものにも依存しない精神、幅広い学識、徹底した真理追究、それを可能にしてくれる伝統と組織への献身、これらを備えた人々の集う場であった。しかしそれは決して知識人の万人平等な社会ではなかった。彼のギャラリーのあちこちには、奇矯な人々の姿もまた描き込まれていた。たとえば、「ロバート・パークは熊のような体つきをし、熊のように身をかがめ、すべてのことに熊のように鼻を突っ込み、熊のようにうなり声をあげた」（p.32）。フランク・ナイト（一八八五

〜一九七二。シカゴの経済学教授）と議論をする時は、「まるで知恵を持ったヤマアラシと格闘をするような感じがした」。レイモン・アロンとはランチのあとにパリの街角で出会った。「私の書評に対して、彼は笑いながら『愉快なペシミストだね』といった。そこで私は『悲しげなオプチミストだったでしょう』と言い返した。この時を最後に彼とは不幸な別れとなった」（p.75）。トーニーは「見かけも話し方もだらしなく見えた。まるで正統英語の教科書から英語を学んだ人のように話をした」（p.192）。

またシルズは一歩引いたところから、こう観察していた。「社会学者はだれもが病人のように見えた。彼等はもはや聖職者ではない。そうかといってビジネスマンでもない。いくら歳をくっても、依然として不器用でぎこちない田舎少年のように見えた」。パーソンズだけは東部出身の上流階級出身者のように見えた。しかし彼もまた他の社会学者と同様、中西部のオハイオの出身者だった（p.41）。「彼は社会学の聖者であり、彼の全人生を社会学に捧げた」（p.47）。

ギンズバーグはグラースともシルズともまったく対照的だった。彼の講義はホッブハウスから引き継いだテーマのままだった。戦後派学生が知りたがっている内容にはまったくふれなかった。学生達は社会再建、急成長するアメリカの実証社会学、計量的な方法といったトピックスを知りたがっていた（やがて学生達の関心の的はマルクス主義に移り、現象学的なアプローチへと移っていった）。

ギンズバーグのいう進歩の理想は、すでに第一次世界大戦のフランダース（ベルギーの激戦地）で傷つき、第二次世界大戦のアウシュヴィッツ（ナチスが作ったユダヤ人強制収容所）で完全に潰えていた。彼の講義を聴いた戦後派学生の目には、彼はノスタルジックな合理主義的人道主義者に見えた。それはアロンが戦間期に聞いたデュルケーム学派と同様、退屈だった。血気溢れる若者は、過去ばかりでなく未来をも必要とした。彼等の信じる政治とは、進歩の実現だった。彼等はイギリス・フェビアン協会の主張する進歩の理想を受け入れたが、しかしギンズバーグのそれは受け入れなかった。彼等は社会学の別の場所に理論上の解答を見出した。

マルクス主義

一九五〇年代の「学院」の卒業生が、すでにマルクスを発見していたかどうかは不明である。古典的な社会学はおそらくマルクス主義へのリベラルな解答だったのだろう。もしそうだとすれば、彼等学生は地方出身者で、知識をあまり持っていなかった。しかしマルクス主義にしろ、それへのリベラルな社会学からの反論にしろ、それを受け入れるには抵抗があったことだろう。それは両方とも歴史主義的だったからである。

そのなかで、ジョン・ウェスタガードだけは例外で、彼だけはマルクス主義者を自認していた。彼の初期の作品は、ルース・グラースとともに行った都市社会学だった。しかし彼のもっともマルキスト的に見える部分は、彼だけの特徴ではなく、このグループ全体の特徴だったといえる。つまりそれは社会的不平等に対する敵意と、実証的な研究への傾倒であった。彼（レスラーとの共著）の最大の作品は『資本主義社会での階級』*Class in a Capitalist Society* として一九七五年に公刊された。

一九四九年に学院を卒業したトム・ボットモア（一九二〇〜一九九二）もまた、もともとはマルキストだったが、一九六八年以後はこのグループの改革主義的な実証主義に染まったように見える。そこで、マーチン・ショウはボットモアの「中立的な評論風のスタイル」を叩き、素材の使い方が「二〇世紀初期の改革主義に傾斜した」と批判した（*Sociology*, September 1976, 10/3 : 519）。ショウはこういって驚いている。

ボットモアもまた「マルクス主義は政治的抑圧をもたらし、文化的な貧困をもたらした」といった文章が書けるらしい。おそらくカール・ポッパーの『開かれた社会とその敵』*The Open Society and Its Enemies* からそのまま持ってきたのであろう。ボットモアは、マルクス主義は社会主義の政治にコミットしなかったほうがよかったと感じているのは明瞭である。

この世代の残りの幾人かは、最小限に生き延びることができるだけの両立（マルクス主義と現実社会の両立）をどうにか探しだし、その後の社会学者としてのキャリアを過ごした。一九九〇年になって、驚くべき転身を遂げたのが、マルクス主義の理論家、ペリー・アンダーソン（一九三八年生まれ。アメリカのカリフォルニア大学ロサンジェルス校の歴史学・社会学の教授。「新左翼評論」の編集者）であった。彼はイギリスの組織的な社会学のリーダーとして、ギデンズ、マン、ランシマン、ゲルナーを「発見」している。しかし彼はロックウッド（『現代の新中間層――イギリスのサラリーマン』の邦訳あり）、バーンステイン、ダーレンドルフや私が扱っている一二人に気付いていない。ましてやグラース、バウマン、ゴールドソープ、ヒース、ジョン・スコットのことは知らないらしい。

たしかに私があげた名前は恣意的で、多くの社会学者から見れば、偏っていることだろう。しかし一九六八年にアンダーソンがこのグループに下した判決文は明々白々だった。たしかにイギリスでは社会学が正規の専門分野として成長するのが遅れたかもしれない。しかし、この活力を失った凡人達としわくちゃだらけの田舎芝居は救いがたい。この社会学科は依然として社会福祉と「社会行政」の貧しい従兄弟だとアンダーソンはいった。そして「ヴィクトリア時代の慈善事業の気の抜けた子孫」だともいった（Anderson, 1968）。

こうした皮肉めいた軽蔑は、マルキストの定義する革命政治に服従しない社会学者に対する怒りが背景となっているのだろう。これはおそらく一九六八年の学園紛争のショックで、すっかり視野の狭くなった人物の書いた判決文であろう。すでにこの年までの黄金の五年間に、イギリスの社会科学者の数は三倍に増えていた。そしてその結果、社会学は互いに戦いあうイデオロギーのカオスに変わってしまっていた。アンダーソンは自分の偏見のために、戦後イギリスの社会学者達のラディカリズムを評価できなかったのだろう。彼等のラディカリズムはたしかに地方的なラディカリズムだった。しかしそれであるゆえ、情念を秘めたもので、だからこそ支配的な学問エリートも政治エリートも動かすだけの影響力があったのである。

兵隊上がりの学生達は、いずれも労働党支持の家庭で成長した。彼等は戦争経験を持つと同時に、没収社会主義との戦争をも体験していた。ファシズム反対の感覚を持つとともに、共産主義国家の自由抑圧に対しても反対だった。彼等は計画に基づいた、開かれた社会に希望を抱いた。だから、こうした経験を持った者からすれば、わざわざマルクス主義からラディカリズムの情熱を借りる必要はなかった。

労働者家庭の子供としての経験、愛国的な兵士としての経験から見れば、マルクス主義とは要するにロシア外務省のプロパガンダでしかなかった。それはとうてい自国の社会構造を分析する道具とはならなかった。資本主義社会はいずれ一握りの富裕な資本家と、貧困にあえぐ労働者大衆へと両極に分解するという命題は、単なるレトリックではなく、その現実を学生達は知っていた。その彼等が再び両極分解が戻ってきたことに気付いたのは、一九七四年、新たな経済リベラリズムが支配し始めた時だった。一九五〇年代には、ホルボーン地下鉄駅からフートン街まで乞食にあうことなく、歩くことができた。しかし一九八〇年代の半ばにはもう消えてしまったと思っていた世界が、再び登場することとなった。分極化というレトリックは、彼等の政治上の対立者に使うのには有効だった。

しかし彼等にとって、他にも有効な強力な選択肢がいくつもあった。それは聖書からであれ、トーニーからであれ、ウィリアム・モリスからであれ、オーウェルからであれ、いくらでも選択肢になりえた。それに対してマルクス主義とは、戦前のインテリ中産階級のものだった。だからロシアはウェッブ夫妻にはぴったりだった。しかし一九三九年のヒトラー・スターリン条約、一九四八年のチェコスロヴァキア、第二〇回党大会（その時、フルシチョフがスターリンを批判した）、一九五六年のハンガリー革命、これら一連の事件はマルクス主義・共産主義とは社会主義とはまったく無関係であることを物語っていた。彼等がめざしていたのは、秘密警察を持たない、言論圧迫とは無縁な民主的な社会主義であった。

だから彼等はけっして自国を憎んだり、拒否しようとはしなかった。あらゆる努力にも拘わらず依然として残る不平等、序列化された社会、それが彼等にとっては解くべき課題だった。それがイギリス人児童の言葉になまりを残し、衰え無力化する保守党を残し、風通しの悪い閉ざされた文化を残していた。

しかしそれでも彼等はイギリスは比較的にましな社会だと見ていた。彼等が信じていたのは、ヴィクトリア時代、エドワード時代に労働者階級が作り上げた、労働組合、生活協同組合、労働党といった民主的な制度であった。

それらを通じて新たなエルサレムが築かれ、そこに自由でしかも社会主義的なイギリスが建設されると信じていた。彼等の政党やアトリー政権が後退すれば、彼等の理想主義が声を上げて、改めてラディカリズムを吹き込めると見ていた。そこには革命のような、社会を根底から覆す治療は不要だった。ましてや自国民が自国民を殺戮する必要など、まったくなかった。決議、圧力、議論、あくまでも民主的な行動を貫くこと、長期的な改革には、それらを繰り返す必要があった。民主主義と礼儀作法だけは放棄する必要はない。

要するに「学院」の戦後派学生は、社会主義に希望を託しはしたが、それはマルクス主義も共産主義も必要とはしなかった。それは労働者階級の地方主義のなかに十分根づいていた。その上、社会学という知的な体験を通じて用語を増やし、それがマルクス主義との対立へと発展していった。その対立も初めのうちは、直接的ではなかった。ギンズバーグの説く合理的な倫理と社会制度の進化の調和は、あまりにも現実離れしており、今にも倒れそうだった。しかし漠然としてはいたが、労働党の推進するラディカルな制度改革とは路線をともにしていた。国民健康保健制度（the National Health Service：NHS）は市民の勝利を示すとともに、産業の国有化は労働者の正義に向けての一歩前進だった。グラマー・スクールの拡張は、労働者の子供達にも公平な機会を開きつつあった。グラースの政治算術を直接適用することによって、不平等の実態が明らかにされ、その結果、社会理論と政治改革との架け橋が強められた。

さらに重要だったのは、「ピースミールの社会工学」に正統性を与えたカール・ポッパーの理論だった。彼等学生は、極端なまでの注意深さに隠された意味を掴むのにいらだったが、その理論に力づけられ、勇気を貰った。その理論は革命ではなく、一つ一つの改革こそがもっとも有効な手段であることを確証していた。社会改革の過程でいかに社会科学者が重要な役割を演じるかを、発見の論理そのものが示していた（これこそが彼等が求めていたものだった）。社会学は、仮説検証を通じて問題解決に至る知的な労働組合のようなものだった。そこには理論（理想）、方法（研究）、内容（政治活動）の三位一体があった。

ポッパーの『開かれた社会とその敵』*The Open Society and Its Enemies*（一九四五）と『歴史主義の貧困』*The Poverty of Historicism*（一九五七）は、学院の若い社会学専攻学生に、マルクス主義的な政治参加とはまったく異なった理論上の参加の道を開いた。

それからやってきたのが、パーソンズだった。彼の『社会的行為の構造』*The Structure of Social Action* は、社会学の伝統の最初の要約版であった。しかし彼等にとってパーソンズの『社会システム』*The Social System* は近づきにくかった。その理由は奇妙に現実離れしていて、長い文章が続いていたためではなかった（それは彼の国籍のせいであった）。またグラースが即座に議論抜きで退けたためでもなかった（はっきりとは見えにくかったが、グラースにはパーソンズに対する政治的偏見があった）。それが規範と価値の周りをぐるぐる回っていたためでもなかった（彼等学生の基本的な政治立場は倫理的な社会主義だった）。それはまさしく、後にアンダーソンが礼賛したのと同じ理由からだった。

アンダーソンはこういう。

社会学は今や、社会的な形成体の世界的な再構成をめざす一つの科学となった。それは他の科学とは異なった、社会学固有の特徴を持つようになった。すべての次元の社会的な存在を、単一の分類概念に包み込むパーソンズの行為理論、この記念碑的な建築物へと発展したのは決して偶然ではない。この企ての具体的な成果物が何であれ、こうした巨匠による総合を作りだす野望は、この職業の出発時点にすでに組み込まれていたのである（Anderson, 1968）。

しかしそれは一九五〇年代の「学院」卒業生にはあわなかった。たしかにパーソンズとマルクスとは、いくつかのカテゴリーからなる全体性についての社会理論を提供した。しかしそのカテゴリーは、特定の時代の、特定の国についての実証的な分析を行うには、あまりにも恣意的だった。

機能主義

機能主義は後になってからは、毎年新学期が始まるたびに、新入生の前で撲殺される儀式の犠牲者となったが、一九五〇年代には議論の余地のない社会学の聖域だった。しかし一九七〇年代に入ると、それを撲殺することが流行となった（Martins and Rex, 1974）。しかしそれを「学院」の学生達のために「政治的に」救いだしたのは、R・K・マートンだった。その「社会理論と社会構造」*Social Theory and*

Social Structure（一九四九）のなかで、彼は巧みに機能主義の分析的な中立性を防御していた（その時代の学生達を昂奮させた二、三冊のなかの一冊だった）。

しかし彼等学生はパーソンズの機能主義にも、ギンズバーグの説くホッブハウス流の調和主義にも満足することはなかった。だが一つの理論を疑う点で共通したとしても、マルキストのいう矛盾を認めることにはならなかった。彼等学生達が共通して拒否したのは、両者に共通している全体性であった。彼等学生はパーソンズからは価値を取りだし、マルクスからは物質的な環境を取りだし、両者の統合を計ろうとした。

こうしたアイディアのなかで、彼等学生を印象づけたのは、デイヴィッド・ロックウッド（『現代の新中間層――イギリスのサラリーマン』の邦訳あり）がイギリス社会学雑誌 *British Journal of Sociology*（一九五六）に発表したパーソンズの「社会システム」*Social System* に対する書評だった。そこには後に彼の記念碑となる『連帯と分裂』*Solidarity and Schism*（一九九二）につながるものが、暗示されていた。ロックウッドはパーソンズとマルクスの両者を、ホッブスから始まる社会秩序についての社会理論の伝統のなかに位置づけた。

マルクスは自然状態から（間歇的に局所的な葛藤が起こる状態）から市民社会への移行とは、社会的な生産関係を通じて集団間の葛藤が常態化する段階への移行として捉えた。しかし葛藤は規則的に起こるわけでもなく、まったくランダムに起こるものでもなかった。だからこの二人が想定するシステムは、互いに対局に位置づいている。パーソンズの社会構造は支配的な価値の上に成り立っている。それに対してマルクスのいう社会構造は、生産手段の所有と支配の形の上に成り立っている。一方では社会化が鍵となっているのに、他方では搾取が鍵となっている。

ここで起きる理論上の問題とは、社会学者はどちらか一方だけを選択しなければならないのかという点である。ロックウッドはそれを拒否した。そして両方とも特殊な社会学だとした。一方で彼は、共通規範によってある程度の統合性を持たない社会は考えられないとした。社会学理論はいかにして秩序が維持されているのか、その過程を問う必要があるとした。他方では、ある程度の葛藤のない社会もまた考えにくいとした。分業を通じて希少財の配分をめぐる葛藤が充分起こりうる。社会学分析はこうした利害の配分がどのように構造づけられ、表現されているのか、それを発見することだとした。後者の見方は、一見するとマルクス社会学一般を受け入れているように見えるが、資源といっても必ずしも生産手段だけに限られない。また葛藤が必ず起こるわけではないし、変えられないわけでもない。このように見ると、この二つの社会学の構造はライヴァル関係にあるのではなく、むしろ相互補完の関係にあることになる（Lockwood, 1956）。

こうしたロックウッドの理論的なスタンスは、ケンブリッジからエセックスまで、生涯を通じて変わらなかった。そして最後に『連帯と分裂』*Solidarity and Schism* として結実した。彼の博士論文「黒い服を着た労働者」*Black Coated Worker*（一九五八）、ゴールドソープとケンブリッジの同僚とともにまとめた『豊かな労働者』*The Affluent Worker*（一九六八／一九六九）は、非マルクス主義的なラディカリズムの理論的な枠組みでなされたイギリスの階級構造についての重要な実証研究である。ダーレンドルフの大学院での研究成果は『産業社会における階級と階級闘争』*Class and Class Conflict in an Industrial Society*（一九五九。邦訳あり）となったが、これもまた同様な理論的な起源を持っている。これは両極分解説の誤りを、実証データを使って鮮やかに明らかにしている。マーシャルが暗示していた、階級対立や身分対立を超えた社会変化を、市民社会がもたらすとする立場も、そこには取り入れられている。

ダーレンドルフの最初の本は、早くもリベラル（平等主義というよりも）な政治的な立場への傾向を示しており、現に彼はその後もこの政治路線を歩いた（Hall, 1981）。彼は一九八八年に『現代の社会葛藤』*The Modern Social Conflict* として、彼なりの評価の要約を行った。

ハルゼーの博士論文は一九四四年の教育法によって作りだされた社会移動についての実証研究であった。ジーン・フラウドと彼はともに一九五〇年代に、社会学理論とその研究の一般的な発展のなかに、教育社会学の場所も与える共同作業を行っていた。ここでもまた現実にある社会的不平等を、平等主義の立場から分析することが中心テーマとなった。しかし彼等の場合には意識して政治算術の伝統を引き継いだ。つまりテーマの選択は特定の価値観から行い、しかしデータ収集やその分析では客観的な方法を採用することで、両者の結びつけをはかった（Free Press, 1961）。

この研究にはグラースの影響が明白である。彼の研究テーマである、イギリスの職業ヒエラルヒーの歴史学のなかには、トロップの『学校の教員』*The School Teachers*（一九五六）とかオリーヴ・バンクスの『イギリス中等教育における平等と威信』*Parity and Prestige in English Secondary Education*（一九五五）などが含まれる。J・A・バンクスもまたグラースの指導生で、後に賞賛をえた「ヴィクトリア時代の上流中産階級での出生率の低下」（一九五四）を準備中だった。バンクス夫妻は鍵となる身分グループの行動の変化に関する一連の調査を立ち上げていた。他方、バーンステイン（一九二四〜二〇〇〇。ロンドン大学の言語社会学の教授）は後に高い評価を獲得した、階級と言語と学業成績の研究を始めていた。またデニスは近代の都市での民主制についての実証的研究を始め、リーズ近くの炭鉱町のフィールドワークを行っていた（一九五六）。

これらをまとめていえば、一九五〇年代の学院グループは、変わりつつあるイギリスの社会構造についての知識を増やした。しかし一つの重要な点を指摘すれば、それは彼等自身の自叙伝の社会学的な表現だったという事実である。彼等が家族、学校、職場、地域社会のなかで学んだ体験の投影図であった。別な意味からすれば、まさしくアロンがいったように、それは労働党の改革プログラムの社会学だった。

しかしもっとも基本的な意味では、それは国際的な社会学を取り入れるとともに、それをイギリス社会理解のために応用する過程だった。パーシー・コーエンは理論的な研究を行い、ロックウッドはマルクスとパーソンズを意識しながら、ダーレンドルフはウェーバーとマーシャルを結びつけようとし、バーンステインはデュルケームの遺産を教育社会学の中に位置づけようとしていた。すべてがイギリスの社会学をヨーロッパかアメリカに起源を持つ思想と結びつけようとしていた。このグループはこうした仕事を通じて、有力なパンテオンに敬意を払った。しかしそこは万人平等な社会でもなければ、特定の理論を正統の玉座に祭り上げる神殿でもなかった。マルクスもパーソンズも敬意を払われたが、けっしてそこを支配することはなかった。

それを初めから意図したわけではなかったが、総じていえば、このグループは機能主義には曖昧な態度をとり、葛藤理論は大いに利用した。彼等の懐疑的なラディカリズムが、一九六八年の激しい反乱の原因の一部となった。この点については6章で述べることとしよう。

結論

われわれはこの章では、社会学の司令塔ともいうべき、ロンドン経済政治学院での劇的な変化を描いてきた。その環境はきわめて特徴的だった。まず集まってきたのは、戦後の復員学生だった。彼等はデイヴィッド・グラースやエドワード・シルズといった輝かしい教師の教えを受けた。この両者についてはやや詳しい経歴を書いておいた。ロンドン経済政治学院は若い学生で若返り、オックスフォード、ケンブリッジという伝統を誇る大学に対して挑戦を企てる中心地となった。一二人の「学院」の学生達はともに、社会学専門家の最初の世代をめざした。とうていかなえられそうにもない夢は、大学の拡大によって実現された。社会科学一般も拡大したが、なかでもとくに社会学は大きく拡大した。

ロンドン経済政治学院に集まった野心溢れる社会学専攻学生は、イギリス社会やその人口構成、人種構成、教育、宗教、産業、犯罪、階級構造など、幅広い記述をした。彼等はまた情熱をもって、アメリカやヨーロッパでの社会学の国際的な進歩に加わろうとした。彼等は実証主義者として、また非マルクス主義者として、新しい左翼運動に参加した。それが一九六〇年代の末には学生の反乱を導いた。

5章 拡張期を迎えた社会学

以前には想像さえしなかった夢が、突然かなえられる時代がやってきた。ロンドン経済政治学院の一九五〇年卒業組は、一九六〇年までにはどこかの大学で終身職に就職している自分を発見した。ある者にとっては「毎日がクリスマス」となった。またある者はこれからは研究成果を上げなければならないという圧力がかかってくるのに気付き、恐れを感じた。またある者は教壇に立たなければならないという義務を拷問のように受け取った。しかしこれらの義務は、大学教員である以上、避けて通ることはできない。優秀な成績で大学院を修了し、大学から教員として選抜された者とはいえ、個人個人で成功度は違ってくることだろう。

ところがそのうちに高等教育のシステム全体が、大きく変わる時代がやってきた。すでに4章に書いたように、「学院」の社会学専攻の第一世代は、初めはまるで夢遊病者みたいなものだった。一九五〇年代には学部学生ばかりでなく、大学院生になっても、社会学が大学のなかに取り込まれるとは考えもしなかった。しかも自分達がその最初の波に乗るとは、まったく予想さえしなかった。その頃はまだ新聞、ラジオ、テレビ会社（後からメディアと呼ばれるようになった）に就職するものは、ほとんどいなかった。

彼等は社会学者という、新しい職業の指導的な立場に立つことになるとは、想像さえしなかった。長年世間は社会学の登場を待ち望んではいたが、実際は不当に扱われてきた。彼等のこの学問に対する期待は高かったが、その実践者になるには一抹の不安があった。たしかに背後からは、リベラルな教師達と熱心な学生達の連合体が勇気づけてくれてはいたが、伝統的な学問の守護神を自称する人々からは、疑いの目か敵意のこもった目で見られた。

一九四〇年代には社会学を学ぶ学部生はせいぜい二〇〇人程度で、そのほとんどがロンドン経済政治学院に集中していた。ところが一九六六／六七年度にはイギリスの大学全体で、三、〇〇〇人近くになり、一九七〇／〇一年度には四、〇〇〇人近くになった。ただしこの数字にはその当時のポリテクニク（前身校は職業学校。一九九二年に大学に昇格した。「訳者解説」参照）と放送大学は含まれていない。

いったいこの急速な拡大の背後には何があったのだろうか。ある社会学者にいわせれば、それは彼等自身の説得力の賜物だということになるのだろう。またある者にいわせれば、若者が新しく現代的で生活に密着した勉強を求めた結果だということだろう（このほうがはるかに説得力がある）。おそらくもっとも大きかったのは、社会的経済的環境の変化だった。

先進諸国では一九四五年以降、戦争の瓦礫のなかから経済ブームが起り、それは一九七〇年代半ばのオイル・ショックまで続いた。アメリカではルーズヴェルト大統領とともに新しい豊かな時代が始まり、戦争中も加速され、戦後は西ヨーロッパ経済復興のためのマーシャル援助までその豊かな時代が続いた。とくに若い世代はこの繁栄ぶりを強く感じ取っていた。

経済成長を刺激し、その成果を観測するための機関として、経済協力開発機構（the Organisation for Econimic Cooperation and Development : OECD）がパリに設置された。しかし初めのうちは、イギリス経済にはあまり効果はなかった。戦争に勝利はしたものの、イギリス経済は底をついていた。大英帝国の消滅と、さまざまな施設の損失が、イギリスの国際的な地位を低めた。アトリー首相の社会主義はすでに英雄的な成功を収めていたが、それを祝福する機運はほとんど起きなかった。ドイツと日本の急速な成長に対抗するにはどうしたらよいのか、人々の関心はそちらに向いていた。

教育の拡大もまた、戦前期を支配した社会的不平等を縮小させようとする改革派運動によって支持された。小学校建設、総合制中等学校を作ろうとする運動によって、教育の拡大が求められた。一九五〇年代に経済協力開発機構によって採択された高等教育に関するスローガンは、「一〇年間に倍増」だった。ところが一九六三年のロビンズ報告（ロビンズ卿の委員会がまとめた大学拡張計画。「訳者解説」参照）は、上昇する中産階級の大学進学欲にそうことには、きわめて慎重だった。

しかしながら緩やかとはいえ、第二次世界大戦の終結とともに、学生数は増加し、大学の雰囲気は変わり始めた。その当時存在した大学とはオックスフォード、ケンブリッジという古典的な大学と、過去四世紀の歴史を誇るスコットランドの古い大学と、ヴィクトリア時代とエドワード時代に産業革命に沸く地方都市に作られた近代的な大学だけだった。これらの大学は新たに勉強を始めようとする学生、あるいは戦争によって一時中断していた勉強を再開しようとする復員学生で満ち溢れた。彼等のほとんどは政府からの奨学金を受けていた。

　ロビンズ報告がだされる以前の一般的な考え方からすれば、大学とは将来専門職か経営層になる、ごく少数者が入るところと見なされていた。オリヴァー・フランクス（一九〇五〜一九九二。イギリスの政治家・学者、駐アメリカ大使を勤める）の追想は、戦間期とロビンズ報告以後との雰囲気の変化の一端を語っている（Danchev, 1993 : 15）。彼によれば一九二〇年代にオックスフォードのクイーンズ・カレッジに入学した時、尋ねられたのが、次の三つの質問だったという。どこの学校を卒業したのか、宗教は何派か、馬を持っているかどうか。三番目の質問にノーと答えたところ、馬は持つべきだといわれた。それからの三年間か四年間が、彼のジェントルマン教育にとって決定的な段階となった。そこにあったのは、人格に磨きをかけることと、馬を乗りこなす術をマスターすることだった。それを身につけることで、彼は世界の五分の一を支配する大英帝国の総督の座についたのである。

　この大学拡張の結果、大学に雇われる社会学者の数が急上昇した。もう一つ、それほど目立たなかったが、彼等は卒業とともに、ロンドンの大学や地方の大学に移動したばかりでなく、大西洋を横断するようになり、国際会議に出席するようになった。つまり国内移動だけでなく、国境を超えた移動もまた増えた。

　一九五〇年代のアメリカ訪問は、第一次世界大戦前の科学者のドイツの大学への訪問と同じ響きを帯びていた。アメリカからの金が流れ込み、ハーバード、コロンビア、シカゴの社会学科で手厚い歓迎を受けた。クラーク・カー（アメリカの経済学者。カリフォルニア大学の総長の座を、レーガン州知事に罷免されたが、その後カーネギー高等教育振興財団の責任者として膨大な研究成果をまとめた）のバークレイの輝かしい登場、カリフォルニア・パロ・アルトにある行動科学高等研究所のフェローのポストは、一九五〇年代には高い権威を誇る魅力となった。

4章で取り上げた「学院」出身者もまた、おとなしく一箇所に留まってはいなかった。一九六〇年までにすべての者がより広い舞台を求めて、「学院」の社会学科から飛びだしていった。一九五〇年代から六〇年代にかけての人々の移動は、彼等の所属する制度（ほとんどが大学の社会学科）の性格を変えるとともに、人々の集合体としての精神をも変えた。国際的な組織ができるとともに、全国規模の組織、地方ごとの組織、首都での組織ができ上がった。

一九五三年には国際社会学会が結成され、トム・ボットモアが事務局長となった。世界社会学会議には多くの参加者が集まった。一九五六年の二回目の会議にはロシアからの代表団が、ニューヨークからきた若くて攻撃的で、挑戦的なマーティー・リプセット（一九二二〜二〇〇六。『産業社会の構造——社会的移動の比較分析』の共著者）と対面した。ロシアの代表団の男性達はプロレタリア風の休日姿で現れ、ズボンは垂れ下がり、髪の毛は後ろと脇だけを刈り上げていた。

やがて一九五〇年組は先輩達や後輩のなかに融け込んでいった。いやむしろ飲み込まれたといったほうがよかろう。その当時の社会科学者、とくに社会学者達の活発な移動は、周囲の者が大学のなかに閉じこもっているなかでは目立っていた。なぜ周囲の者がほとんど移動しなかったのかは、大学補助金委員会（the University Grants Committee：UGC）が戦後導入した全国的に通用する給与表に原因がある。それによってほとんど自動的に終身職に到着できるようになり、准教授、上級講師のポストは、大部分同じ大学の下のポストからの昇格で補充されるようになった。ただ最初の教授ポストにつく時だけ、他の大学に変わるのが、学界の慣例となった。

周囲があまり移動しないのに対して、このグループの一〇％以上は一九五〇年代に移動を経験した。つまりこれらの社会学者は二〇世紀後半の同業者の約四倍の確率で、教授職に到達していた。それはいったいどういうことを意味しているのだろうか。たしかに人間の移動よりも、アイディアの移動のほうが重要だという議論を立てることができよう。情報技術の進歩の結果、今では毎年のように情報の流れは改善されている。ジャーナル、会議、国境を越えた交流も増えた。しかしそれとは反対に、創造性は依然として同じ大学、学科、研究センターの同輩や学生達との対面接触に大きく左右されるという議論を立てることもできよう。ただし創造性とはどういう環境のなかで養われるのかは、依然として謎のままであるが。

創造性を最良の状態に保つためには、スタッフの移動率にも上限と下限があるのだろう。社会学者が「地方」と「コスモポリタン」のバランスをどう考えるかによって、大学内部での資金配分の態度も変わってくる。大学間の移動率は創造性に影響を与えるだけでなく、一九八〇年代に突然起こった厳しい予算削減への学科間の対応の相違にも影響を与えた。地方人は所属する大学に愛着を感じるが、コスモポリタンは専門分野に愛着を見つける。予算削減期が到来すると、社会学科は学内の予算配分で不利な立場に立たされた。それは学科内部に対立を抱え、防衛力が低下していた学科だけに限らなかった。「学院」一九五〇年代卒業組の間でもコミュニケーションが成り立たなくなり、一体感も消えた。

一九五〇年代末までには、「学院」グループの多くはアメリカともヨーロッパとも国際的なネットワークを組むようになった。アメリカでは多くの社会学者に出会った。彼等は学問的な冒険心に燃えているとともに、イギリス流の身分的なスノビズムを持っていなかったので、自由に意見の交換ができた。彼等は優れた知性の持ち主だったが、社交的な謙遜とは無縁だった。多くがユダヤ人の父親を持っていたので、人種割り当て制度には不満を持っていた。しかし機会の拡大するアメリカ社会には感謝していた。

ハルゼーはこうしたアメリカ人と付きあっているうちに、都市上層階級の異質な文化で窒息させられたイギリスを、別の感覚で見るようになった。

> 彼等はアメリカに感謝すると同時に、たとえ給料が半分になっても、二倍の愛国心を抱いてイギリスに戻ってきた（Halsey, 1995a）。

ところが、ロンドン経済政治学院は依然として指導的なポストを占めてはいたものの、ちょうどその頃、一つの組織としての自己懐疑の段階を通過している最中だった。社会学科はかなり断片化し始めていた。一九六〇年代に入ると、社会学科の雰囲気は次第に険悪になっていった。個人対個人、グループ対グループでそれぞれの研究を貶しあうようになった。何か明確な理論なり方法が絡んでいたのかどうかはわからないが、時々実証調査の価値をめぐって感情的な対立が表面化した。

一九七〇年ドナルド・マクラエは「実証研究は簡単で、しかし実際に役立つことが多い。それは自然科学と同様に、計画さえきちんと仕組めば、ねずみでもできる」といった（New Society no.387）。これに対して地域研究所のピーター・マリスは皮肉を込めた反論を行った。ジョフリー・ホーソーン（当時はエセックス大学にいた）もまた、遠慮なしに叩きつけるような反論をした。「やったことのない人間だけが、実証研究は簡単だと思っている」。

これに対して地方大学の雰囲気は違っていた。レスター大学の教育は高く評価され、多くの若手講師が集まり、優れた卒業生を生みだしていった。こうした地方大学での研究活動は愉快な熱気をもって進められていった。おそらく期待した以上の機会が与えられたためであろう。しかしその反面では依然として、学界の権威の社会学に対する抵抗は強く、しばしば社会学者を怒らせた。

一九五四年から一九六二年にかけてのバーミンガム大学は、地方大学の自由な雰囲気を持っていた。それはけっして例外ではなかった。この八年間に学生数は三千人から四千人に増加したが、それは最適な増加だっただろう。学生増にあわせて同じ専門か、隣接の学科の教員が増えるものと教員達は思い込んでいた（これはあまりにも楽天的な見通しだったが）。その程度の増員であれば、人間関係も保てるし、管理もしやすい。それに社会科学専門の教員はすべて商学部の一員で、社会学は学科として独立していなかった。ジョゼフ・チェンバレン（一八三六〜一九一四。イギリスの有力な政治家・実業家）は、市民大学は産業都市の要望に添う形で編成されるべきだという持論を持っていた。その構想通り、バーミンガム大学では社会学の教員はすべて、商学部に所属していた。

バーミンガム大学には二三人の社会科学の教員がいたが、そこには計量経済学、社会史、経済学などを専門とする優秀な若手が集まっていた。それはおそらく偶然の結果だったのだろうが、六人の教授達は優秀な若手を自ら集めたことを自慢していた。知的な生活は活発で、学科の垣根はまったくなかった。ツアー時代のロシアを経験した「ロシア人」もまた学部の中心となっていた。教員の部屋はあちこち散らばっていたが、ドアはいつでも会話のために開いており、社会科学に関するすべてのテーマが議論された。ほとんどの者が未婚か、結婚したてだった。そこにはシカゴ大学と似た知的な雰囲気があり、壁に囲われた兵舎のようなものだった。

ユダヤ文化の影響は明確だった。サージャント・フローレンスが長老格で納まり、たぶん初期のチェンバレン時代にウィリアム・アシュリー（一八六〇～一九二七。主著『イギリスの経済組織』）が始めたのだろうラディカルな伝統が生き続けていた。若者は男女を問わず、自分のキャリアに気をかけるよりも、あたかも勃興期を迎えた社会科学の熱気に溢れていた。教員達の関心も時間ももっぱら知的なテーマに注がれていた。

シェフィールド大学には一九四九年から独立した社会学科があった。これは社会事業家を養成する学科だった。一九五一年に最初の社会学の講師が採用となった。一九五六年には新しい社会学講座が設置された。一九六一年までには社会科学部が作られ、社会学だけで学位のとれる体制が組まれた。社会学の社会福祉からの分離は、一九六〇年代に進み、それとともに、社会学の中心は大学院生に移り、学部課程は次第に姿を消していった。こうした社会学と社会福祉との分離は、いくつかの大学で進められた。

しかしその間に、社会学内部での対立が深刻化してきた。その典型がシェフィールド大学だった。それは学部段階のカリキュラムをめぐる「知的なイデオロギー的な沸騰」で、一九七〇年代初頭まで続いた。その対立とはもともとは、社会学理論と実証研究との対立で、それをどのように教えるかをめぐる対立だった。シェフィールド大学のある教員はこう回想している。

教員数が増え、仕事の分担量が減るとともに、学科内の運営や意思決定をできるだけ民主的にしようとした。その頃の議論は、純然とした学問上の問題や教育上の問題に限られていた。その後一九八〇年代に入ってからは、財政上の問題、資金調達、予算配分が大きな議題となったが、その当時はまったく議題にはならなかった。

ところが一九七〇年代に入ると、大学の雰囲気が変わりだした。その頃の雰囲気を、ある教員はこう語っている。

当時の私は若く、何の不安も持っていなかった。ところがその私が自信に満ちた戦闘的な学生達からもみくちゃにされた。彼等の多くはトロッキズムと毛沢東主義とレーニン主義の違いを知っているらしく、私がどの程度知っているのか、テストを始めた。私は二〇人ほどのクラスで起こったことを、今でも記憶している。オープンシャツを着た胸毛を露わにした大男が、マルクスの『資本論』を机の上に置いて、私に向かってどの程度知っているのか尋問を始めた。私は熱狂的な革命児が、今や徴税官になりたがっていることを知った。

ところがそのうちに、教員達の間の知的な一体感もまた、崩れ始めた。感情的な傷つけあいが起こり、イデオロギー的な対立がさまざまな場面で起こった。ある時は教員会議で起こったし、私の自宅でも起こった。しまいには、私の誕生パーティーの席上でも起こった。ある時にはほとんど殴りあいになりそうだった。しかしたいていの場合は、左翼とそれ以外の人々の間の、はっきり理由のわからない曖昧な（今から思えばそう見える）ことをめぐる論争がきっかけだった。しかしわれわれにとって重要なのは、理論であり真理である。それがすべての者にとってのすべてだった。

一九五〇年代、六〇年代の社会学は地方都市では活動的で元気だった。ロビンズ報告による大学拡張ブームが起こる以前は、社会学は社会人類学よりもはるかに小さく、その教員は全国各地に分散していた。ところが一九八一年までには、社会学は一、〇〇〇以上もの政府資金によるポストを獲得した。つまり社会人類学よりも一〇倍の速度で拡大したことになる（Spencer, 2000 : 4）。その結果、別の専門からの社会学への流入してくる人が増えた。たとえば人類学を始めた人々が社会学科の講座につくようになった。ある者は社会人類学を通過して社会学の講座についた。

なかでもマンチェスター大学の社会人類学者マックス・グラックマンの影響力は大きかった。「猿を詰め込んだ荷馬車」（彼自身の若い頃のエッセイのタイトル）よりもはるかに賢く、ユダヤ教伝統の女長老よりもはるかに慈悲深く、この精力みなぎる長身のスポーツマンは、人類学的手法が現代の産業社会にも適用可能と信じ、大学政治では並外れた手腕を発揮した。彼は専門分野の名称などまったく気にしなかった。自分の教え子を次々と、ある者は工場に、ある者は学校に、ある者は自分の教え子を、ケンブリッジの社のフィールドワークに送りだした。そして最後には一九六九年には自分の教え子を、ケンブリッジの社会学の教授として押し込もうとした。ある者は家族社会学の研究を始め、ある者は地域社会学の研究を始め、それを手がかりに社会学の教授となり、大学行政に従事するようになった。

その間にイギリスの戦後社会は変わっていった。公共サービスの見直しが進み、国家の権限と官僚機構が拡大し、集合主義（コレクティヴィズム）のイデオロギーが勝利を収めていった。こうした変化が社会政策や社会行政の研究の推進力となった。サービスの普遍化は保護の思想の体現化でもあった。すべての子供を対象とする無償制の中等教育、最低所得の保障、必要に応じた医療ケアと社会ケア、完全雇用政策、これらはすべて社会的経済的なリスクを最小限にする手段だった。互いの連帯に支えられた社会で、自立した、安定した、遵法精神に富んだ市民を作るための手段だった。

しかしこうした政府活動の拡大は、同時に政策効果の測定・評価を必要とした。これが個人の自由と責任に対する脅威となるという恐れが浮上した（Hayek, 1945）。戦争直後は新たなサービスの構造と歴史が、研究の焦点だった。しかしやがて研究関心はコスト、公平、社会的必要といった広い問題に移り始めた。つまり福祉国家の行政上の問題よりも、福祉社会そのものの問題へと広がっていった。

国民健康保健制度の研究の最初のきっかけは、公平の問題だった。このテーマはやがて私的医療部分が、万人対象の公的医療サービスの理想をどれほど掘り崩すかというテーマにつながっていった。さらにこのテーマは医師、病院のベッド数の地域的な配置が不公平で、もっとも貧しく不健康な地域ほど医療面でも不利な状況に置かれているといった、地域格差の問題へと発展していった。またある種の病気、障害に十分な資源が割り当てられていないといった事実が明らかになった。その結果、医療サービスの使い方や利益の受け方に、どのような階級格差があるのかを明らかにする実態調査へと発展していった（Townsend and Davidson, eds., 1982）。

アトリーの労働党政権の後を継いだ一九五一年から一九六四年までの保守党政権は、国家福祉に対しては批判的だった。公共コストの増加を警戒するとともに、過度の再配分が起こることを警戒した。大学では社会政策、社会行政の学科は、経済学、社会学、政治学、心理学、歴史学といった、より確立した関連領域の影響を受けるようになり（Birrell *et al.*, 1973）、その影響は研究テーマにも現れた。

関連分野でも同様な研究関心を持つ人々が現れ、同様な研究方法を使うようになり、その結果、新しいタイプの国家福祉の評価が登場した。研究関心はサービスの構造よりも、そのサービスがどの程度成功しているのかという評価に移った。その結果、イギリスの社会サービスの質と効果を測定する研究が一九六〇年代には多数登場することとなった。それらの研究成果のいくつかは、ロンドン経済政治学院から生まれたが、イギリスの他の大学の成果もあったし、政府機関が行ったものもあった。さらにはヨーロッパ、あるいはアメリカの学者のものもあった。

ある研究は老人の公的な施設について、ほとんど破壊的な報告書を発表した（Townsend, 1962）。また老人、子供、精神障害者や、その他の被害を受けやすい人々に対する居住地サービス、地域社会サービスについての研究が進められた（Jones and Sidebotham, 1962 ; Davies, 1968 ; Packman, 1968）。こうした調査結果はいずれも、現行の福祉サービスに対しては批判的だった。サービス提供が人々の必要にあっていない、資格を持った職員が足りない、さまざまな機関間の調整・協力がうまく取れていない、そういった批判的な評価が多かった（Donnison, 1954 ; Rodgers and Dixon, 1960）。もっとも基本的な問題は住宅政策で、人々が入手可能な価格でいかにして住宅を提供できるかが問題となった。この点をめぐっては、私的なセクターと地方政府とでどのように分担すべきかが、議論の対象となった（Cullingworth, 1965 ; Nevitt, 1966 ; Dennis, 1970 ; Stone, 1970）。

しかしもっと重要な点は、公共サービスの成功不成功よりもむしろ、その対象となった人々の属性のほうに関心が移っていったことである。つまり階級、家族、性、人種といった属性ごとに、学校、病院、全国援助委員会（the National Assistance Board：NAB）をどの程度利用しているのか、どの程度の利益を受けているのかに関心が移った。このようにして、アカデミックな社会政策研究は、社会学の影響を強く受けるようになった。こうして研究の焦点は個人、家族、地域社会に移っていった。公共サービスを利用しようとする準備や能力が、個人の願望や社会経済的な環境によって、どのように異なってくるのかを把握する必要があったからである。

なかでも貧困と不平等が研究の焦点となった。研究が進むにつれて、さまざまな貧困の定義が作られた。また貧困者の生活水準をそれ以外の人々と比較したり、その頻度や厳しさを測定したり、どういう人々が貧困に陥りやすいのかが、詳細に調査されることとなった。そこでは社会学者と経済学者とがともに討論に参加した（Cole and Utting, 1962；Abel-Smith and Townsend, 1965；Townsend and Wedderburn, 1965；Townsend, 1979）。

もっとも注目すべき社会政策に関する文献の一つでは、ランシマンが相対的貧困の定義を深めたが（Runciman, 1972）、他方アマルティア・センは貧困は相対的な意味だけでなく、絶対的な意味でも理解されるべきだと主張した（Sen, 1983）。A・B・アトキンソンはイギリスでの貧困に関するデータを分析し、社会保障制度改革に対するさまざまな提言を評価した（Atkinson, 1969）。

こうした研究成果の一つが「不利益の循環」をめぐる論争だった。つまり貧困、非行、反社会的行動は、親から子へと世代を超えて伝わる傾向があるとする論をめぐる議論だった。それはあたかも保護に値する者、そうでない者をめぐる一九世紀の議論を思い出させるものがあった。この論争のなかで、ケイス・ジョセフ卿（一九一八〜一九九四。保守党政治家）は発生論的な遺伝説のサブカルチュア版を提起したが、社会条件のほうを重視する環境論者の言い分のほうが、説得力があった（Rutter and Madge, 1976）。

貧困や所得分布、公共サービスのコスト負担といったテーマは主に経済学者が担当したが、教育問題は社会学者が担当し、機会や「生活のチャンス」の分布状態を分析した。教育や学校給食、医療サービス、障害児のための施設といったテーマは、その規模の大小はあるにしろ、いつの時代にもあったテーマだったので、社会行政や福祉国家の研究の一貫として行われてきた。ところが、どのような背景をもった子供が、どれほどの数、どのような種類の教育を、どれほど長く受けているかといった、教育制度全体についての問題は、比較的新しいテーマだったので、社会学者が手掛けることとなった。

このようにして、教科としての社会政策学はもともと、貧困者の救済、身体的精神的な障害者のケアが主な目的だったが、今や社会正義と公平が主な課題となり始めた。それとともに生活の機会や水準に影響を与える施設（公的であれ、私的であれ）もまた関心の的となり始めた。こうして教育の重要性が明確となった。それぞれ異なった子供に対する、それぞれ異なった学校が持つ効果とか、学校、家族、その社会的な背景が学校での成績に与える効果とか、さらには中産階級出身の子供や特定の地域に住む子供の受ける利益、こうした点が目に見える形で浮上してきた。その理由は、教育は社会構造と組織的に関係しており、社会経済的政治的な地位に影響を与えるとともに、それから影響をも受けているからである（Halsey *et al*, 1980 ; Simon, 1991）。

しかし教育機会の平等を求めることは、危険なしにできるわけではない。一九五〇年代にすでにマイケル・ヤングは、教育上の成果（進学率や学業成績など）が平等でない限り、教育の機会を利用できる者と、そうでない者との間に格差ができることに警告を発していた（Young, 1958）。

ロンドンでは社会学がロンドン経済政治学院の外側で発展し始めた。ベッドフォード・カレッジではジョージ・ブラウンが精神医学での古典的な研究を始め、社会史研究者バーバラ・ウォートンとオリヴァー・マッグレガーは、犯罪社会学、家族社会学の分野で精力的な研究を始めていた。また東洋アフリカ学部、教育研究所のロナルド・ドアは日本についての研究で著名となり、後には緻密な比較研究法をイタリア社会の研究で展開した。

このようにして、社会学は一九五〇年代には、さまざまな活動を通じて、全国的なレベルで注目されるようになった。一九六二年にはティム・レイソンの編集のもとで雑誌・新しい社会 *New Society* が創刊されることになり、その雑誌はパウル・ベーカーによって週刊誌へと発展した。つまりこの頃になると、社会学を教える大学が増えただけでなく、多くの読者層に向けてその成果を報告するようになった。雑誌・新しい社会 *New Society* は一九七二年には発行部数三七、〇〇〇部に達し、毎週二〇万人の読者によって読まれるようになった（Barker, 1991）。

社会調査での技術革新について述べるとなると、ケルサルが設定した第一のテスト（すべての事例を完全網羅できているのか）に合格しなくなる危険性がある。一九五〇年代、六〇年代以降を見れば、このリストのなかには産業社会学、地域社会学、人種・民族の社会学、政治社会学、教育社会学、宗教社会学などが含まれることになる。

それとともに、社会学を担当する教授達は、ほとんどすべての専門領域からやってくるようになった。

ただ一人例外だったのはアーネスト・ゲルナーで、彼は他の専門分野から人類学の講座の教授となった（一九八四年のケンブリッジ）。一九五九年の「言葉と事物」*Words and Things* の刊行以来、彼は社会学をさまざまな哲学と結びつけようと試みた。彼は一九九七年プラーグ空港で息を引き取るまで、多くの文章を書き続けた。ロゼール・ラングロワはきわめて適切にも「彼のいたずらっぽい冗談は、社会学にできる楽しい腕白にもっとも近いもの」と形容した。

オックスフォードとケンブリッジは社会学を嫌った

ハーバード大学のジョージ・ホマンズ（一九一〇〜一九八九。アメリカの社会学者）は一九五五年から五六年にかけて、ケンブリッジの招聘教授をしたことがある。しかしイギリスの古典文化の代表格であるオックスフォードとケンブリッジは、社会学を受け入れようとはしなかった。ホマンズはこう書いている。

私のケンブリッジの友人は、私にこう話かけた。「貴方は昔は歴史学だったのでしょう。それをどうして社会学をやるようになったのかね?」そこで私は問い直した。「社会学のどこが問題なのかね?」それに対する答えは、なかなかでてこなかった。「そうだね、あれはまあ、なんというのか……」といって、頭を振った。言葉にしなくとも、直ちにそれが何を意味するか、正確に理解できただろう。たとえばアメリカのカクテル・パーティーで、「彼女はわれわれの仲間ではないね」、というせりふを聞けば、何を意味するか明らかであろう（Homans, 1962）。

しかしホマンズはイギリスの社会学の将来を、慎重ではあるものの、楽観的に見ていた。彼の予想は正確であるとともに、その宿命もまた予言していた。

さまざまな批判があるにせよ、イギリスの社会学は発展しつつあった。しかしそれは大学での正規の教科としてではなく、研究所での研究テーマとしてであった。かりに大学の正規の教科として取り入れられても、それはロンドンや地方の大学でのことで、オックスフォードやケンブリッジではなかっただろう。またもしオックスフォードやケンブリッジだったとしても、それは社会学の名前でではなかったことだろう。オックスフォードには人種関係の教授ポストがあり、そしてケンブリッジには産業関係の教授ポストがあった。要するにイギリス人は実際には社会学をやっていた。しかしそれをやっているとは認めたがらなかった。入念に序列格差を設け、社会学をマイナスの序列のなかに位置づけようとした。大英帝国が偉大となったのは、「汝の右手でなしていることを、左手に知らしむべからず」という原理（道徳的であるとともに実際的な原理でもあった）があったからだという。たしかにその原理は社会学者以外には害のないことだっただろう。しかし社会学という幸運児ジムは、もともと人から好かれる必要はなかった。人間の態度はすべてその社会を維持するための機能を持っているといわれる。もしそうだとすると、イギリス社会は社会学を拒否することによって、拒否される存在としての社会学者を製造したことになる。

職業的な社会学者になることは、社会的にも個人的にも不安を与えるとともに、プラス・マイナスの両面を抱えることでもあった。シルズは現代の小説の主人公は、一方ではヴァイタリティーと人情味溢れる田舎生活を褒め称えながら、最後はオックスフォードかロンドンにでてきたことに注目している。

　つまり社会学者をめざすことは、ディレンマを抱え込むことでもあった。戦後派学生は、必ずしも都市階級の文化からかけ離れた文化を求めたわけではなかった。しかし彼等は活動の舞台を広げ、より多くの人々から支援を得ようとしていた。イギリスの知的伝統ばかりでなく、国際的な知的遺産を取り込もうとしていた。とりわけグラマー・スクールと鉄兜をかぶった戦場とロンドン経済政治学院で彼等が発見したことは、生まれながらに持っている権利と能力を正当に認め、それを公平に扱われるべきだとする意識だった。

　一九五一年に「学院」に助講師ポストに空席ができた。その当時、そのような機会はそれほどあったわけではない。その時、モリス・ギンズバーグがこういったという噂が流れた。「彼等（学院卒業生）はよくない。それよりも名乗りを上げることはあるまい」。この話が何を意味するかは卒業生にはすぐわかった。一九五九年にハルゼーがこう述べた時、憤激は最高に高まった。

　社会学の社会的、学問的な地位は、ケンブリッジ大学のキングス・カレッジの最近の決定によって、一つのドラマに仕立てられた。このカレッジの紳士達は社会学の研究フェローを、オックスフォード、ケンブリッジの卒業生のなかから選抜すると決定したという。つまり社会学最初の学位取得者（「学院」卒業者のこと）は、それだけの資格がないとして、選考の対象から外したとのことである。キングス・カレッジのフェロー達は、これまで少しずつ制限を緩め、イギリス国内のいかなる大学卒業生であれ、男性でありさえすれば、選考の対象に含めるようにしてきた。ところがこうした方針はかえって、近代大学の人文学部に勤めるオックスフォード、ケンブリッジからの追放者達を、要塞化する結果を招いている。……労働者階級の文化にどのような変化が生じているのか、「大学左翼評論」の議論によると、われわれが持っている知識は絶望的に乏しく、大学の組織的な研究がごく一握りの研究者に任されている限り、こうした状態は変わることはあるまい。しかしリチャード・ホガートの「読み書き能力の効用」*Uses of Literacy* は、学外教育部の人文学の講師が書いたものだという事実、また彼の扱っている素材とは、自叙伝的な追憶と大衆の間でよく読まれている読み物だということは、広い議論を巻き起こす上で大きな貢献をしたといえよう。

採用人事の成り行きには多くの不確定要素が含まれている。学校を通じての選抜では、もっとも優れた学生がオックスフォードやケンブリッジにゆき、それ以外の大学を選ぶとすれば、科学部にゆく。イギリスの中等教育、高等教育の内容には、社会学的な想像力の活用を不可能にする訓練が含まれている（Halsey, 1959）。

しかし実際問題として、ケンブリッジとオックスフォードでの社会学による征服はすでに進行中だった。それは一九六〇年代を通じて、少しずつ進んでいた。社会学者ゴールドソープはキングス・カレッジのフェローに選ばれ、同じく社会学者ロックウッドやマイクル・ヤングも一九六〇年には講師となった。社会学はケンブリッジでは一九六一年には経済学の優等卒業試験のなかに含まれるようになり、オックスフォードでは一九六二年に哲学・政治学・経済学（Philosophy, Politics, and Economics：PPE）のコースのなかに含まれるようになった。マーチン・バルマー（一九四三〜）は一九八〇年代半ばまでの経緯を簡潔に記述している（Bulmer, 1985）。それによれば、ケンブリッジの社会学はどちらかというと、教育面よりも研究面が優れていたという。

しかしこれが話のすべてではない。これとはまったく反対の話もある。つまりオックスフォード、ケンブリッジの態度がこれほど曖昧でなかったならば、イギリスの社会学はもっと早く発展しただろうという話である。事実、ケンブリッジでの社会学の講座をめぐる話は、この大学の頂点に君臨する学界の権威者達が、いかにこの学問上の新人を受け入れたがらなかったかを物語っている。バルマーはこういっている。ケンブリッジとオックスフォードの冷淡さが、社会学から確たる基礎を奪い、社会調査の発達に欠かせない支持を奪ったのだ。一九二五年ロックフェラー記念財団のラウラ・スペルマンはケンブリッジに社会学の講座を寄付すると申し出た。この申し出に、学長は丁重にもこう返事をした。

目下のところこの大学は社会学の教授ポストも、准教授のポストも講師のポストもありません。はるか昔一八九九年にヘンリー・シジウィック教授が、彼の学科の要望を述べた文章を、こう締めくくっています。「私は人類学、民族学、社会学については、とくにいうことはありません。これらの学科はわれわれのカリキュラムのなかに含まれていませんし、またこれらの学問の境界線がはっきりせず、相互の関係も研究方法を曖昧だからです。しかし社会的な存在としての人間（それをいかように定義しようとも）についての科学的研究は、これからますます重要となることでしょう。こうした学問分野を代表する教授ポストも准教授のポストも持っていないことが、重大で明白な欠陥であることは、はるか以前から理解されていたと考えます（Bulmer, 1985：158）。

要するに一九六九年までケンブリッジの教授ポストへの採用は行われなかった。一九八三年に初めてアンソニー・ギデンズが社会学者として、社会学の教授ポストに採用された。この一九八三年の選考委員会は、バーナード・ウィリアムス（キングス・カレッジの学長）、バリー・サップル（経済史）、三人の社会学者、ロックウッド（エセックス）、ドア（ロンドン経済政治学院）、ハルゼー（オックスフォード）だった。

この間の半世紀、ケンブリッジの社会学はカタツムリのようなゆっくりした歩みをたどった。一九三〇年代には、社会学教育を検討する委員会が作られたが、結論はでなかった。戦争中、ロンドン経済政治学院はケンブリッジに疎開した。一九四六年、クラパム報告（ケンブリッジの経済史の教授。一八七三～一九四六。一九四五年アトリー政権が、ジョン・クラパムを委員長とする経済学・社会調査の研究振興の委員会を設け、報告書は彼の死後発表、政府はそれを受け入れた。「訳者解説」参照）の結果に基づいて、ケンブリッジは政府から資金を受け取った。そのなかには社会学の講座を設立する資金が含まれていた。しかし結論はでなかった。

しかしその代わりケンブリッジは、著名な社会理論の教授を招聘する仕組みを作った。最初に招聘されたのはタルコット・パーソンズだった（一九五三～一九五四）。ところが、これで社会学の教授ポストの設置が一〇年間遅れたといった人がいた（今でもいる）。それに対してボストンの上流社会出身のホマンズは少しは成功した。

しかしそれ以降、経済学の学部段階の教育に、社会学の論文が二つ加わることになった。そして一九六八年にはフィリップ・エイブラムス委員長のもとで、社会・政治学の優等卒業学位試験第二部が独立した。理事会（ケンブリッジの教授達の会議）は最後に僅差で可決するまで、激しい議論が舞い上がった。かくしてついに社会学は教育課程のなかに確たる地位を獲得した。

オックスフォードの社会学の歴史は、ケンブリッジ、あるいはロンドン経済政治学院以上に長くて、さらに曖昧模糊としている。ロンドン経済政治学院最初の社会学科の学科長も教授も、ともにオックスフォード出身者だった。しかしそれでもオックスフォードが社会学を学科目、とくに学部のカリキュラムに取り入れることに、疑りの目で見ていた。疑りというよりも、むしろ敵意というべきであろう。

この二〇世紀という現代社会で、どうしてそのようなことが起こるのだろうか。簡単に答えるとすれば、二点ある。第一にオックスフォードの起源は、独身僧侶を養成するための中世カトリックの学校にあったという点である。そのために同僚制という組織を発展させ、新人を訓練し、世俗から自分達を防御する必要があった。第二には同僚制の大学は、イギリスの支配階級とその官僚（教会と政府の）を養成する役割を取り入れたという点である。そこで行われたのは、自分の所領を統治するジェントルマンの育成であり、ラテン語とギリシャ語の教育が目的となった。まず二年間のラテン語、ギリシャ語の教育、その後に二年間の歴史、哲学の教育、これがそこでの教育の中心だった。その後一九世紀に入って、二つの重要な変化が起こった。第一が自然科学の学科の登場であり、それは緩やかにカレッジのなかに入っていった。第二が成績主義への移行で、学生の選抜と教師の選抜の両方に成績主義が取り入れられていった。

自然科学とアーツは、意思決定の権力を握る二人の巨人として登場した。自然科学の教員は大学本部で選考され、アーツの教員はカレッジで選考されるのが慣行となっていた。こうしたなかで、社会科学はアーツの下位部門として位置づけられ、その教員はカレッジで選ばれた。一九二〇年代には政治哲学・経済学の学位が作られたが、一九六二年まで社会学は学部段階のカリキュラムからは除外されていた。

著名人E・E・エヴァンス・プリッチャード（一九〇二〜一九七三）の主催する社会人類学研究所は、一九三〇年代に設置されたが、これもまた学部教育からは締めだされていた。カレッジは増加する学生と教員を受け入れる必要があったため、一九五〇年代の社会学がカリキュラムのなかに含められる可能性はなかった。一九六〇年に私が受けた説明では、ヒュー・トレヴァー・ロウパー（一九一四〜二〇〇三。近代史の教授、ディクル卿、ピーターハウスの学長）は、自分の遺体を乗り越えない限り、社会学がオックスフォードに入ってくることはないといったという。社会学を好意的に見る人々は、この二つのドラマができるだけ早く起こることを期待したという。

それではどうして二〇世紀の近代社会で社会学が導入されたのだろうか。そこには四つの力が働き、それが社会学の将来を決めた。第一に社会学は教育されていなかったが、社会学の研究活動はすでに実践されていた。セント・アンヌ・カレッジのヴァイオレット・バトラー（一八八四〜一九八二）は、オックスフォードの社会調査を実施した（Butler, 1912）。セント・ジョンズ・カレッジのシドニー・

バール（一八五七～一九一八）とバリオール・カレッジのA・L・スミスは一九〇八年の報告書「オックスフォードと労働者教育」*Report on Oxford and Working-Class Education* の署名者である。またG・D・H・コール（一八八九～一九五九）は「彼の影響力がもっとも高まった時期にオックスフォードにおり、バーネット・ハウスの柱の一つとなった」（Asa Briggs, in Halsey, 1976）。彼はまた一九五一年のイギリスの国勢調査を使った社会学的な階級分析を行い、一つの先例を示した。コールはナフィールド・カレッジの学長代行として影響力を発揮し、すでに第二次世界大戦中から戦後復興のアイディアを研究論文としてまとめていた。しかしジョン・レッドクリフ・モードの言葉を使えば「それはアマチュア的で、間違えが多く、未完成だった」。これが第二次世界大戦前の一〇年間にオックスフォードで行われた社会調査を記述した言葉である（Halsey, 1976：75）。

第二はバーネット・ハウスだった。これは一九一三年にケンブリッジのトインビー・ホールに対応するものとして設けられた。しかし戦間期のオックスフォードにとっては、あくまでも周辺的なセンターにすぎず、その目的は社会福祉士を養成することだった。その資格試験にはわずかだけ社会学が含まれていた。学生の多くは人文学か自然科学といった、別の学科からきた者だった。しかしバーネット・ハウスは、一九五八年には大学公認の学科となった。ただ学科長も講師もカレッジにはフェロー・ポストを持っておらず、ピーター・コリソンだけが唯一の社会学者だった。ただジョアン・ウッドワード（一九一六～一九七一）は産業社会学者として、一九六〇年代初期に非常勤ポストを持っていた。

第三が一九三〇年代にナフィールド卿の寄付で作られたナフィールド・カレッジだった。建物ができたのは戦争直後で、オックスフォード最初の社会研究専攻の大学院生用の男女共学のカレッジとなった。

このナフィールド・カレッジは一九五〇年代には新しい影響力を発揮し始め、ケンブリッジの応用経済学科のような近隣の学科をしのぐほどの力を発揮した。しかしここでも学部段階の教科としては位置づけられなかった。

決定的だったのは、第四の要因だった。哲学・政治学・経済学のコースに対する不満が高まり、社会研究委員会の提案を受けて、大学は社会学の論文を二つ学位試験に含める決定をした。ハルゼーはバーネット・ハウスの所長に選出され、リーズ大学のブライアン・ウィルソン（一九二六〜。宗教社会学者）が新しい社会学の准教授に選ばれた。彼等は協力してこの二つの論文を教えた。社会学の哲学士〔AB.Phil.（のちにM.Phil.）〕という学位が、社会政策学と社会行政学の科学修士（M.Sc.）とともに設定されることとなった。

一九六五年には、ケンブリッジから新たに着任した動物学の教授がハルゼーのところにきて、人間科学の学位を作ろうという話を持ちかけた（これは試験規定に入るまで六年かかった）。この試験科目には社会学と社会人類学の論文が含まれていた。その間に二人の政治学のフェローが社会学のチューターをしてもよいという合図を送ってきた。モードリン・カレッジのフランク・パーキンも、同じようなポストについた。

ハルゼーはナフィールドのフェローに選ばれた機会を利用して、社会学の発展のリードをとった。産業社会学の講師ポストを埋め、人口学のポストにはナフィールドのフェローを当てた。また四つのフェローつきの講師ポストが追加となった。このようにして、一九六〇年代の終わりには、バーネット・ハウス社会・行政学科はオックスフォードの社会学者のほとんどを取り込むとともに、さまざまなカレッジと関係を持つようになった。研究員が採用され、今やオックスフォード公認の完全な学科として、社会学と社会政策学の研究プロジェクトを支えるようになった。

この間にナフィールド・カレッジの社会学もまた発展していった。すでに述べたように、バーネット・ハウスにつけられたフェロー（カレッジのポストではなく、大学のポストとして）のほかに、カレッジがその資産を使って「正式の」フェロー・ポストを作った。これは研究のための講座で、大学で教える義務はなかった。こうしてナフィールドの社会学のフェロー達は、カレッジの経済学グループ、政治学グループと並んで、第三のグループを作っていった。このグループはただ形として作られただけではなく、カレッジや社会科学部や大学のなかで大きな存在感を示すようになった。その結果、政治学の教授ブライアン・バリー（一九三六～二〇〇九）のような、社会学以外の著名人の関心を引きつけ、協力関係を結ぶまでになった（Hayward *et al.*, 1999 : 426）。

しかし、依然として学部課程には入り込めず、研究活動だけが栄えた。一九六〇年代に採用された一六人の社会学者のうち、わずか二人が、現在の正確な業績規準を充たしているだけだった。このようにナフィールド・カレッジ、バーネット・ハウスを通じて、オックスフォードは社会制度を対象とする経験的な研究を行うセンターとして名を高めていった。社会学理論と経験的な調査方法とが、「プラスの形」で結合し、社会学を発展させつつある場所として認められていった。

社会科学研究審議会

社会学拡大のもう一つの側面は（それは原因であるとともに結果でもあったが）、社会科学研究審議会の創設であった。一九四六年のクラパム報告は社会研究のための予算増額には好意的だったが、社会科学研究審議会の創設には反対だった。その理由は大学の社会科学者はまだ数も少なく、忙しすぎるという理由だった。事実、一九四五年時点で見ると、社会科学の教授は三五人しかいなかった（経済学、経済史、人類学、産業関係、社会科学、社会心理学、人口学、経済統計学、商業、政治科学、社会学といったさまざまな名称を全部含めてのこと。そのうち社会学は二講座しかなかった）。

ところが一九六五年までには、これと同じ分類による社会科学の教授は約二〇〇人に増加していた。もはや「クラパムの反対」（まだ規模が小さすぎるという反対）の理由は取り除かれ、ヘイワース卿の委員長のもとで、全党一致で保守党政権下で社会科学研究審議会が設置されることとなった。一九六四年、ウィルソンの労働党が政権を取り、アンソニー・クロスランド（一九一八〜一九七七）が教育大臣に任命された。マイケル・ヤングが新たな社会科学研究審議会の初代委員長となり、政府の支援を受けて社会科学の発展が始まった。

彼を秘書として支えたのがアルバート・チェーンスだった。彼はヘイワース委員会の秘書、また政府の科学産業研究局の人間科学部長として働いていたので、社会調査のことはよく知っていた。ヘイワースは一九四二年から一九六〇までユニリヴァー社（一九二九年に石鹸会社とマーガリン会社が合併してできた企業）の会長を務めた社会調査の熱心な支持者で、リヴァーフーム財団（石鹸製造で成功したリヴァー社が立ち上げた財団）の理事長を二一年間勤め、社会科学を財政的に支援した。

彼は実際的な人間で、社会科学がまだ確たる地位を占めていなかった戦間期に、ユニリヴァー社を通じて著名人となった。その当時、政府の側も政府の支配下にある側も、基本的にはアマチュアで、政治家や官僚のほうが知恵を持っていた。それに時々、ケインズとかベヴァリッジといった学界の著名人が国会や政府に影響を与えるだけだった。これら実務家が社会学、経済学、政治学を学び取ったのは、実務家としての経験からであり、聖書からであり、古典のなかに含まれている暗示からだった。

ビジネスマンとしての経験からヘイワースは、たとえば、一人当たり石鹸の売上高が、その国の文明の程度を測る信頼できる指標だと一般化することができた。しかし彼は実務家でありながら、思慮深い人物で、社会が複雑になり、不安定になればなるほど、組織的で継続的な社会研究が必要になることを理解していた。そこで彼は大学補助金委員会のほかに、もう一つのバッファ機関を作ることを提案した。そしてイギリスの伝統に従って、公費による活動はその資金を受け取る人々によって統制されるべきだとした。つまりその運営を専門社会科学者の手に任せた。

一九六五年のヘイワース委員会の結論は、社会研究を支援する研究審議会の設置であった。とくに急速な学生の需要の増加に応じて、大学での経済学、政治学、社会学の教育を拡大させることが目的となった。たしかに社会科学研究審議会に割り当てられる予算は、長い歴史を持つ自然科学や医学の研究審議会にくらべれば少なかった。しかし独立した研究審議会ができることによって、政治からのコントロールから免れることができた。それがイギリスの伝統のやり方であった。

ところが、それから一九六八年の五月事件（学園紛争）が起こった。一九六八年になって初めて、イギリスを含む多くの国は、破壊力を持った怒れる若者が、既成の社会秩序に挑戦するための用語として、社会科学を利用する時代が到来したことを知らされた。納税者の金で学べる身分にありながら、学生達は社会学の専門用語を使って、郊外文化への志願者としてではなく、それへの反逆者として登場するようになった。この点は6章でふれる。

社会科学と政府

伝統的に自然科学者達はインフォーマルな結びつきや、政治家達の相談相手として、政府との接触点を持っていた。しかし二〇世紀に入ると、両者の関係は変化していった。その変化の背後にあったのは、戦争と軍事技術の進歩であり、さらには政府が産業技術の効率化や科学者や技術者の供給に関心を持つようになったためである。しかしこうした関心はやがて時代とともに、エコロジーとか「環境」へと移っていった。

公的な仕組みも、軍事・政治への関心の高まりとともに整備され、一九五〇年代に入ると、アメリカは科学諮問委員会を立ち上げた。その関心の中心は、次々登場する軍事技術革命の意味を正確に把握することであり、それとともに大学での基礎科学研究を強化することであった。これに対応してイギリスは一九四七年に科学政策諮問審議会を立ち上げ、一九五九年にイギリス史上、最初の科学大臣を任命した。フランスでは一九五八年から各省を跨ぐ委員会を立ち上げ、科学技術諮問委員会を作った。このようにしてイギリスでは特定の大物学識者の助言に頼るのではなく、審議会や委員会を使って専門的な助言と政策決定とを結びつけることとなった。これがやがて「科学政策」と呼ばれるものになった。その間に先進国では、政府支出の研究開発費は、国民総生産の三％から四％を占めるまでに増加した。

第二次世界大戦後になると、社会科学がそれと同じ道を辿るようになった。科学の経済学（科学への投資がどれほどの経済価値を生むかを研究する経済学）が発展したこと、それと並んで経済社会計画を立てるには、当然のことながら社会科学を基礎にしなければならなかったためである。

こうした変化のなかから、新しい行政のスタイルが登場し、それが大きな意味を持つようになった。つまり実験的な公共政策の形成である。こうした政策形成への社会科学の参加は、ルーズヴェルト時代のアメリカでは最盛期を迎えていた。第二次世界大戦後になると、政府はどこでも経済成長の経営にますます明確な責任を持つようになった。

しかし経済学者が政府へ参加できたのは、ある目的を達成するには、どのような手段をとるのがよいのか、専門経済学者の間で一般的な合意があったからである。またそれと並んで、彼等がどれほど目標に近づいているのか、それを測定する技術を持っていたからである。その後、今度は社会学者が政策策定に関わるようになったが、これは政府の関心が生産ばかりでなく分配に、経済進歩だけでなく社会秩序に移ったことを意味している。

もともと社会科学は、その政治目標としては社会変化をめざし、場合によってはラディカルな目標を抱いている場合もある。だが社会科学を役立てるとすれば、すでにでき上がっている政治的な合意にそう形で役立てることが基本的な前提になる。

一九六〇年代に流行ったのは、アクション・リサーチだったが、それは難しかった。その実験場はごく自然の場面で、実験室のように統制が取れた場面ではなかった。プロジェクトとして選ばれた領域には、科学的な決定要素ばかりでなく、政治的な要素が含まれていた。アクションがめざすべき結果は、しばしば正確には定義されていなかったし、正確な測定を行おうとすると、いつでも抵抗が生じた。インプットは完全には統制されておらず、インプット・アウトプットの関係もまたはっきりしていなかった。果たして社会科学者が、この課題に耐えられる知的な道具を持っていたかどうか、あるいは十分な数の社会科学者がいたかどうかは疑わしい。しかしこの挑戦に抵抗することは難しかった。それは社会科学者が社会政策の策定に参加し、その目標を定義し、資金とその配分計画を立て、その結果を測定することに参加することを意味していた。

教育優先地域計画（the Educational Priority Area Projects：EPA. 一九六七年のプラウデン委員会の初等教育に関する勧告を受けて、不利な環境に置かれた児童達に特別予算を投じて、積極的に引き上げることを目的に設定された地域）と地域社会発展計画（Community Development Projects：CDP）の場合には、まずは貧困についての一つの仮説を設定し、それを都市郊外という具体的な実際場面でテストする必要があった。

しかし理論上の問題よりも、政治上の難しさのほうが、はるかに厄介だった。アクション・リサーチとはその定義からして、予見できないことが起こる企画だった。先の見えないことは、政治的には危険なことだった。社会サービスの向上や学校の改善が、必ずしも大衆に満足感を与えるとは限らない。その効果は教室内とか、診療所とか、保護施設の中だけに閉じ込めておくことはできない。こうした背景のなかで行われる地域開発は、ともすると市役所や国会議事堂に向けてのデモを呼び起こし、社会科学者を掃きだしかねなかった。政府の資金で行われる実験、しかも社会科学者が依拠する貧困理論は、場合によっては彼等の政治上の主人には受け入れがたい政治行動を生みだすこともあった。別な言い方をすれば、実験的な社会行政とは、既成の政治構造を合法的に利用することによって、福祉国家が達成できるかどうかをテストするのに似ていた。

そこでは社会科学と社会政策との新しい関係が前提とされていた。つまり、政治上の目標は社会科学的な実験を通じて実現されるべきだという前提である。それと比較すると、伝統的な改革モードとは、いかがわしい薬を処方するのに似ていた。これを使えば、目標とする社会的病気を取り除けるというのだが、その効果のほどは誰にもわからなかった。しかしこうした新たなアプローチは、改めて自分達の無知を気付かせてくれた。政治家は実験的に作られた場面での計画策定には関わろうとしたが、いったん社会科学的に妥当な規準で、効果なしと判定されると、容易に他の計画に乗り換えた。

こうしたやり方によって、行政官が込み入った問題から解放されたことは、いくら強調しても強調しすぎることはない。これは彼等にとっては、担当大臣と新しい関係も持てるようになったことを意味していた。つまり消極的な責任に代わって積極的な責任がとれるようになった。それは彼等にとっては、これまで経験したことのなかったことである。またそれは大学の社会科学者との協力関係を強化することとなった。この知的な交流は両者にとって大きな利益となった。

しかし基本的な問題は残された。こうした交流を通じて明らかになったのは、社会科学者を医療の診断専門家のように見立てることができない「社会問題」があるという事実である。こうしたモデルは、いわば医者が健康とはこういうものだという合意を、医学から引きだせるように、社会科学にも一致した社会的な目標があるという前提に立っている。そしてその目標めがけて社会科学理論を適用すればよいということが前提とされている。

しかしながら、もし社会問題がそういう性格のものだったら、政治家はいらなくなる。事実、「社会問題」という言葉は、背後に潜む政治社会的な利害対立を覆い隠すために用いられることが多い。社会秩序に対する批判者としての社会科学者という、古くからの役割は、社会科学者が行政に巻き込まれてもよい限界を定めている。それは政治的民主制が社会科学者の政策決定過程への参加に限定をかけているのと同じである。

政策研究と大学の拡大

第二次世界大戦後、イギリスの社会科学者の立場が変わったように見える。一九一九年の成立から一九八九年の解散まで、大学補助金審議会は大学と政府の間に立ち、両者の橋渡しとなるとともに、緩衝機関ともなった。大学の利害を議会に伝え、議会から大学を守ってきた。教育と研究という大学の「産出物」に対して、まるで服地とボタンのように、調和のとれた資金が、大学補助金委員会を通じて支給されてきた。教員の時間の半分は研究のためと見なされ、図書館や実験室のための資金は、学生数に比例して流れ込んできた。教員一人当たりの学生数は八人と、厳格に守られてきた。

こうした仕組みは、大学の利益と一致していた。一九五〇年代、六〇年代、少なくとも一九六八年の五月事件までは、ノエル・アナンが「教師の黄金時代」というラベルを貼ったように、大学は特権的な基盤の上に成り立った組織だった（Noel Annan, 1990：337）。しかし、他国から賞賛され、羨ましがられた魅力的な論理は、「一〇年に二倍」といった拡大時代をとうてい生き延びることができなかった。戦後の太陽燦々と輝く時代から始まり、ポリテクニクの受け入れ時代を経て、一九七三年以降の経済停滞期まで命を保つことはできなかった。

一九五〇年代、六〇年代は文字通りの黄金時代だった。基礎研究を含めたもろもろの研究には、国家からの資金投入が必要だということを、一般社会や政治家に信じ込ませるのに、科学者は何の苦労もいらなかった。技術発展（それから経済発展）は基礎的な発見の蓄積にかかっており、それには継続的な資金投入が必要だということは、改めて説明のいらない自明のことだった。大学は多数の研究者を育て、彼等に対する需要は、産業システムが研究に基礎づけられたものになればなるほど増えると想定されていた。一九六三年はハロルド・ウィルソンが「労働と科学革命」という有名な演説を行った年だった。この演説はイギリス産業で「白熱に輝く技術革命」が始まりつつあることを予告していた。研究は国家的な繁栄にとって欠かせないものであり、大学での教育にも欠かせないものと見られていた。

大学の常勤の教育研究スタッフは一九六〇年から一九七〇年までの一〇年間に倍増した。これは放送大学や外部資金で雇われている者を除外した数字である。一九五五年度から一九七二年度まで年間一〇%の比率で増えた。一九六〇年代には、拡大を続ける大学の期待に見合った、新たな教員を十分に供給することができた。教育と研究のバランスは、従来通りの水準に維持することができた。研究資金もまた今まで通り、研究審議会を通じて配分され（一九六三年のトレンド報告で組織替えがなされたが、設立の主旨の通り、政府からの独立が改めて確認された）、その配分額は実質価格で年率平均一〇％のテンポで増額されていった（Blume, 1982：11）。

さらにまた科学は、絶えず成長を続ける性格を持っているという信仰が広く受け入れられ（つまり同じテンポでの発見が続くには、それ以上のテンポでの資金の伸びが必要だという信仰。しばしば「精緻化」という言葉で表現された）、それが政府の科学政策のなかに具体化された。それではこの新たな科学研究の拡張期に、社会学はどのような運命を迎えたのであろうか？

マイケル・ヤング：社会科学研究審議会の初代会長

『メリトクラシーの勃興』*The Rise of the Meritocracy*（一九五八）の著者、マイケル・ヤングは、クロスランドのひらめきで会長に選ばれた。彼は社会企業家として、あるいは生産的な著作者として、さらには資金調達者として、目覚しい評価を獲得した。将来に目を向けよう。これがヤングがいつも唱えていたメッセージだった。これは一九四五年の総選挙の際、彼が労働党のために書いたマニフェストのタイトルだった。彼は二〇世紀イギリスの実践的な社会学者として輝いていた。

彼が八〇歳に達した一九九五年に、彼の輝かしい経歴を記念して『八〇歳にして若く』*Young at Eighty* というタイトルの記念誌が刊行された。それに引き続き二〇〇二年にはエイサ・ブリッグスによる伝記が出版された。そのなかで彼はこう形容された。

彼はつねにユートピアも求め続けた旅人であった。学校を設立し、政治経済計画（Political and Economic Planning：PEP）を策定し、労働党を創立し、地域研究所（the Institute of Community Studies：ICS）を立ち上げ、放送大学を創設し、更なる探検のために社会科学審議会を設立した。

伝記作家ブリッグスは、ヤングの手掛けた組織の創設、組織改革の記録を残し、このスーパーマンの多面的な人生に対する告別の辞をつけ加えている。読者はおそらく、一見するとしまりがないかと思えば、きわめて魅力的な話をするヤングの実像に当惑し、にわかには信じられない思いがすることだろう。ジョージ・オーウェルと同様、マイケル・ヤングもまた親友を近づけず、コネに発展しかねない関係は慎重に避けようとした。だから彼の伝記を書くことは難しかったことだろう。伝記作家のブリッグスがヤング当人から直接話を聞いたといっても、ほとんど証拠はないからである。彼は自分のプライベイトなことになると、悪評が立つほど無口だった。

だからヤングには「最後のヴィクトリア時代人」というあだ名をつけることができただろう。少なくとも良心的で、政府を完全には信じていなかったという意味でのヴィクトリア時代人だった。彼は研究面では、近代産業主義の下での都市環境の研究を進めた。ブリッグスの本を読んだ者は、どうしてヤングが社会学者になったのか、どうやって自分を社会学にあわせたのか、あるいはあわなかったのか、それを知りたくなることだろう。彼がすでに三〇歳代に入っていた一九五〇年以降に起こった社会学の爆発的な増加を、どう見ていたのか、知りたくなるだろう。

その答えの一つは、彼の政治遍歴のなかに見ることができる。学校時代リベラルだった彼は、第二次世界大戦前はボヘミアン・タイプの共産主義者となった。ところがその後、ティトマスがそうだったように、空爆されるロンドンを目の前にするうちに、労働党系の社会主義者に変わった。彼を強く印象づけたのは、人情味溢れるロンドン下町の人間関係だった。彼はその起源がどこにあるのかを探しだし、『ロンドン東部の家族と親族』*Family and Kinship in East London*（一九五七）として刊行した。この研究成果は彼の最初の社会学の古典となった。

伝記作家ブリッグスは、アロンがいった、イギリスの社会学は労働党の知的問題にとらわれているという言葉を引用している。まさしくヤングはその原型だった。家族こそ社会政策の鍵となる制度であると信じ、労働党の住宅政策に関心を寄せた。一九五一年には隣近所の社会主義こそが第三の力の中心になるという論文を発表した。つまりアメリカ的な物質主義に毒されず、ソ連の独裁制にも毒されない第三の道が必要だと説いた。彼はベスナル・グリーン（彼のフィールドだった）のなかに、逆境に立ち向かう人と人との共同生活と、分かちあいの伝統を発見した。それは拡大家族であり、母親と娘との強い絆で結ばれた共同生活であった。

ウィルモット、マリス、タウンゼンドの三人のピーターは、彼の後を追って、あの有名な（同時にさまざまな論争点を含んだ）地域研究所を始めた。ところが彼等のなかに社会学の理論や社会調査の手法を知っている者は誰もいなかった。彼等はティトマスからアイディアをえ、パークやバージェスなどのシカゴ学派の手法をシルズから学び取った。彼等はともにアカデミックな社会学者を疑い、むしろ敵意を持っていた。いいかえれば彼等は課外活動型の研究者であり、アマチュア人類学者だった。彼等が引用したのはジャーナリズムであり、標本計画も多変量解析も知らなかった（Platt, 1971）。タウンゼンドは「社会調査専門家の奇妙な数学」という言い方をした。これがアカデミックな社会学の統計学派の友人を作る上で妨げとなった。こうして社会科学の数学利用をめぐって、改めて論争が燃え上がった。

社会学者としてのヤングを要約すれば、彼はデイヴィッド・ヒュームの後継者だったといえる。人間生活の究極の動機は仲間意識だとする楽観主義者だった。この枠組みを使って見れば、彼の社会学とその社会活動は理解しやすい。彼は時代とともに歩いた人だった。われわれに必要なのは、ヤングのユートピアとデュルケームの夢を比較した本であろう。しかし問題は誰が書くのかである。ロックウッドかギデンズかそれともブルデューなのだろうか？　メリトクラシー後の社会はどうなるのだろうか？

彼は大学では教育社会学者、地域社会学者として知られていた。彼はつねに家族、近隣、学校、大学での教育的な側面に目を配っていた。彼は労働や余暇や定年後の生活のなかで起こる学習過程（知的・道徳的）に注目していた。文字通り、揺り篭から墓場までのすべての経験の教育的な側面に注目していた。彼から見れば、パブ、街頭、劇場、休暇もまた学校だった。ロベン島での休暇もその一部だった。

だから一九九四年ケープタウンを訪問した時、これらのすべてが、南アフリカのオープン・ユニヴァーシティの一部になりうると見たのである。母親も仲間も社会福祉士も、正式の講師や教員とともに、教育者のネットワークのなかに含まれていた。だから彼の目標は、およそ考えられる限りの広がりを持っていた。ただ初期の頃には、教会、礼拝堂、ボランティア組織（スカウト、組合、生協、サイクリング・クラブなど）の教育上の可能性には気付かなかったように見える。しかし彼はそれ以外に無視したものはなかった。彼はさまざまな活動全体を視野に入れていた。それらすべてが人間の能力を開発する源泉だと信じていた。人間の発明、創造、協力の無限の可能性が、いたるところにあると信じていた。

彼の社会エンジニアとしての才能は、並外れていた。しかし彼は哲学者でもなければ数学者でもなかった。もし自分を哲学者だと考えていたら、自分のしていることは、自由、平等、博愛のバランスを最大にすることだと見ただろう。彼はジョン・ロールズ（一九二一〜二〇〇二。『正義論』の著者）以前のロールズ主義者だった。それはつまるところ、戦後の労働党の計画だった。しかし彼は本能を働かせながら政治組織を動かそうとした。自由も平等も博愛も、どれか一つが完全に優勢になることを避けようとした。

またもし彼が数学者だったならば、彼のメリトクラシーのアイディアをもとにして、精巧な発生学的心理学的社会学的な選抜理論を作り上げたことだろう。すでに知能はさまざまな要因で決まるとする優生学運動が起こっていた。社会移動の経路を決める上で知能がいかなる役割を果たしているのか、中世社会の身分制度とは異なったメリトクラティックな社会に変わる上で、労働と教育がいかなる役割を果たしているのか、それも次第に明らかになりつつあった。

ところがマイケル・ヤングは今でも有名な公式IQ＋E＝Mを、読者に残しただけだった。つまり業績（M）とは知能（IQ）と努力（E）を足したものだというのである。社会学から見れば、これは良い枠組みかもしれないが、これらの変数はどうやって測定したらよいのかがわからない。だからそこから誰でも同意する政策を導きだすことができない。しかし議論を深め、広める上では意義があった。

結局のところ、この命題によれば、革命も反革命も心理測定学の進歩次第ということになる。学校内での進級、学校から労働への移行、その後の昇進も心理測定学の進歩次第ということになる。『メリトクラシー』*Meritocracy* を書いた時のヤングは、全国の各地に成人教育センターの網を張りめぐらせる構想を抱いていた。そのセンターにはテストの記録が保存され、頭が良くても怠け者は排除され、勤勉な学生には第二、第三の機会が永遠に与えられることになっていた。もともと方程式が単純であればあるほど、複雑な政策論争を引き起こすに適していた。その時始まった論争は未だに決着がついていない(Halsey, in Dench *et al.*, 1995)。

このようにして社会学は上昇期を迎え、社会科学研究審議会を通じて大学院生の養成が強化された(一九六八年には九〇一人の大学院生に奨学金が授与された)。中央での政策策定に研究支援が必要だという認識が作られた。こうしてヤングは教育優先地域計画をスタートさせ、エセックス大学にデータバンクを作った(Halsey, 1972)。ヤングは社会科学研究審議会を一九六九年に引退し、アンドリュー・シェーンフィールドが後を継いだ。そして一九七一年にロビン・マシューズが後継者となり、黄金時代の終末を迎えるはめとなった。その点は7章で見ることにしよう。

結　論

イギリスの大学はこの二五年間、予期しなかったほどの拡張を体験した。なかでも社会科学は優先され、とくに社会学は学生定員、研究費、終身ポストの面で優遇された。それは文字通りの黄金時代だった。

イギリス、スコットランド、ウェールズ各地の大学で、社会学科の新設が相次いだ。こうした発展とともに、社会学に対して今なお頑固な疑惑を抱くオックスフォード、ケンブリッジの内部にまで、抵抗の砦を作ることに成功した。社会学は教育面でも研究面でも大きな貢献をした。それとともに理論研究対実証研究の対立が起こった。ロンドン経済政治学院でもエセックスでも、そのほか社会学を取り入れた大学ではどこでも、学内対立が発生した。卒業生の数は倍増し、大学の空きポストを埋めるだけでなく、官庁、福祉サービス、産業、さまざまな分野に進出していった。しかしやがて、社会行政学や社会政策学がそれぞれ独立した学問分野として社会学から分離する時代がやってきた。

最後に一九六五年からは政府は社会科学に研究資金を配分する機構として社会科学研究審議会を作り上げた。社会学は拡大し、確立し、研究資金を獲得していった。一九六〇年代末から七〇年代初頭にかけての学園紛争以前は、よい時代が続いたが、それを境としてその将来は危うくなりだした。

6章

学生反乱期の社会学

いつの時代でも、若者は新しい理想や改革に敏感に反応する。それがしばしば暴力的な感情を伴うこともある。いつの時代でも若者は、社会によって選抜される。その規準が精神的、肉体的な能力のこともあるし、親の特権だった時代もあった。しかし近年では頭脳がどれだけ優れているかで選ばれるようになった。こうして選ばれた者が大学に入ってくるようになった。

大学の歴史は、同時に反乱の歴史でもある。暴力は政治左派だけのものではない。第一次世界大戦と第二次世界大戦の間のドイツの大学は、残酷な反ユダヤ主義を唱えるナチスによって支配された。一八七〇年、バクーニンはロシアには四万人の革命派学生がいるという報告を送ったが、それを見てエンゲルスはマルクスにこう警告している。

これほど恐ろしいことが、世の中にあるだろうか。西ヨーロッパの運動を破滅に追いやるものがあるとすれば、この四万人の教育のある、野心的で飢えたロシアのニヒリスト達が流れ込んできた時だ。彼等のすべてが軍隊を持たない指揮官候補生である（Avineri, 1967 : 154）。

この章では一九六八年の「五月事件」と呼ばれる事件の原因と結果を扱うことにする。しかし事件はすでに一九六四年のアメリカのバークレイで始まっており、その後一九七〇年代に入っても、散発的にまだ続いた。事件を語るといっても原因の部分は短く、結果の方が長くなる。またここではイギリスでの事件を語るが、それはもともと国境を越えた事件で、大部分はアメリカのバークレイ、フランスのナンテールから輸入されたものであった。また7章では、どの程度まで社会学そのものに原因があったのかを検討し、その結果が二〇世紀末の社会学をどのように変えたかを述べることとする。

イギリスの学生生活は一二世紀から二一世紀にいたるまで、比較的に穏やかだった。たしかに一二世紀パリで頻発した「国民団」同士（出身地ごとの学生集団）の対立を無視することはできない。また一三四一年の聖スコラスチカの日にオックスフォードで起こった、町民による学生の大量殺害や、一六世紀の学生の討論がしばしば、最後は議論によってではなく、剣で決着がついたことを無視するわけではない。またチューダー朝時代（一五～一六世紀）のオックスフォードの通りが、静寂に満ちていたとはとうていいえなかったというマコニカの判定を否定するわけではない。

まず想像すべきことは、学生達はカレッジを取り巻く壁によって暴力から防御されていたという事実である。しかし多くの記録がこうした想像とは違った事実を伝えている。「暴力の行使はすべての階層を通じて共通していた。オックスフォードの学者達の行動が、いかに田舎の富豪層と似ていたことか」

とマコニカは指摘している（McConica, 1986：660）。もっと最近の事例をあげれば、第一次世界大戦前の学生の馬鹿騒ぎを、ヒレール・ベロック（一八七〇〜一九五三。イギリス・フランスで活躍した文学者。オックスフォード卒）が手厳しく批判をしている。

いくら上流階級出身とはいえ、まるでガラスが割れる時の音と同じだ。

しかし学生生活が「平和」だったことは、一九世紀末から二〇世紀初頭にかけて、ニューマンの「イギリスの大学の理想」が登場したことが、雄弁に物語っている。中世から続く共餐の習慣（カレッジでは教師と学生が食事をともにした）、支配階級のための人間中心主義の教育、伝統的な教育制度は、教える者と教わる者との最大限の連帯を可能とした。その時代にはまだ大学管理機関など分かれておらず、個人指導、少人数の指導学生、日常生活の共有によって、教師学生間には緊密な人間関係ができ上がっていた。

ところが学問の専門分化が進行し、新たな専門職や高度化した産業社会の経営者養成のために、入学する学生の出身階層が広がるにつれて、学生の雰囲気が変わりだした。それとともに親代わりとか未成年者扱いといった伝統が放棄され、投票権が二一歳から一八歳へと引き下げられるにつれて、ニューマンの「大学の理想」が描きだした学生生活は姿を消していった。

一九六〇年代までには、イギリスは高度産業社会へ変質し、大学の性格もまた変わった。それはまず大学の拡大と学問の専門化となって現れ、自然科学を選ぶ学生の増加となって現れた。学生の出身基盤が広がるにつれて、カレッジ内の人間関係もまた薄まった。もちろん古い伝統を守ろうとする抵抗が起こり、オックフォードとケンブリッジでは成功したものの、ブルース・トルースコット（一九四五）が赤煉瓦大学と形容した大学（一九世紀に地方産業都市に作られた私立大学。市民大学とも呼ばれた）では成功しなかった。ブルース・トルースコットの表現を使えば、それらの新大学は古典大学のまがい物でしかなかった。

さらにまたアンソニー・クロスランドが学位授与権を持った「独立した」大学（オックスフォード、ケンブリッジなどの固有資産で経営された私立大学のこと）に対抗して作りだした専門工業カレッジやポリテクニクなどの「公立セクター」（固有資産を持たず、税金の投入によって運営された学校。これらのカレッジが一九九二年には大学に昇格した）では、伝統に対する抵抗などほとんどなかった。

古くからの伝統によれば、大学とはイギリス国教会の牧師か専門職か企業経営層になるための準備学校であり、支配階級の育成機関であり、上流階級の最終学校と見られていた。ところが今や経済的な国際競争に生き残るための職業訓練学校となり、「世界クラス」の人材をえり分ける機関となった。また大学の実験室は、商品価値を生む技術革新の源泉と見られるようになった。スキルを持った人材は、この現代では希少財となった。

こうした文脈のなかで、大学は職業機会を提供する「システム」の代表となり、同時にまた政治、宗教、性について対立しあう価値観の混合体ともなった。若者はこうしたさまざまな価値観のなかから、どれかを選んで、自分の人生と暮らし方を作りださねばならなくなった。ただイギリスでは、アメリカのカリフォルニア大学総長クラーク・カー（一九六三）が「マルティヴァーシティ」（多様な役割を担う巨大大学のこと）と名付けた大衆高等教育のような組織変化はまだ起こっていなかった。アメリカのバークレイでは、多くの学生が「われわれはIBMカードではない」と抗議したが、そのような官僚化はまだイギリスでは進んでいなかった。ロンドン大学だけが、ミシガン大学やモスクワ大学やソルボンヌの規模に近づきつつあっただけである。

一九六七年二月三日の週には三つの事件が起こった。第一にラディカル学生連合（the Radical Student Alliance：RSA）が結成され、第二にロンドン経済政治学院では学生集会禁止命令に抗議するデモが起こった（ウォルター・アダムス博士の学長就任に反対する集会だった。そのなかで、守衛が心臓発作で死亡した）。第三に留学生から授業料を徴収するという政府決定に抗議するため、四千人の学生が議会に押しかけた。ところが、これを報道する新聞の記事によって、最初の事件が他の二つの事件と関係づけられることとなった。

ロンドン経済政治学院での事件は、少なくともこの学院だけの特殊事情から起こった事件にすぎなかった。ロンドン経済政治学院はイギリスでは特異な位置を占めており、放送大学が開設されるまでは、ヴィクトリア時代以降初めて登場した「新しい大学」であった。この「学院」にはいつも少数の政治的思想的な傾向を持った左翼学生が集まってきた。彼等は政治思想を直接行動として表現したがっていた。それだけに「学院」の環境や教師に容易に失望感を抱く傾向があった。これらの若者達は学院伝統の多人種構成を誇りとしていた。

事実はどうあれ、彼等は人種差別に極度に反対する人物以外が学長になることを、「学院」の伝統に対する裏切りと見る傾向があった。それと同時に、この「学院」もまた次第に多数のなかの匿名性が強まるアメリカ形の「マルティヴァーシティ」に近づきつつあった。

初めはあまり明らかではなかったが、そのうちに留学生からの授業料徴収問題がラディカル学生連合の掲げる「学生間の連帯」というスローガンと密接に結びついていることが見えてきた。他方、「学院」の教員達は、どうやって収入増を計るか、その方策に心を奪われていた。だからこうした学生の反対は、大学の自治に対する干渉だと見た。ところが学生の側は、これは彼等自身に支払われる返還不要な奨学金の一部（あるいは全額）を、返済必要なローンに切り替えるための前触れと見ていた。「学院」側は、この増収はイギリス人学生にとっては利益になると説明したが、こうした説明は学生達には通用しなかった。学生達は主張した。イギリスで学んでいる外国人よりも、外国で学んでいるイギリス人のほうが多いではないか。これは秘かに進められている対外援助カットの一貫であり、国際的な原則に関わる問題である。それだけでなく、これは高等教育の拡大と合理化を通じて、職業教育的な傾向を強化しようとする政府の方針の反映に他ならない、と主張した。

同時に大学セクターと非大学セクター（ポリテクニクなどの学位授与権を持たない大学）の二元制度もまた批判の標的とされた。教育大臣クロスランドは進歩的な教育機会拡大推進論者として、中等教育段階での不公平な差別を撤廃したが、その代替物として高等教育に二元制度を持ち込んだと批判された。こうした展開はすべて、大学の伝統的な自由を、複雑で技術的に計画化された社会に従属させるものと理解された。それはアメリカの批判勢力が「マルティヴァーシティ」を産業組織に取り込まれた制度と批判したのとよく似ていた。

初めのうちは、学生等の目標に大きな幅があったが、次第に一つにまとまっていった。しかしラディカル学生連合と全国学生組合（the National Union of Students：NUS）との間では、目標達成の方法論をめぐって議論が生じた。前者は「草の根方式」を主張し、デモと請願によって学生大衆を動員しようとした。それに対して後者は政治家との個人的な接触を取ることを求めた。

ロビンズ報告以後の学生数の増加は、学生達の社会的な環境を変えた。第二次世界大戦前は、同じ年齢のわずか二・七％しか大学に進学しなかった。しかし一九六七年にはそれが一一％にまで上昇した。大学生達は依然としてエリート・グループだったとはいえ、その進路は大きく変化した。大学はもはやエリート的な専門職をそのまま保障する場ではなくなっていた。今や大量の、しかもそれほどよく選抜されたわけではないグループが、学位を求めて大学にやってきた。戦前の大学は主に法律、医療、教会、官庁に入るための準備教育を与えていた。しかし現代の大学では、大部分の学生の将来目標は企業に就職するか、あるいは大学のポストをえるか、になっている。

大学の社会的な機能の変化は、新たな学科の登場となって現れた。たとえば社会学がそうだが、この学問分野は今なお職業上の必要性とは結びついていない。「学院」での反乱の指導者のなかに、社会学科の学生が多かったことは注目に値する。学生の出身階層が変わり、卒業後の進路が変わるとともに、「イギリスの大学の理想」という伝統に対する本質的な挑戦が登場した。ラディカルな学生達はこう理解した。今や高等教育は産業発展が求めるマンパワー需要に従属させられている、それが地方でも全国的にも同じような葛藤を呼び起こしているのだ。

こうしてロンドン経済政治学院という、ごく小さな所で発生した事件が、広く全国に報道されることとなった。もともと要求は小さく、不満といってもせいぜい「リベラル」な性格のものだった（学長候補者が歓迎できないとか、学生の言論の自由が制約されたとか、問題の発端は局所的だった。しかし選出された学長候補者が犠牲となった)。肝心なのは、「学院」の管理構造そのものに問題があるという思いが、次第に学生間に広まった点である。つまりそのシラバスの構成に問題があり、次第に広がる政治的社会的な変化にシラバスがついていっていない点を学生は問題とした。しかしこの混乱そのものの姿を見ればわかるように、それはあくまでロンドン経済政治学院に限られたことに原因があった。つまり事件そのものは大々的に報道されたが、あくまでも「学院」という小さな世界での問題にすぎなかった。

さまざまな要因が関係していたが、新聞だけが「紛争の原因」と報じた一つに、「学院」の学生の特別の性格が含まれていた。それと学院の独特な管理組織も関係していた。つまりロンドン経済政治学院では、学長にすべての権限を集中させる機構になっていたが、学長はすべての時間を「学院」の仕事に使うわけではなかった。歴代の学長の大部分は外の企業と契約を結んでおり、そのためラディカルな学生達がめざす方向に対しては、特異な立場をとることになった。「学院」の施設面での条件もまた紛争に影響していた。ビルは狭く、いつも混雑していた。教師と学生との接触は限られていた。その上に大学管理機構の戦略上のミスも関係していた。

たしかにそこには学院特有な事情がいくつもあったが、しかし事件そのものは多くの大学に共通していると、学生は見ようとした。「学院」の学生も他大学の学生でも、ラディカルな学生はこうした学院固有の事情を「原因」とは見ずに、たまたまロンドン経済政治学院で見えやすい形で現れているだけで、他の大学でも同じだと解釈した。

政治活動家に社会科学専攻学生が多かった理由は、あらためて説明するまでもない。高校時代から、そうした分野に関心を持った学生が集まってくるのが、社会科学部の特徴だった。教師もまたそうした分野に関心を持っており、こうした学生と教師が集まれば、特定の政治思想が強まるのは当然だった。しかしイギリスの場合社会学は、こうした若者の政治意識の乗り物としては一番新しい分野だった。もう一つ理由を上げれば、若者の周辺化が進んだこと、社会移動とともに文化格差を敏感に感じ取った学生が多く、それがラディカルな傾向を強めたと考えられる。しかしいずれにしても、複雑な関係がそこにはあった。

「学院」でのシット・イン（座り込みデモ）の特徴は、他大学からの派遣部隊が多かったことで、抗議のデモにも多くの派遣部隊が加わった。状況の定義づけは外国人学生、それもアメリカ人学生から「輸入された」。しかしそれは十分に理解できる部分を含んでいた。彼等こそがイギリス政府の高等教育政策（外国人学生から授業料を徴収する政策）の被害者になりかねなかったからである。しかしその反面、アメリカ人学生はあまり「学院」での混乱に巻き込まれたくなかった。たとえば、休暇中の学院のビルの内部で開催されていた「自由大学」は、もともとアメリカ人卒業生によって組織され維持されてきた活動だった。休暇中もずっとシット・インを継続するという極端な要求を受け入れると、この「自由大学」は活動できなくなってしまう。アメリカ人学生からすれば、それはもはや闘争ではなく、単なる引きこもりにしか見えなかった。

また初期の段階では、学生の不満はシラバスの内容やその調整に向けられていた。アダムス学長問題が始まる以前に、学生組合は一人の経済学の講師の排除を求めていた。それは教育内容をめぐる意見対立があったことを示している。

学生反乱そのものの姿を見ればわかるように、それに加わったラディカル学生の「政治文化」が反映されていた。彼等の所属する大学はさまざまだったし、その組織間の連携もまた同様であったが、彼等は共通した政治文化を持っていた。ラディカル学生連合を構成するさまざまなグループをとってみても、所属大学で政治的対応が分かれるような傾向はまったく見られなかった。そこにはさまざまな学生グループがあったが、それぞれの組織に辿りつく前に、彼等学生はすでに共通した政治背景を持っていた。ラディカル学生連合の設立総会で、ある学生はこういった。「われわれは今や新左翼という政治の歯が生え始めている」。

こうした高等教育の変化は、かつてのイギリスの伝統的な大学観を突き崩し、学生の行動を統制する規範を壊し始めた。しかし、それに代わる新しい大学観は未だ姿を表していなかった。ただ「テクノクラート型」の改革に対抗する目的で、伝統的な理想を左翼エリート路線を使って擁護しようとする動きはあった。しかしこうした構想の政治的組織的結果は、「アメリカ型」をとるか「フランス型」をとるかで違った結果となったことだろう。「フランス型」とは左翼学生の支配する「正式の」学生組合の立場で、多かれ少なかれマルクス主義を基礎とし、自分達を労働組合と見ていた。つまりそこには二つの異なった方向があったが、先はまだ見えていなかった。

ロビンズ勧告が採択されてから、大学人の大学拡張に対する意見は分かれた（Halsey and Trow, 1971）。しかし若者の苛立ちは強まった。一九六〇年代の後半、社会学それ自身が学園内の対立の真っ只中に立たされた。積極面を見れば、新左翼 *the left by newcomes* の登場によって、偶像破壊が復活し、パーソンズ流の合意よりも葛藤に対する関心が高まった。学生達は階級を基礎とする権威の支配に関心を集め、ミルズ（一九一六〜一九六二。『社会学的想像力』の著者）の社会批判的な想像力に関心を寄せ、フェミニズム的な見方が取り込まれた。否定面を見れば、社会学は一九六八年のパリの五月事件と結びつけられ、混乱の原因とはいわないまでも、その病原菌の感染者と見なされた。それ以降はマルクス主義とフェミニズム（この両者は互いに結びついている場合が多かった）の伝播者と見なされるようになった。

いったいこうした事態をどうやって説明したらよいのだろうか。おそらく一九六〇年代の社会学はあまりにも早く成長しすぎたからであろう。外から見ると、「社会の害毒」のように見えたことだろう。ことに一九八〇年代の経済自由主義を信じる政治家の内部に「モラル・パニック」に近いものを生みだしたのだろう。一九六〇年代の大学の拡大は、学生反乱という予期せざる（まったく前例がないわけではない）結果を招いた。社会学と社会学者は破壊と異議申立人の同意語と見なされた。それは原因でもあったし結果でもあった。いずれにしても、新保守主義的な政治の支持者の間で、社会学に対する敵意がもっとも強まった。マルコム・ブラドベリー（一九三二～二〇〇〇。作家兼教授。板ガラス大学の左翼教員を風刺した）の『歴史としての人間』*The History Man*（一九七五）は、キャンパスからそういったタイプの教師も学生も姿を消した後になっても、未だに借用証書を突きつけている。

しかし社会学が混乱の原因だったとする説は、根拠のない説明である。しかしそうはいっても、原因がなければ結果は起こらない。時々起こる学生の抗議と騒動は、昔からヨーロッパの大学にはつきものだった。しかしそれだけでなく、一九六〇年代末には他の大きな力が働いていた。アメリカではヴェトナム戦争と人種間の対立があった。一方ヨーロッパでは社会民主党政治のぱっとしない成果に対する苛立ちがあった。国際社会の掲げる崇高な理想と、戦争の非人間性との亀裂が次第に目立ち始めていた。第一世界の豊かさと第三世界の貧困とに対する罪悪感があった。あるいは独特な形で甘やかされた世代もまた、それなりの欲求不満を抱えていた。ロマンティックな憧れを抱いて大学にきたものの、そこでの生活は退屈か、あるいは就職のための競争が厳しく、そのギャップに学生達は不満を募らせた。

社会学者は二重の意味で祝福されなかった。社会学者は世間から期待を寄せられてはいたものの、それはあくまでも政治の副業として期待されたにすぎない。社会学は変化する世界を説明するために登場したのに、それを説明できないといって非難された。変化する社会こそ、彼等の職業を作ったはずなのに、その原因説明ができないといって非難された。これに加えて、一九六二年から一九六七年までの五年間に、イギリス全体で少なくとも二〇の社会学の教授ポストが作られた。この急速な拡大に人材の供給が追いつかなかった。要するに社会学は成金学問だった。そのミッションだけは熱気に溢れていたが、終身職にするには内容が乏しかった。突然の採用が進むとともに、冷ややかな視線にも晒された。

それはまさにデュルケームがいったアノミー現象だった。あるマルキストは、今や学生こそが労働者階級に代わって、世界革命の歴史的な使命を担わねばならないという言説を撒き散らした。未だかつて予想さえしなかった「反乱する」学生との対決を求められ、教師の怒りは頂点に達した。学生もまた未成年者の制約から解放されたとはいえ、そのためのリハーサルはできていなかった。どちらとも冷静な対応などできなかった。今からその当時の熱狂を再現することは難しい。突然の機会の拡大は、青年教師にとっては、混乱、慢性病、喜劇のすべてであった。

最近マンチェスターの社会学の講座に選ばれたピーター・ウースリーは、当時の状況をこう記録している。「ハルゼーが電話してきて、こういった。『だれか社会学を教えられる者がいるかね』、彼は答えた『ちょうどシカゴから帰ってきたのがいるが、彼はいいよ』『それでは彼にしよう』」（Mullen, 1987 :

62)。これが一九六〇年代半ばの市場の姿だった。需要は常識はずれに供給を超えていた。

一九五〇年代のロンドン経済政治学院での教育と研究は、こうした出来事のなかに位置づけて考える必要がある。彼等の間にあった民主的で平等主義的な傾向は、ロックウッドがパーソンズの機能主義を拒否したこと、ダーレンドルフが葛藤理論を拒否したことに、十分見ることができる。ところが一九五〇年代、六〇年代のロンドン経済政治学院卒業生の間では、次第にラディカルな影響が現れ、それが大学政治に反映され、量的な拡大とカリキュラム改革に反映された。

反実証主義の攻撃

5章に述べたように、一九五〇年代の卒業生はとうていありそうもない野心を充たすことができた。彼等の生みの親は、ロンドン経済政治学院であり、アトリー政権であった。彼等は地方出身者で、知的背景も文化的背景もまちまちだった。しかし社会思想を政治活動と結びつけようとしていた点では共通していた。彼等は学問のセンターを求めていた。しかしそれははっきり見えてはいなかった。おそらくその探求は成果を生まないまま終わったことだろう。ましてや、自分達がセンターになることは、もっと難しかった。一九七〇年代にはまだ制度上の拠点も理論上のセンターも見えていなかった。

しかしそれを探しだす航路は一九五〇年代には簡単だった。センターは西方のハーバード、コロンビア、シカゴにあった。そこからパーソンズ、マートン、シルズ、リースマンからなる正統な理論が、そしてラザースフェルドやストウファー（一九〇〇〜一九六〇）の計量的な分析方法が光を放っていた。

しかし一九七〇年代までには、組織的な正統理論も構造化された反論も姿を消した。バークレーは急上昇して急速に失墜した。各学派は支配権をめぐって戦い始め、社会学の帝国は首都を失った。それは無秩序な世界に引きこもった。しかしその反面では、社会史や言語学、政治学、社会人類学には、消すことのできない痕跡を残した。これらの分野は、ついこの前までは、社会学が付属物にしようとしていた領域だった。他方、フランクフルトの批判的社会学は、社会改革に向けての理性的な学問的な貢献という理想を掘り崩した。これこそが一九五〇年組がめざした政治的というよりも、学問的な役割だった。

ピースミール型社会工学は新マルクス主義からすれば、呪われた理論だった。実証主義とか忍耐強く頭数を数える作業は、知性の悪用と見なされ、学生達はそうラベルを張られた文献を読む義務から解放された。一九五〇年卒業組からすれば、専門的能力として不可欠と見られてきた方法を、学生は学ぶ義務から解放された。こうした超認識論的なニヒリズムと道徳的相対主義は、あらゆる者に対する尊敬心を奪い去った。後に残されたのは、資本主義社会に対する確信的な反対者だけであった。一九七五年にM・F・D・ヤング（社会科学研究審議会会長となったマイケル・ヤングとは別人）がナフィールド・カレッジに、「新しい教育社会学」のセミナーにやってきた。学生からの質問に答えて、ハルゼー、トロウ共著の『イギリスの大学人』*The British Academics*は「あまりにも実証的すぎる」ので、シラバスには加えないと答えたという。

このように無秩序にまで広がってしまった社会学のなかにあって（他ならぬ当人達がそれを作りだしたのだが）、こうした新たなラディカリズムの攻撃を生き延びることが、一九七〇年代のごく少数の同盟者の仕事となった。ある者はまったく活動しなくなったし、ある者は多忙な大学運営のなかに逃げ込んだ。しかし社会的事実を「もの」として研究することに可能性を見出そうとする者は、研究と教育を続けながら、その作業を続けた。

事物に対する時には、たとえ事実がいかなることを示そうとも、自分自身の恐怖心から生れる影響を排除しなければならない。たとえ世界が好意的で公平であっても、事実が示すことに対しては、自分の願望を反映させてはならない。たとえ科学の手続きとは、個々の活動やその実践者の範囲を超えて、主観性を消せば消すほど有効となる。たしかに主観性をゼロまで縮小させることは不可能である。とくに社会現象を研究する場合には、ある点以下にまで主観性を切り詰めることは難しい。ある種の研究者は科学の手続きをとっているかのように装いながら、そうでないことがよくある。つまり社会科学には、ウェーバーのいう価値自由はありえない。とくに何かが達成できたかどうかを記述するような時には、価値自由はありえない。つまりそれは努力の方向を示しているだけである(Dennis, 1980)。

科学的方法によって鍛えられた社会理想への参加。これが学院卒業者に専門的なポストを与えたとすれば、その学問上の後継者はどうなったのだろうか？　彼等が大学教員としてのキャリアを求め、社会学科を立ち上げようとする時、彼等の前には二種類のかなり違ったモデルがあった。

自然科学では先輩の権威と若手の模倣によって、理想的な組み合せができ上がる。その専門分野での知識の構造が、有効なコミュニケーション・システムを作っているからである。こうした条件の下では、研究に対する学問上の継承が確保でき、若手による革新も先輩世代の経験と知恵によって抑制される。これが訓練された学問というものである。科学は永久の革命であるが、ただし統制のとれた革命である。たとえ強力な先輩の偏見に支配されることがあっても、しばらく我慢していれば、新しい方向を切り開くチャンスがやってくる。その間に既存の方法、理論、技術を習得して、信用を築けばよい。彼等の世界には公共の言語があり、真理と虚偽を識別する共通の規準があり、個人の価値を測る公認された、個人感情に左右されない評価がある。

もう一つの学問のモデルは、アーツ（文芸）からくるもので、過去二〇〇〇年の伝統を持つ会話の価値を高める上で、優れた能力を示した学生には、特権としてある場所が提供される。その時の個人の優劣とは、特定の理論に批判的な貢献をしたかどうかではなく、知識の蓄積をどれだけ増やしたかによって決まる。しかしそれは一部分で、そのほかには、どのような方法を使ったかも関係してくる。そこで作りだされるのは、個人的な知識なので、評価という段になると個人による微妙な差が生まれる。これに対して、制度としての科学はさまざまな技術を作りだし、それを変えてゆく。スキルの陳腐化はつねに起こり、学者の研究能力にとっては破滅的な脅威となる。しかしアーツの世界では事実上そのようなことは起こりえない。

社会科学はこの二つの世界と二つの知識の定義の中間に位置している。一つは自然科学の知識に近く、もう一つは長い人類の会話の世界につながっている。どちらか一方が勝利を納めた場合には、きわめて悲惨な結果になるだろう。社会科学は人間の価値を扱うと同時に、人間の行動を説明しなければならないからである。たとえば、（自然科学での）蓄積型の理論とは違った知の歴史（インテレクチュアル・ヒストリー）に、どれだけ力点をおくべきか、しばしば議論になる。われわれは「創設者の名前を忘れたがらない科学は消滅する」という話を自然科学者からよく聞く。しかしそれと同時に建設の父の思想を知ることが、どれだけ学生を昂奮させるかも、よく知っている。

一九七五年までには、社会学と隣接する諸科学は、理論においても方法においても、混乱状態に陥った。社会学はもはや一つの学問ではなくなった。社会学を蓄積型であるとともに説明型にすることをめざした人々は、自然科学のモデルを重視し、計量化と比較の両方をめざした。そして彼等は信頼に値する一つの解答を作ることができた。同様に、社会学を知の歴史（インテレクチュアル・ヒストリー）と理論的な解釈という形にして、アーツの一学科とした人々は、やや意味は違ってはいても、それなりに信頼に値する解答を作りだした（前者の解答と関連は深い）。かくして「学院」卒業生についての調査の結果は二つの方向に分裂した。学生の忠誠心をめぐる闘争は、同時に学問上のポストの継承をめぐる闘争でもあった。このことは、これからも社会科学の性格と意味を規定することになるのだろう。

一九六〇年代後半から一九七〇年代前半にかけて、二つの傾向が起こった。一つはキャンパスを直接政治行動の基地とする動きだった。しかしそれとは別の動きもあった。それは相互のコミュニケーション不能な私的な知識の保護領をキャンパス内に作りだすことだった。この世界での卓越とは、奇抜なファッションで身を飾ることであり、美徳を忘れることだった。そのいずれもが社会学を一つの学問にする上で害を及ぼした。

それでは一九七五年以降社会学はいかなる運命を迎えたのか？

7章

不安定期の社会学

二〇世紀の第三四半世紀（一九五〇年から七五年まで）は、制度としての社会学が大きな成功を収めた時期だった。教育面でも研究面でも、その内容ははるかに豊かになった。たしかに最後の数年間には内部対立が浮上したが、大学の拡大とともに、教員数も、学生数も、研究プロジェクトの数も増え、社会学という新しい分野にとっては、明るい話題が続いた。その後に起こったのが、6章で述べた学生反乱だった。

ところで、今世紀最後の四半世紀（一九七五年から二〇〇〇年まで）については、これまでとはまったく違った話を書くべきなのだろうか？　その答えはイエスであるとともに、ノーでもある。伝統主義者や保守主義者ならば、今や社会学は知的にも制度的にも壊れかかっていると書くことだろう。しかしその彼等もまた、戦後の社会学が現代社会に向けてきわめて適切な疑問を立て、哲学者、歴史学者、心理学者よりもはるかに的を射た解答をだしてきた点を認めることだろう。しかし社会学に疑惑の目を向ける人々は、社会学の断片化と不正確さの霧のなかへの墜落を強調することだろう。優れた学生を集め損なったこと、マルキストとその後のフェミニストによる政治化、さまざまな相対主義への自殺的な傾斜、これらが社会学に現実社会の説明を求めても無駄だという評価を作りだした。

これに対してラディカルな解釈は、こうした全面的なペシミズムとはまったく違っている。イギリス社会学会（the British Sociological Association：BSA）の元会長達は、論文「過去半世紀のイギリスの社会学の知的な発展におけるハイライトと問題点」（*Network*, 2001：80）では楽観論に立っている。それによると一九七四年のアバディーンでの年次大会が一般には大きな分かれ目だったという。デイヴィッド・モーガン（一九九七年から一九九九年までの会長。マンチェスターの社会学科長）は、この大会とその時のテーマ「性分業と社会」を、こう思い起こしている。「それは単なる機会均等問題というよりも、新たなパラダイムへの移行だった」。

ところがその大会後間もない一九七七年の「グールド報告」では、社会学の欠陥が暴かれた。ノッティンガム大学のジュリアス・グールドは葛藤研究所（the Institute for the Study of Conflict：ISC）に対して、学問的とはいえ、手厳しい分析を書いた。この研究所はマルキストに侵食され、確立されてきた研究教育の慣習が脅威に晒されていると報告した。この報告書に対しては、イギリス社会学会が怒った。グールドはどうせカンガルー裁判になるからといって、会員達の前に姿を見せなかった。

学会内部の意見もまた分裂したが、そのこと自身はこの際重要ではない。もっと重要なことは、戦後着実に大学の内外で強力な存在感を高めてきた社会学が、今や学問的にも政治的にも、軽蔑され攻撃される対象となったという紛れもない事実である。一九八〇年代に入ると、社会学に対する厳しい逆風が吹きまくった。ポストは削られ、院生用の奨学金は削減され、研究資金は減額され、社会学科の閉鎖が続いた。社会科学研究審議会は傷つき、ついに新たな名称のもとに姿を消した（一九八四年に社会科学研究審議会は解散し、経済社会研究審議会へと改編された）。ところがその後まもなくして、学生数は増加に転じ、社会学科は復活し、研究資金も回復した。そして一九九二年、皮肉にも、保守党政権下でポリテクニクが大学に昇格し、その結果社会学は学生数でも教員数でも倍増する結果となった。あたかもあの災難などなかったかのようにである。

このようにして二〇世紀末までには、イギリスの大学は一大拡張を遂げ、かつての拡大など小さく見えるほどとなった。大学は今やごく選ばれた特権者の学校ではなく、大部分の者が行くのが当たり前の学校となった。この新たな大衆高等教育は、アメリカ型の特徴を持ち始めた。一〇〇を超える大学の間には、威信のハイアラヒーができていて、その順位はほとんど変わっていない。五〇年以前とまったく同様、その頂点にはオックスフォード、ケンブリッジ、インペリアル・カレッジが位置し、底辺にはイースト・ロンドン、ロンドン・ギルドホール、テームズ・ヴァレーなどのかつてのポリテクニクから昇格した大学が位置している。タイムズ誌は二〇〇二年に、次の九つの規準を使って大学の質を測定している。

(1) 教育。各学科ごとの教育の質を、政府が判定した最近の結果をもとに、大学全体の得点を計算している。総合指数を計算する場合には、二・五倍のウェイトをかける。
(2) 研究。高等教育資金配分機構が行った研究評価二〇〇一年版を使っている。総合指数を計算する場合には、一・五倍のウェイトをかける。

(3) 入学生の質。一九九九・二〇〇〇年度新入生のうち、二一歳以下の者の高校卒業試験時の成績。

(4) 学生対教員比率。高等教育統計機構（Higher Education Statistical Agency：HESA）の収集した学生数を教員数で割った比率。

(5) 図書館・コンピュータへの支出。高等教育統計機構が集めた一九九七年度から二〇〇〇年度までの支出額。

(6) 施設への支出。過去三年間の学生一人当たり支出額。スポーツ、医療、相談などを含む。

(7) 学位の水準。一九九九／二〇〇〇年度に学位所得者のうち、一位か二位上位であった者の割合。

(8) 卒業生の進路。

(9) 修了率。期限内に卒業した者の割合。

疑うまでもなく、この九つの評価基準を採用することに対しても、またそのウェイト付けに対しても、無数の異論がありうる。いくつかの指標をまとめ、一本の評点を作る場合には、いつもこうした批判が舞い上がる。しかしこうした詳しい研究から学べる点もある。まず印象的なことは、現在では学生が受ける「大学経験」に大きな差ができたということである。ロビンズ報告以前では、外部試験（卒業試験には必ず別の大学の教員が加わり、大学間格差ができないようにしてきた）や大学補助金委員会経由の資金配分など、さまざまな制度を通じて、どこのキャンパスの、どの専門でも、イギリスの大学が発行する学位は相互に比較できるようになっていた。

表七・一はトップ二〇大学をあげたものだが、大学の順番はあらかじめ予想していたのと同じである。一九九二年に大学に昇格した大学は、一校も上位半分には入っていない。最初の新入りの大学はオック

スフォード・ブルックス大学だが、その順位は五一番目である。つまり一九九二年以前の大学が上位に並び、一九九二年に昇格した大学が下位に並んでいる。特定の分野を見ると、多少は順位が入れ替わる部分があるが、ほとんど順位は一貫している。高等教育の数がまだ限定されていた時代には、特権的な平等の序列があったが、それも今や歴史のなかに姿を消した。

表7・1　大学全体としての順位（2002年）

順位	大学名
1	オックスフォード
2	ケンブリッジ
3	インペリアル・カレッジ
4	バース
5	ロンドン経済政治学院
6	ウォーリック
7	ブリストル
8	ヨーク
9	ノッティンガム
10	セント・アンドリューズ
11	ユニヴァーシティー・カレッジ・ロンドン
12	マンチェスター
13	ダラム
14	ローボロー
15	エディンバラ
16	ニューキャッスル
17	バーミンガム
18	シェフィールド
19	アバディーン
20	キングス・カレッジ・ロンドン

出典：タイムズ調査、2002年５月９日

それでは社会学の順位はどうなっているのだろうか。タイムズ誌（二〇〇二年五月七日）は大学進学をめざす学生のために三つの指標を用いてランキングを作った。つまり教育の質（二・五のウェイトをつける）、研究の質（一・五のウェイト）、高校卒業試験の平均値（ウェイトなし）である。その結果を示したのが表七・二である。このタイムズ誌のランキングは非公式のものだが、データは公式のデータを使っている。このランキングは、これから入学を考えている学生のために、アドヴァイスとして作られたものである。

表7・2　社会学：2002年度の大学別順位

順位	大学名	得点
1	ウォーリック	100.0
2	ケンブリッジ	98.2
3	サセックス	96.5
4	エディンバラ	95.8
5	ラフバラー	95.7
6	アバディーン	93.2
7	ヨーク	92.5
8	シェフィールド	90.4
9	グラスゴー	89.7
10	スターリング	88.7
11	エセックス	88.2
12	ブルーネル	87.5
13	マンチェスター	85.4
14	バーミンガム	85.1
15	サリー	83.0
16	キール	82.9
17	ケント	82.9
18	ランカスター	82.4
19	ウェスト・オヴ・イングランド	81.7
20	ブリストル	81.4
20	アストン	81.4

このリストには、オックスフォードとロンドン経済政治学院が載っていない。両方とも学部段階で社会学を教えており、社会学の分野では強力な大学だが、より広い分野に跨る学位を授与しているためである。また一九九二年に昇格した大学は、社会学専攻の学部生を多く抱えてはいるが、このリストには

上がってこない。ウェスト・オヴ・イングランド大学がかろうじて一九位にでてくるだけである。

おそらくさまざまな反論があろうが、社会学はロビンズ報告以前にすでにイギリスの大学に到着していた。それは多くの大学で何らかの形で受け入れられていた。一九七二年には中等教育修了試験（the General Certification of Education：GCE）の上級レベルか、普通レベルのどちらかに含まれるようになった。教員、医師、法律家、都市計画者、保育士をはじめ、社会福祉士（専門職として認められ始めていた）の訓練に欠かせない教科として認められるようになった。

大学はこうした動きのなかで、いつも鍵となる役割を演じてきた。主な専門職へと上昇する手段としてばかりでなく（Perkin, 1969）、社会調査によって明らかになる情報の提供主としても、さらには資格を持った教員の供給源としても、重要な役割を演じてきた。イギリスでは少なくとも、専門分野が成立する場は、大学の内部であった。そこで何らかの地位を確立させることが、すべての専門領域にとって鍵となった。

だがしかし大学は氷山の一角にすぎない。それ以外に行政、政府、メディア、専門的な職業など、人々の生活のさまざまな分野に浸透する必要があった。しかし教育機関だけをとっても、氷山の喩えは今でも合っている。大学を頂点として、その下には大きな山が隠されている。それがロビンズ報告以後のポリテクニクや教員養成カレッジなどに設けられた社会学科だった。ただそれに関する統計は、地方行政機関によって集められており、表面にはでてこなかった。

たしかにロビンズ委員会は継続教育と高等教育とをあわせて一本の第三段階教育として、総合的に検討した最初の機関だった。しかし、その関心の中心はあくまでも大学にあった。大学補助金委員会が管轄し、それによって保護されている大学がロビンズ委員会の主な対象だった。ロビンズ委員会にとっては、高等教育機会拡大の中心的な提供者は、あくまでも大学だと考えられていた。その時代の目標は、あくまでも教育の質をこれまで通りの水準に保つことだった。だから教師一人当たりの学生数八人という原則が守られた。質の高い労働条件、同じく質の高い研究条件を確保することが目標となった。同一の給与体系と、どの大学も同じ社会的な威信を維持することが目標となった。

ところがそれと並んで、大学とポリテクニクという二元制度が持ち込まれた。それを認めたのが教育大臣としてのクロスランドだった。三〇のポリテクニクが創設され、全国学位授与機構（the Council for National Academic Awards：CNAA）と地方行政機関の監督のもとで学位をだすこととなった。これらポリテクニクはもともと技術学校から始まった学校だったので、始めからその物的条件は恵まれていなかった。教員当たりの学生数も多く、給与も低く、もともと研究面で大学に対抗することは期待されていなかった。

社会学はこうした環境のなかで、目覚しい増加を遂げた。一九七五年以前を見ると、社会学のラベルを貼った学科は、一九六一年の七つから一九七四年には三五に急増した。七つの新大学（一九六三年のロビンズ委員会答申に基づいて新設された大学。サセックス、エセックス、イースト・アングリア、ウォーリック、ヨーク、ケント、ランカスターの七大学）は、放送大学（一九六九年創設）とともにとくに社会学を歓迎した。社会学は大学全体の増加率を超えて、はるかに早い速度で拡大した。一九六一／六二年から一九七五年までの間に、大学での社会学の学位授与数は一三〇から一、二五五に急増した（全学位数の一％から三％に拡大した）。その結果、社会学科の教員は一九六〇年の四〇人から一九七五年には六一三人に急増した。

ところが一九七五年以後になると、社会学の独立性は危機に晒され、その中身については疑いの目が向けられるようになった。サッチャリズムは社会学を名指しで中傷し、大学とその職業全体が長年培ってきた信頼性を根底から破滅させた。こうして社会学にとっては困難な時代が始まった。一九七〇年代には経済停滞によって、一九八〇年代には政治的な攻撃の砲火のなかで、そして七〇年代、八〇年代の両方に跨っては、社会学それ自身での内部闘争のために混乱を極めた。

フェミニズム

われわれは一九六〇年代、七〇年代の天文学的な発展の後に、いかなる阻害要因に直面したのかという疑問を提起した。それに対する解答の一部は、社会学内部での対立にある。つまり一九七〇年代に起こったフェミニズムの第二波を、社会学者は敏感に感じ取り、改めてフェミニズムをめぐる論争が巻き起こった。フェミニズムの最初の波は一八世紀から一九世紀まで遡る、女性の財産権と参政権を求める運動だった。参政権の方はついに一九二八年に実現されたが、教育面では女性がいかに不公平な立場に置かれていたかは、すでに3章でバーバラ・ウォートンの生涯で述べた通りである。この主人公は、エドワード時代にもっとも恵まれた教育環境の家庭に育ち、前例のないほどの才能を示し、ケンブリッジを最優秀な成績で卒業した。ところが同僚の「勇敢な」援助なしには、講義をすることができなかった（本書一二三頁参照）。

しかし二〇世紀の末までに、女性の占める比率はまず学部生で高まり、それについで大学院生でも急速に伸びた。たとえば、オックスフォードのナフィールド・カレッジでは一九四五年から五〇年までの新入生のうち女性はわずか五％だったが、一九七一年から七五年には一四％となり、一九九六年から二〇〇〇年には四一％となった。しかも競争は厳しくなった。

これまでの男性上位の過去に罪悪感を抱くリベラル派は、さらなる平等を求める女性軍の正当な要求に応えていった。幾人かのフェミニストは、依然として大学の講座の配分が公平でないと主張を続けた。しかし性、政治、教育、職業などの面での平等が進んだことは疑う余地がない。

しかしこういったからといって、完全なジェンダー上の平等が達成されたとか、人類の理想郷が達成されたなどというつもりはない。むしろこの「永遠の闘争」の現代版を、長い歴史のなかに位置づけてみようというのが、ここでの主旨である。ジェンダー上の不平等を、階級、人種、年齢、地域などのさまざまな不平等との関連のなかで見る必要があるというのが主旨である。これらすべての不平等は、いろいろ議論はあるとしても、ゆっくりと進歩してきた。これこそ一九〇七年イギリス最初の社会学の講座が設置された時以来、社会学がめざしてきた目標だった。

ここでフェミニズムの完全な記述をするつもりはない。それは別のところに譲る（Delamont, 1980 ; Banks, 1981 ; Mitchell and Oakley, 1981 ; Walby, 1988b ; Oakley 1989 ; Wallace, 1989）。しかし見落としてはならない点は、社会学一般がそうなったように、一九八〇年代までにはフェミニズムもまた内部分裂を繰り返し、ラディカリズム、社会主義、マルキシズム、レスビアンなど、さまざまな流派に分裂していったという事実である。さらにはベティー・フリーダン（一九二四〜二〇〇六。『新しき女性像の創造』の著者）、ジェルメーヌ・グリア（一九三九〜。オーストラリア生まれの女性運動家）などの、かつてのスポークスウーマンは、見事な転向を果たし、セックス政治を放棄し、家族を擁護するフェミニズム保守主義に転向したという事実である。要するにミッチェルやオークリーにいわせれば「不満足とはいえ、魅力的な制度」（1986：5）の擁護に回ったことになる。

つまり二〇世紀末までには講壇フェミニズムは「思春期」を迎えた（Roseneil, 1995）。「物質的」条件を重視するマルキストは、文化的な「ディスコース」を重視するポスト構造主義とポストモダンへと道を譲った。今では、フェミニスト社会学は「エイジェンシー」よりも「構造」のほうを重視すべきか否かをめぐって内部論争が始まった。

こうした間に、フェミニズムとさまざまなイデオロギー、あるいは「何々主義」との間で、理論上の借用が起こり、その結果、理論上の進歩と大学制度の変化が起こった。理論面では、女性を非歴史な存在として扱い、生物学的に「与えられたもの」（Beauvoir, 1949）と見なす伝統的な見方が覆された。それは他でもない、アン・オークリーの性とジェンダーとの分離に始まった議論の結果である。この二分法は今では社会学の用語として受け入れられ、身分と契約（メーン）、階級と身分（ウェーバー）、アスクリプションとアティーブメント（パーソンズ）などと並んで、確立した理論的な枠組みを提供している。それはまた父権制、男性支配、社会的存在としての女性の歴史といった研究テーマを作りだした。そのなかからは、レオノーラ・ダヴィドフの行った産業化のなかでの主婦の役割の再発見といった研究が生まれた。制度面ではイギリス社会学会のフェミニズムによる征服となり、一九七四年、一九八二年の有名な大会として実を結んだ（Platt, 2003）。

おそらく予想を超えた最大の成果は、フェミニズムが理想と行動を結合した運動体の最高の事例となった点だっただろう。そこでは政治的な進歩を求める闘争が、同時に真理の追究と結びついた。フェミニズムはマルクス主義とともに、世界の理解だけでなく変革を求めた。かつての女性参政権や妻の所有権を求める闘争もまた、新たな次元での女性の闘争のなかに吸収されていった。こうして古代、中世から始まる問題がセミナーのテーマに選ばれ、説教台、演壇、舞台、実験室、企画のテーマとなった。この意味で、女性研究はヨーロッパの大学の古くからある緊張の遺産相続人だったことになる。社会学者からすれば、それはウェーバーのドラマの再演だった。

すでに5章で家族生活の変化にふれたが、とりわけ問題なのは、老人と幼児に対するケアが不安定になった点である。それに代わって、老人と幼児の保護は家族に任せるのではなく、公共サービスが不可欠だとする認識がだんだん強まった。働く母親が子供にどのような影響を与えるか、両親の離婚、別居がどう影響するか、これまでさまざまな研究が行われてきた。子供の福祉を守るためには、いかなる公的な施策がありうるか、さまざまな提言がなされてきた。ジェーン・ルイスは一九八〇年代には家族に関する文献が「爆発的に増加」したことを発見している。つまりフェミニストの作家達は「家族を生活のなかに取り戻し」、その実例を提示したことになる（Lewis, 1989）。

しかし家族問題に関する関心は、フェミニストとともに始まり、それとともに終わるわけではない。イギリスには何らかの一貫した家族政策があったのかどうか、その目的は何だったのか、こうしたテーマはフェミニズムの第二の高まりを待つまでもなく、以前から広く議論されてきたテーマだった。一九九〇年代には政府が家族の実態調査を実施し、研究者もまたそれぞれ独立して研究をしてきた。たとえば、児童貧困行動集団（the Child Poverty Action Group：CPAG）、全国児童局（the National Children's Bureau：NCB）、家族政策研究センター（the Family Policy Studies Centre：FPSC）などが活動してきた。あるいは経済問題研究所（the Institute of Economic Affairs：IEA）、公共政策研究所（the Institute for Public and Policy Research：IPPR）などの研究機関は、その政治的な傾向とは独立した立場から研究を積み重ねてきた。

しかしこれら家族に関する文献の「爆発」は、いずれもが老人を扱っていない。フェミニスト作家は当然とのこととはいえ、もっぱら変化する社会経済環境のなかでの若い女性の地位を関心の焦点に据えている。だから家族政策の議論でも、どうしても両親と子供からなる小規模家族に傾きがちである。しかしそれに対して、社会学者や人口学者は老人に関心を寄せてきた（Shanas *et al.*, 1968）。一九五七年ピーター・タウンゼントはベスナル・グリーンに住む老人達の密度の高い親族間ネットワークを、生き生きと描きだして見せた（Townsend, 1957）。それから三〇年後にはピーター・ラスレット（一九一五〜二〇〇一。イギリスの歴史家。『家族と人口の歴史社会学――ケンブリッジ・グループの成果』の邦訳あり）が、見かけは似ていても、まったく異なった「人生の第三期」を描きだした。今や労働から解放された老人達は、教育、文化、社会的な問題を精力的に追求し、公的な生活に積極的に参画している（Laslett, 1989）。

また社会政策研究者達は、高齢化にともなう公的コストに焦点を当て、老人世代の比率上昇に伴う「負担」増が若い世代にとって、いかなる意味を持つのかを論じている。雇用慣行、定年制度、老人世代の健康と行動、老人を取り巻く社会経済環境、ボランティア活動を通じての公共的な福祉への貢献、地域社会や親族ネットワークのなかでの子供、孫世代へのサービス、これらがそこでのテーマである（Phillipson and Walker, 1986 ; Carnegie, 1993）。

この間に、強い関心を集めたのが（とくにアメリカで）、「アンダークラス」という考え方である。これはフェミニズム闘争との関係のなかで登場した現象で、都市での剥奪ともいうべき、「正当に扱われていない貧困層」という、過去の亡霊に再び光を当てた（Wilson, 1987 ; Murray, 1990 ; Smith, 1992 ; Morris, 1994 ; Lister, 1996）。

一九七五年以降の事件

ここで一九七五年以降の事件というのは、社会科学と政府との関係の枠組みの変化のことである。つまり、社会科学研究審議会から経済社会研究審議会への組織変えが中心話題である。この組織変更は、一九八九年の大学補助金委員会による、社会学に対する審査の結果として起こった（UGC, 1989 ; Westergaard and Pahl, 1989）。この時、審査の対象となった専門領域は、社会学だけではない。しかし審査委員会（社会学者とそれ以外の専門家から構成された委員会。委員長には社会学以外の者がなった）は、全体的に見れば楽観的で、はっきりした社会学擁護論を展開した。その当時、アルチュセールの構造主義的なマルキスム、象徴的相互作用論、エスノメソドロジーに対する部外者の不承認とか社会学内部での論争は収まりつつあった。しかしフェミニズム、計量化、カルチュラル・スタディズをめぐる対立は依然として燃え盛っていた。

この報告書はプラグマティックな報告だった。最近の傾向を分析した上で、もっと多くの専門的な社会学者を集める必要があることを指摘し、いくつかの分野を組み合わせた研究が増えている点は歓迎できるが、他方では専門分化もまた必要だとした。そして社会学の「コア」を教育する学科をいくつか維持する必要があるとの結論を下した。その当時、中央の政治では「削減と集中」という政策が推進されていたが、この小委員会はこうした安易な解決策を取らなかった（Westergaard and Pahl, 1989）。それから今度は、一九九二年の「一挙の拡大」が起こり、ポリテクニクの大学昇格が行われた。

すでに戦後時代は一九七〇年代半ばには終了していた。それとともに長期にわたる経済ブームは終わり、「ブッチェリズム」（対立政党同士が似た政策を掲げる状態）の政治季節は過ぎ去った。不安定な時代は、ウィルソン政権とともに幕を開け、一九七六年のキャラハン政権、一九七九年のサッチャー政権、一九九〇年のメイジャー政権と引き継がれ、それは一九九七年新労働党が政権を握るまで続いた。こうした経済的社会的な変化と関連しながら、高等教育に対する社会一般の態度も変わった。信頼に支えられた拡大の時代は去り、それに代わって一九七〇年代中葉からは、疑惑と災難の時代に入った。

こうした結果を招いたのは、ある程度まで、一般大衆の記憶のなかに刻み込まれた一九六〇年代末の事件（学園紛争）に原因があった。すでに未曾有な拡大期の頂点で見られたことだが、まずは学生に対する社会のイメージが変わり始めた。若くて元気な貴族のお子様達、あるいは将来経済力を高め、社会進歩をもたらす真面目な若者達、こうした尊敬の念のこもったイメージは姿を消した。それに代わって登場したのが、無責任で未熟な破壊者という学生像だった。革命は一八歳から二一歳までの若者だからこそできる、そう思い上がった学生というイメージだった。果たして納税者は税金を投じてまで、こうしたキャンパスの特権を補助する必要があるのだろうか？

　すでに大学の拡大はその限界を超えていた。もはやエリートの養成所としての最低限必要な条件を超えていた。新たに登場した高等教育とは、国有化された産業、ビッグ・ビジネス、国家間競争のための人的資本製造機関でしかなかった。教師と一握りの特権学生の「黄金時代」は姿を消した。大学は今や増加を続ける専門職への入り口、科学研究と産業発展のための活力源となった。

　こうした雰囲気は一九六〇年代末にはひろく行きわたった。一九六四年に教育大臣クロスランドがポリテクニクを競争的な経済環境下では不可欠と説いた時、右派も左派も大部分がそれを認めた。伝統ある学問を、技術的な効率性に置き換えることに反対したのは、ほんの一握りの頑固な伝統主義者だけだった。マーティン・ワイナーとコレリ・バーネット（一九二七〜。イギリスの軍事史家）が、オックスフォード・ケンブリッジがイギリスから経営者精神を奪ったと主張した時、反論したのはほんのわずかだった（Weiner, 1985 ; Barnett, 1986）。しかし国民経済再生をめぐって、世論は右と左に分裂した。そのなかから、市場とマネタリズムを至上とする新保守主義が登場し、政治面ではケイス・ジョセフ卿が、そしてイデオロギー面は経済問題研究所（政府系シンク・タンク）が指導することとなった。

　一九九二年に一大改革を経験した第三段階教育の変化は、二〇年間をオックスフォード・ブルックス大学（一九九二年以前はオックスフォード・ポリテクニク）で過ごし、一九九九年から二〇〇〇年までバーミンガム大学の社会学の教授を勤めたフランク・ウェブスターのキャリアのなかにはっきり描かれている。彼はエンフィールド・ポリテクニク（現在のテームズ・ヴァリー大学）から博士号を取ったばかりの二七歳の若者として、オックスフォード・ポリテクニクに赴任した。そして四七歳の時にバーミンガム大学に移った。

一九九二年に昇格した大学とロビンズ報告後のポリテクニクについてのウェブスターの記録は、二元制度の三つの特徴を物語っている。第一に、ポリテクニクに特徴的なモデュール制度（一学期単位の長い講義ではなく、短い単位ごとにまとめられた講義。複数の教員によるティーム・ティーティングが可能になる）のことを記録している。第二にはもともと研究重視の傾向があったのが、一九九二年以降はさらにその傾向に拍車がかかり、教授職の増加につながったと語っている（社会学の教授ポストは二〇世紀末には二〇〇になっていた）。第三に、フェミニズムをめぐって闘争が起こり、とくに教員の性別構成をめぐって議論が白熱したことを記録している。

ポリテクニクで使われていたモデュール方式は大成功を収めた。それは文字通り「拍手喝采」をあびた。それは社会学と他分野との協同事業を可能にした。たとえば計画とかコンピュータとか音楽とのジョイントが可能となった。それによって、四、五人のコアになる教員が、そのポリテクニクの他の学科に所属する一五人ほどの社会学者と、共同活動ができるようになった。しかしその反面ウェブスターは、コア教員の教育義務が過大となったとも指摘している。

政府は教員の増員を認めず、その結果、学生対教員の比率は伝統的には一二対一だったのに、一九八〇年代、九〇年代には二〇対一にまで上昇したという。一九九二年に大学に昇格してからは、「教員スタイル」の伝統は少なくなり、新しく採用される教員には博士号が求められるようになった。研究が学内の雰囲気を支配するようになり、教員は依然としてあまりものは書かないが、少なくとも広く読むようになったという。

その結果、年配教員には新しい緊張が加わった。ウェブスターによれば、「オックスフォード・ブルックス大学ではビジネス、看護、ホテル経営などの分野では、多くの研究がなされたし、現になされている。しかしそれを大学に置く必要は必ずしもない。それはきわめて基礎的な市場調査であり、政策実施の評価だからである」。しかし教師達は小声でささやいている。研究という言葉はどこでも格好がいい。しかし教師達は自分のレベルが低いことを十分知っている。そして「クラス内での学生との接触は目立って減った」。研究評価調査の意味が高まり、それとともに、かつてポリテクニク時代にはなかった教授というタイトルの価値が上がった（ウェブスター教授はバーミンガム大学の文化研究・社会学科が閉鎖された二〇〇二年まで学科長だった）。ウェブスターはオックスフォード・ポリテクニクの教員の性別構成について、こういっている。彼が着任した一九七九年には四人全員が男性だった。ところが辞める時には、男性は一人しか残っていなかった。彼はこう書いている。「バランスは重要である。初めはあまりにも男性に片寄っていたのだから。ところが、それが鋭い対立を生み、不愉快な論争の種となった。本当ならばもっと穏やかに変えられるだろうに」。

社会学と社会

社会学は政府とも市民社会とも密接な関係を持っている。人口学の教授で、かつて保守党の議員候補者であり、内務大臣、住宅担当大臣、環境大臣の特別顧問だったデイヴィッド・コールマンは、社会科学と政府の関係について、こうコメントしている。一九九一年の彼は、政府の政策に対する社会学者の影響は顕著だと書いた。

多くの著名な社会科学者が、とくに一九六四年から一九七〇年にかけて、労働党政権の顧問として活躍した（しかし現在の保守党政権の支持者ではない）。彼等が労働党の教育、福祉、利率管理、人種問題などの政策形成を助けた。それは研究と政策との結合の黄金時代であり、アドヴァイザーとしての研究者の黄金時代であった。こうした理想は今でもしばしば語り継がれている。しかしこうした政策形成への参画は、両面を持っている。現在の政権は専門家のアドヴァイスなどまったく求めない。その理由は彼等はみな、現政権に対するあからさまな批判者だったからである（Coleman, 1991）。

こうしたコールマンの指摘に多くの評論家は同意することだろう。社会学と政府の関係は、強まることもあれば弱まることもあった。その歴史はコントとかフランスの哲学者まで遡ることができる。彼等は旧体制の崩壊後、何が社会秩序の基盤になりうるのかを問うた。だからイギリスでの物語は、ヨーロッパ一般の一変形だったことになる。一〇八五年のドゥームズディ・ブックを見れば、それが一七世紀の政治算術の起源だったことがわかる。ヴィクトリア時代の先祖達は、チャドウィックやサイモンのような幅広い、社会学的な発想に富んだ公共行政の改革者だった。あるいはブースのような個人慈善家もいたし、ウェッブ夫妻のような政治指導者もいた。大西洋を跨ぐアメリカとの結びつきを考えれば、スペンサーの影響のように西に向かった例もあるし、シカゴ学派のように東に向かった影響もあった。

ところが一九七六年から二〇〇〇年までの期間を見ると、二つの矛盾するイメージが浮かんでくる。一つは、保守党政治家とメディアが際限なく繰り返す、社会学とは政治秩序の転覆を図る、口先だけ達者な疫病だというイメージである。もう一つは（あまり流行らないイメージだが）、それとは逆に不完全な社会を改革するだけの力を持った知的な組織だというイメージである。社会学と市民的な責任との関係史は、こうした二つの対立する見方が繰り返し登場する上下動の歴史だった。

政府の反応ばかりでなく世論もまたこの二つの間で揺れ動いた。もちろんこれは大雑把な二分法だが、中心的な問題がどこにあるかを見極めるには役にたつだろう。いったい社会学はどのように政治的なデモクラシーを統御し、改善することができるのだろうか。社会意識を高めたり、合意を作りだしたり、対立しあう集団間の利害を調整したり、目標に向けての行動の結果を測定して、予期せざる結果が生じていないかを測量できるのだろうか。要するに自由な市民同士の合理的な討論を基礎とする政治行動に、どこまで説明責任を担うことができるのだろうか？

社会学が社会的な会計士としての役割を演じるには、明らかに限界がある。そうなるためには、充たされなければならない政治的、職業的、財政的な条件が多くある。しかしこれは社会学にとっては理想的な役割であろう。そうした役割をどの程度まで果たせるかは、市民社会の文化、開かれた社会への政治的な支援、困難な知的な訓練への専門的な貢献、などなどに依存している。

しかしそうはいうものの、これはあまりにも無邪気で空想的にすぎる見方かもしれない。しかし二〇世紀の解釈として見る限り合理的であるばかりでなく、二一世紀に向けても引き継がれるべき課題であろう。とくに「第二世界」と呼ばれてきた世界の東半分が、突然議会制民主主義の「第一世界」に引き込まれた現在、二一世紀まで引き継がれる必要がある。二一世紀に入ってから、マルキズムと社会学との間に、再び橋を架ける試みが復活したのは、単なる偶然ではない。一九世紀には、社会学とはマルクス主義に対する一つの解答だったが、今や社会学がマルクス主義のある部分を取り入れようとしている。つまり自由市場資本主義が作りだした葛藤を批判し、それに抗議したマルクス主義を、今度は社会学が取り入れようとしているのだ。市民に対して責任を持った社会学とは、マルキストであれ、リベラルであれ、依然として歴史主義（歴史は一定の方向に向かって進むという見方）に反対し続ける必要がある。しかし反マルキストの立場を維持しながら、同時に社会学を「左翼」側に近づけながら、知的葛藤のバランスを図ることは、過去よりもさらに困難な未来を予告しているように思える。

説明責任の社会的な形態

社会学は果たして説明責任のための高度な知的装置となりうるのだろうか？　ただ断っておくならば、それは決して民主的な責任説明の唯一無二の道具となることではないという点である。それではいったい、さまざまな説明責任機関のどこに位置づくことになるのだろうか？　これに対する答えは、全体主義がよい事例を教えている。ソルジェニーツィンは『収容所群島』の三巻でこういっている。

特別キャンプは、スターリンがもっとも好んだ若手頭脳集団のなかにあった。多くの処刑と再教育の実験の結果、最後に完成品が生まれた。それはコンパクトで、顔のない組織だった。そこでは多くが働いていたが、それは多くの数であって、多くの人ではなかった。みな自分を生みだした母国から心理的に引き裂かれていた。入り口はあったが、出口がなかった。敵だけを貪り食い、工業製品と死体だけを製造し続けた。

われわれはこの一文のなかに、統制システムの完成体についての完全な定義と、それに対する警告の両方を見ることができる。列島システムは、最小のコストで、最大の価値ある成果を作りだすシステムだった。それはたった一人の人間の意志によって、注意深くコントロールされ、たった一人の人間の意志に応えるためのシステムだった。

もちろん、より優れた説明責任システムを発見しようとする現代人の頭には、その政治的、社会的文脈からして、全体主義の強制収容所が描かれているわけでない。しかし現在交わされているアメリカ、ヨーロッパでの議論は、多かれ少なかれ、第二次世界大戦後に福祉国家が生まれた時代の無邪気さが基礎にある。その時代には、すでに合意に達した共通の目標があった。公衆衛生、教育、福祉といった一致した目標があった。さらにはそれを達成する手段についても合意があった。イギリスでは慈悲深い国家があり、腐敗のない官僚制度があり、公共心を持った専門職がいると見なされていた。政府は十分な信用を取りつけることができた。政治的民主制は熱狂的な支持の上に成り立っていた。多数者の意思は民主的な選挙を通じて表明され、議会に伝えられ、政策実行者に指示をだし、最後には政治行動になる、そういう信仰が広まっていた。

さらにその上、終戦直後は二一世紀の規準から見れば資源が乏しかったのに、無邪気さの上に陽気さが加わっていた。たとえば、国民健康保険制度の場合だと、病気の治療を受けない人が溜まっても、そのうちには治まるだろうとか、医療需要が国家資源を超える規模に達しても、どうにかなるだろうといった前提でものを考えていた。要するにそこには社会の調和、政治に対する信頼、経済的な楽観論があった。

しかしながら不幸にも、戦後期が終わり一九七四年頃になると、説明責任をめぐる議論はもはやこうした三つの微笑ましい前提からでは出発できなくなった。むしろそれとは反対に、社会対立の暗澹たる現実、政治に対する不信感、経済的な落ち込み、この三つを前提として、新たなタイプの説明責任を作りださなければならなくなった。こうした対照的な環境は、人間の本性が二つのパラドックスからできていることを物語っている。第一に、人間とはもともと利己心と利他心との混合物だということである。第二に、人間は目標追求において合理的であるが、その反面では短気で怠け者だということである。かくして人間は資源が足りないと見ると、合理的にも非合理的にも、両方の混合物として行動しだす。場合によっては取り返しのつかない混乱に陥る。

その結果生じるのは、二つの問題である。第一はいかにして個人個人の利他心を刺激して、公共財に変え、公的な生活を整えるかであり、第二は効率性の問題、つまりいかにして最小の資源投入によって最大の利益を引きだすかという問題である。社会学はこうした問題に答えをだすことができる。第二次世界大戦以降の合理的選択理論の発達は、こうした二つのパラドックスに対する解答の一部である。ヤン・エルスター（一九四〇年ノルウェーに生まれる。アローのもとで博士号を取得。合理的選択理論で著名）らの著者は、個々の行為者からなる効果的な集合行動問題に対して、この理論を応用しようとした。囚人のディレンマは、社会主義政治のパラダイムと見ることができる。

二人の囚人にとって、自分のほうが先に告白することが利益になっても、相手もまた告白してしまえば、両方とも利益が減ってしまう（Barry, 1988 : 147）。

社会学が採用する解決方法は、手続きを通じての解決で、道徳的な解決ではない。つまり別の言い方をすれば、社会学が社会主義に役立つのは、人々に個人の選択と集合的な福祉の関係を理解させる方が、大衆を一斉に利他主義に向かって改心させる疑似宗教運動よりもはるかに有効だという点である。だからただ乗り論問題もまた、組織の整備を通じて解決すべきテーマである。

二つのパラドックスとそこから推論されることは、道徳的な説明責任（第一のパラドックス。つまり目標あるいはゴールのパラドックス）と道具的な説明責任（第二のパラドックス。つまり効率性のテストとしての説明責任）とを区別することが有効だということである。一九六〇年以降の世論調査の結果を積み重ねてみると、二元的な政治組織を廃止すべきだという結論になる。依然として階級はなくなっていないが、かつての集団的な忠誠心に訴える手法では選挙民は反応しなくなり、むしろ懐疑的になっている。こうした選挙行動の背後にあるのは、社会が進歩するにつれて、人々が何に頼るのか、その源泉が変わりだしたという事実がある。人々は今や既成の社会的な権威よりも、自由な契約によって作られた関係のほうをはるかに信頼するようになった。

一九七〇年代には社会科学それ自身の変化が、奇妙な形で宣言されたことがあった。つまりさまざまなタイプの現象学、エスノメソドロジーの登場である。これらの理論は、古い世代にとってはまったく理解を超えたものだった。つまり、すべての出会いでネゴシエイションが交わされるのだという。つまり、過去からくるものは何もなく、与えられたものは何もないのだという。

エスノメソドロジーは一九五〇年代のアメリカで、正統的な合意がすべて崩壊した時に生まれた。その提唱者はハロルド・ガーフィンケルだが、彼は今までの社会学をすべて否定し、普通の人々が自分達の行動を意味づける時に使う方法を、細かく研究する方途を提唱した（Garfinkel, 1967）。この手法を熱狂的に支持する波がイギリス、ヨーロッパに押し寄せたが、やがて強烈な批判に晒された（Goldthorpe, 1973）。アンソニー・ギデンズは社会学の理論研究のなかに、それに関連する用語とともに組み入れているが、今ではそれを信じている者はごくわずかでしかない。文脈依存性と相互反映性が行動と構造を、一つの社会学的な枠組みに持ち込むキーワードとなっている（Giddens, 1976, 1984）。

こうした一九七〇年代によく見られた相対主義への運動を見ると、いつものことながら、社会科学とは社会の底を流れる傾向の鏡だったことになる。すべてをネゴシエイションとしてとらえ、与えられたものは何もないとする理解の仕方は、女性を女性性から解放し、子供を子供性から解放し、人種を人種性から解放した。しかしそれは同時に新たな道徳的権威の源泉を求めることを意味していた。だがそれと並行して、道具的な説明責任に対する需要もまた高まった。新聞は連日のように、イギリス経済が低成長段階に入ったことを報じていた。今や効率性が求められる段階に入った。

政府の関心

政府の関心は、社会科学を政治的にも組織的にも、市民からのサーヴィスの延長と理解することにあった。こうした観点から見る限り、問題は基本的には技術的なものだった。短期の政策評価はつねに政府の内部で行われ、基礎研究は外側でなされていた。中期的な問題指向型の応用研究は、利用できる資金とその資格を持った人間がどこにいるのか、またテーマが機密性を要するか否かによって、内側でやられることも、外側でやられこともあった。その点はプラグマティックに決められた。研究者は自由に、政府管轄の研究所と大学の間を、行ったりきたりしていた。何が研究可能か、答えをだすべき問題はどれほど明確に定義できるか、使える解答を作るのにどれだけの時間が必要か、研究プロジェクト完了後の解答の意味と解釈はどうなるのか、こうした点を基準にして、ある時は大学で行われ、ある時は政府の研究所で行われた。

この場合には、大臣と官僚達と研究者の間で、組織、コミュニケーションについて技術的な質問が生じた。基本的な前提では、社会科学者とは要するに小間使いだった。研究戦略と優先順位の決定は政府の手にあった。社会科学の独立性が欲しければ、それは別のところでやるべきことだった。頼るべきものは、意識の高い政治家と行政官だった。彼等が公的資金を使うかどうかを決めた。政府の目標とは無関係なことに公金を使うかどうかを決めるのも、政治家と行政官だった。

デイヴィッド・コールマンがいったように、政治家と社会科学者との協力に限界があることは避けられない。政治家と議会はつねに時間にせかされている。政治的、行政的な関心度とか優先順位は、社会科学の研究サイクルとはあわない。しかも政治家は幅広い情報源を持っていて、それは正規の研究手続きが保障するものを超えている。政治家自身が実験をやっており、それを評価するのは難しい。高度の合意が成り立っている時代とか、すでに合意のできているテーマを別にすると、「研究成果だけから決定が下せる唯一の決定とは、政治的に意味のない決定である」（Coleman, 1991：420）。

社会科学者の関心

それでは社会科学者は何に関心があったのだろうか。一番ささやかな関心は、卒業生の就職機会の確保だった。それと研究者自身の研究機会と資金だった。一九六〇年代には、公務員の採用方式についていろいろ批判が提起された。行政官の大部分が人文学の学位の持ち主で、社会科学か法律で学位を持った者は、せいぜい四分の一だった。戦前採用された行政官の一〇人に一人だけが、社会科学の卒業生だった。しかし戦争直後に採用されたグループでは、この割合は三分の一に上昇したが、一九五〇年代にはまた減少した。一九六〇年代には長い間同様な傾向が続き、一九六一年以降採用された者のうち、二七％が社会科学の卒業生になった。

よく議論となったのは、国立行政学院を持ったフランスとの比較だった。フランスの行政官は社会科学の基礎を持った上で行政職についている（経済学、法律、公共行政、財政、統計など）。しかし社会科学とはいっても、経済学以外はごくわずかだという事実もまた指摘された。

政府の関心と社会科学の関心が一致することはごく稀である。それが一致したのは、社会的な合意が成り立ち、経済成長が続いた戦後の数年間にすぎない。しかしこうした蜜月時代もやがて終わりを迎えた。一頃までの政府の高等教育政策、科学政策を支えた価値観は、一九七〇年代、八〇年代には消滅した。期待と制約、理想と現実の対立が、戦後期が終わるとともに姿を見せ始めた。

一九六四年にポリテクニクの設立が認められたのは、それが地方産業と地方政治の応用研究の必要性に応ずる機関だったからである。ところがその当時新たに採用された教員の多くは、伝統的な研究と教育のもとで養成された教員だった。研究資金の配分機構は、ポリテクニク用の枠を設ける必要があったのに、イギリス政府は何らの措置もとらなかった。アメリカのカリフォルニア州では一九六〇年にマスタープラン（高等教育を三段階に区分し、全州に配置する計画）を実行する時、高卒者のトップ一五%を博士号のだせる大学のために留保するという、分業方式を採用した。しかしイギリス政府はこうした高等教育の制度上の分業方式をとらなかった。

さらにまたイギリスでは戦後期が終わると、上昇機運の経済環境のなかで、合理的で確実な財政計画を策定しなくなった。逆に一九七〇年代は急激なインフレに襲われ、五ヵ年計画も一九七二〜七七年期には崩壊した。それ以来、大学もポリテクニクも周期的に訪れる財政不安と予算カットのなかを歩む運命を迎えた。

突然一九七三年一二月、研究審議会の予算が削減された。研究審議会諮問委員会は、一九七四／五年度の科学予算を、年間実質価格で四%削減せざるをえなくなった。農業医学環境研究審議会は、そこに勤める終身職の職員を犠牲にしたが、それでも研究者向けの資金を削減しなければならなくなった。審査委員から最高の評価を受けた申請であっても、予算がつかないという事態が起こり、それがイギリスの科学を取り巻く環境の特徴となった。

一九七〇年代の経済低迷に端を発し、その後にきた公的支出削減を掲げるサッチャー政権の方針のもとで、財政緊縮が大学研究の「二元的な支援制度」（研究費の一方は大学補助金委員会から、もう一方は研究審議会からくる二元制度。「訳者解説」参照）を荒廃させた。今や研究審議会は、以前には大学補助金委員会が支給していた基礎的な設備費などの肩代わりをしなければならなくなった。かくして、教育研究資金の流れが変わり、資金総額はロビンズ委員会以前以下の水準にまで低下した。

社会科学研究審議会から経済社会研究審議会へ

政界と学界との緊張は財政問題だけではなかった。保守党政府と大学との関係は一九八〇年代初頭、社会科学研究審議会の事例によってドラマ化された。ケイス・ジョセフ卿（保守党政治家、サッチャー政権の教育大臣）は社会科学を科学とは見なさず、ロスチャイルド卿（ケンブリッジの動物学の教授。農学研究審議会の議長を経験。サッチャー政権の顧問）を説得して、社会科学研究審議会を審査にかけることとした。この措置に対しては、たちまちに憤激の声があがった（Rothschild, Cmnd 8554, 1982）。一九六五年に社会科学研究審議会を作ったのは、ヘイワース卿だった（「訳者解説」三一九頁参照）。ところが一九八一年にはロスチャイルド卿がその廃止を委された。

たしかに社会科学審議会が、右派政党から受け入れられていたかどうかは疑わしかった。だからロスチャイルド卿はケイス・ジョセフ卿に、社会科学研究審議会を解散すると一言答えればすんだことだろう。ところが彼は教育大臣に、敢然と社会科学研究審議会の解散反対の報告書を提出した。それが彼の個性だったのだろうし、また公的な影響力を考慮した上での判断だったのだろう。それはバリー・サップル教授の表現を使えば、「知的な破壊」というべき行動だった。彼は「国全体に破壊的な結果をもたらし、それから回復するのには長期間かかるような破壊」をもたらしたというのである。

そしてドラマの第二幕は一九七九年五月に起こった（サッチャー政権の成立）。この日、ごりごりの一九世紀的な社会理論（市場原理主義、国家介入反対論）で武装した保守党の一軍がダウニング街に乗り込み、市場至上主義を掲げて、秩序再興をめざし始めた。彼等の間にケイス・ジョセフ卿の姿があったことはいうまでもない。彼は生産性の低下、ビジネス企業に対する反感、反愛国主義、家族に対する尊敬の低下、これらはすべて左翼教師が無責任にも学生達に吹き込んだ結果だと思い込んでいた。社会科学研究審議会がもっとも弱い立場に立たされたことはいうまでもない。万事がさまざまな意見の合意で成り立っている政治のなかを、社会科学研究審議会は生き延びることができただろうか?

しかし一九七九年に成立した政府は、そのほかにもっと大きな政治課題を多く抱えていた。社会科学研究審議会を廃止する立法措置など、優先順位が高いはずがなかった。しかし流れ込む資金は急激に減った。研究プロジェクト予算、大学院生のための奨学金など、社会科学研究審議会の予算は年々削られていった。一九七九年当時社会科学研究審議会の予算は、二〇〇〇万ポンド（調査時点である一九八〇年価格で）を越えていた。ところが一九八二年までにそれは四分の一を削られ、一五二〇万ポンドとなった。その年、社会科学部門の院生用の奨学金は、一九七〇年代半ば頃の半分までに減った。一九八〇年代をかけて、社会科学研究審議会（後は経済社会研究審議会）の研究費予算は半額となり、それが支援する博士課程院生は七五％に削減された。

研究審議会に要請されたのは、政府や官庁が国家利益につながると思えるテーマを研究することだった。この耐乏生活の時代には、遥か遠く離れた国の、耳慣れない文化についての密教的な研究は、緊急度の高い実際に役立つ研究にとって代わるべきだとされた。審議会の委員長は、こうした声をすべて真正面から受け取った。彼を批判する者はこういった。今やテーマの設定権が専門研究者の手から遠く離れ、権力を持った素人の手に移ったのだ。一九八二年までは一九人の審議会委員のうち、九人だけが研究者となった。

ケイス・ジョセフ卿が教育大臣になると、打開策が見えてきた。ロスチャイルド卿は「顧客・請負人の原理」とかいう本の著者だとされている。一九七一年に彼は「政府による研究開発の組織と経営」という報告書のなかでそれを展開していた。ケイス・ジョセフ卿は今度こそ、社会科学研究審議会の廃止が可能と見たのだろう。彼はジョフリー・ハウ卿（大蔵大臣。一九二六年生まれ。サッチャー政権の副首相を務めた保守党政治家）に手紙を送りこう示唆した。ロスチャイルド卿の報告書が「われわれに有効な行動をとる根拠を提供している……学界・政界からは、当然のことながら雄弁で、それなりの影響力を持った反対が予想されるだろうが……」。ロスチャイルド卿は同意した。「社会科学研究審議会の仕事の規模と性格について、緊急の第三者評価を実施すること、研究活動と院生用奨学金の両面について、彼の報告書に書かれている原則にしたがって評価すること」、そして以下の項目について答申することを求めた。

(ⅰ) 社会科学研究審議会の活動のうち、大蔵省ではなく、最終顧客の費用で実施すべき活動（もしそれがあるとしたら）は何か？

(ⅱ) 大蔵省から資金を受けるとしても、他の機関であれば、同額かあるいはそれ以下の経費で実行できる活動とはどれか。国庫から資金を受ける場合、一回限りの支払がよい活動と、毎年支給したほうがよい活動はどれか。他の機関が実施したほうが適切と思われる場合には、その機関名を挙げること。

(ⅲ) 現在大蔵省から他の機関を経由して支援されている活動のうち、社会科学研究審議会がカヴァーしたほうがよい活動（もしあれば）は何か？

いよいよ裁判は始まった。国中の社会科学者達が、この破壊的な委員会に抵抗するために、ロスチャイルド攻撃を始めた。いかなる厳しい判決が下るか、身構えて待った。ところが教育大臣は政治的に間違えた選択を犯した。ロスチャイルド委員長は、今後最低三年間は社会科学研究審議会には手をつけない、予算削減はしない、これ以上の審査は行わない、そう勧告した。彼はこの勧告を社会科学研究審議会に送るとともに（それはよい）、飾らない英語を話している学校にも送った（それが悪かった）。そしてこの組織の内部に巣食う疫病を取り除く処置を取ろうとした。しかしそれは世間から見れば、大した問題ではなかった。

ポイントはロスチャイルド委員長が教育大臣の招待を拒絶したことにあった。第一問にロスチャイルド卿が考えたオリジナルな公式（ごく単純な顧客・請負人間の取り引き）を当てはめれば、社会科学研究審議会が解散することは確実だった。政府のどこかの省が社会科学研究審議会の代わりになることは十分可能だった。その場合には官僚が発注元になり、研究者が請負人になって、お互いに競争することになる。配分する資源が限られていれば、健全な市場型解決のどこが悪いというのか？　だから第一問に対する解答とはこうなる。究極の顧客とはわれわれの孫達である。つまりロスチャイルドの原理は、十分には理解されていなかった。彼は顧客・請負人関係が社会科学にも応用できるとは考えていなかった。

どれが「理論的」でどれが「応用的」なのか、よくわからない分野を支援するとすれば、社会科学研究審議会のような、独立した機関が必要なことは疑いがない。なぜならば、この世界にはそれを判定するのに相応しい「顧客」など存在しないからである。

いったい社会科学研究審議会以外に相応しい機関があるのだろうか？　ブリティッシュ・アカデミー、教育省、大学補助金委員会、いずれも姿を見せなかった。ロスチャイルド卿はここでも断固と拒絶した。

ブリティッシュ・アカデミーも、大学補助金委員会もこの目的に当てる資金を持っていなかった。たとえ持っていても、そのような仕事を引き受ける気はなかっただろう。だから社会科学研究審議会が研究資金を受け取らなければ、研究は成り立たなかった。

この勧告のうち、最初の四頁分だけが送られてきた。その最後にロスチャイルド卿の字で「残りの部分はこの結論を展開させたものである」と書き込まれていた。想像するのに、この四頁分に残りの一〇九頁を付け加えて、大臣の机に相応しい重さに仕上げたのだろう。しかし残りの頁は害のない表面的な記述だった。しかしそこでは、社会科学の性格と意義が高く評価されていた。

ロスチャイルド卿のような優れた科学者でさえも、これだけ膨大な専門分野を正しく、短時間に把握するにはたいへんだったことを意味している。社会科学は幾世紀もの歴史があるが、彼はたった三ヶ月しか時間がなかった。しかしその感覚と明晰さは賞賛に値する。ところが、ある社会科学者達は、無視するには長すぎるといい、他の者はまともに受け取るには短すぎるといった。

社会科学研究審議会の公式のカタログにあげられた専門分野のうち、社会人類学は好意的に扱われているが、政治学、地理学、教育学、言語学については、ほとんどというか、まったくふれられていなかった。

もっと悪かったのは、社会学についてだと称する章全体の記述であり、それに関連する記述だった。そこでは社会学は、既成権威がよく使うスタイルで、完全に悪意をもって扱われていた。素人の読者が読んだら、社会学はうぬぼれた間違いで、今にでも除外されかねない領域といった印象を持ったことだろう。社会学はもっと賢明で、「野心を抑えた、より確立した分野に置き換えられる必要がある。たとえば、人間地理学、社会心理学、社会人類学などのように、社会学の偉大な相続人であることを正当に主張できる分野と入れ替える必要がある」とされていた。

しかしこれはあまりにも偏った、事実に基づかない判決文である。人間地理学といった下位領域は、社会学の遺産を受け継ぐよりも、ほとんど完全な社会学からの借手である。社会学からアイディアを借りて、活力をえてきたのではなかったか。おそらく広い知識を持った、感情を抑えることのできる歴史家が、現代の社会科学の歴史を書けば、社会学をアイディアの主な源泉だったと記録することだろう。歴史学、地理学、心理学、経済学、これら隣接する専門領域は、社会学からアイディアを借り、自分達を作り変えてきたではないか。

もちろん無能な社会学者がいたし、今でもいる。思い起こしてみれば、かつて重要なテーマをめぐって一つの専門分野が成立した。長い期間無視されてきたが、ある日突然拡大し始めた。とうぜんいかさまが紛れ込むこともあっただろう。しかしそれに対抗する薬は、普遍的に適用できる学問水準の維持しかない。だから社会科学研究審議会に向かって、水準に達しない新設社会学科は支援すべきでないと勧告したのは、明らかによけいなことだった。研究審議会はけっしてそうした方向で仕事をしてなかったし、そうしたくとも、そのための資金がなかった。

しかし当世流行の俗物根性に対するロスチャイルド卿の譲歩は、彼の幅広い視野と説得力を備えた寛容さを示している。彼は「役に立たない」基礎科学は、しょせんは教養ある人々の信念によってしか支えられないことを、白日の下に晒したのである。こうした教養人にして初めて、自分達自身が所属する組織に向けても、合理的な審査を下せることを示したのである。市場を通じては自分達の存在感を示せない組織である以上、心広い国家に依存するしかない、そのことをあえて教えたのである。

時によっては短期間に役立つ結果を見せることは必要だし、進められる必要がある。しかしこのケースの場合には、それは当てはまらない。社会科学研究審議会とその事務局、その支援を受けた研究者、大学院生達には、さらなる改善が必要なことはたしかである。しかしイギリスが彼等を放棄したならば、いつかやがて、もう一度作り直すはめになるだろう。その時、改めて痛みを感じることになるだろう。

ロスチャイルド卿はまた、ウォーリック大学の産業関係研究ユニットを「不公平に組合側に有利な立場に偏っている」という理由で、調査の必要があると勧告した。この調査は一九八二年に実施されたが、この非難はベロフ卿によって否認された。ベロフ卿はアストン大学の人種関係研究ユニットが行った社会科学研究審議会の資金による研究に対しても、同様な評価を下したことがあった。そこには所長に対する個人攻撃も含まれていた。しかしこの調査からも何もでてこなかった。その研究の成果である、バーミンガムでの人種と住宅問題は今日でも古典とされている（Rex and Moore, 1967）。

すでに消滅の決まっていた社会科学研究審議会は、これまでこの審議会の資金で行われた数百の研究プロジェクトのリストを、ロスチャイルド卿に提出した。そのなかには階層と移動についてのイギリス伝統の理論と測定方法と、フランスやアメリカで発展させられたより精密な計量技術を使った最初の事例として、ハルゼーとゴールドソープの『社会移動と階層構造』*Social Mobility and Class Structure*（一九八〇）と『出生と進路』*Origins and Destinations*（一九八〇）が上げられた。こうした融合の試みは、この分野での研究レベルを引き上げ、技術的な水準をも高めた。それよりももっと肝心なことは、これらの研究は大勢の人々が結果を知りたがっている、一つの大きな仮説を検証する目的で計画された点である。つまり「教育のような公共財を拡大させることによって、分配を平等にすることができる」という仮説であった。

社会学の研究とその聴衆

今から思えば、われわれはあまりにも無頓着で、ものを知らなすぎたが、その前の年、ゴールドソープとハルゼーは彼等の研究報告を発表し、メディアからの直接の反応を議論した。議論はしたが、公表はしなかった。彼等の議論のあらすじはこうだった。

社会調査はたいてい政治上の論争から始まる。しかし専門研究者はこうした政治論争を、その分野の理論と方法に翻訳してゆく。それから彼等は仮説、演繹、観察という段階を辿る。そして観察結果を投票によってではなく、論理と証拠に基づいて判断することになる。社会学にとって、最初の顧客層とは社会学それ自身である。たいていの本は同僚社会科学者を読者として想定して書かれる。そして「最後の章」が「解釈」に割り当てられ、再び翻訳されて政治の世界に戻される。

だから、専門研究者の範囲を超えて「話題になれば」、研究者個人の動機を高める効果を生む。理想をいえば、研究生活がそういうサイクルを繰り返すことである。メディアの政治的な反応とか、図書館やコンピュータ室からでて行って、ラジオのインタービューに出演したり、政治会議に出席したりすることは、学問から見れば、ささやかなカーニヴァルにすぎない。われわれの希望は、もっと真面目な場所（大小さまざま）で政治的な議論と社会学の知識との間で議論が交わされることである。その結果、もっと確認すべき価値（政治的な価値もあるし学問的な価値もある）のあるテーマが明らかになると、それを契機として新しいラウンドの研究が始まる。社会学者は再び戻って、資金を集め、新鮮な気分で、次のプロジェクトに取り掛かる。

いったいそれでは、オックスフォードの社会移動研究の場合には、こうした思想と行動の幸運な往復運動が起こったのだろうか？　活発な反応があったことは事実だが、やや心配な点もあった。その反応は、われわれの研究に対するコメンテイターを四種類に分けることで要約することができる。つまり、ポピュリスト、抗議者、政党政治家、司教の四種類である。この四種類とも当然のことながら、政治向きの人達である。そこでもっと突っ込んだ評論は専門の学術雑誌に登場するが、これが頭が痛い。

このようにして世間の関心は、もっぱら「最後の章」に集中することになる。要するに、その研究自身について政治的な議論が行われるというよりも、むしろ政治的な議論が研究結果をきっかけとして、そのなかからでてくる。われわれの研究の場合も、刊行物の大部分は実証的なデータの分析に当てられていた。だからその研究の基礎となった仮説とか、われわれの下した判断は、いくらでも論理に従って議論ができる。しかし社会科学はただ単に「事実」だけを報告することに意味があるのではなく、批判的な吟味や評価にわが身を晒すことに意味がある。

しかしわれわれの本に対する反応で（好意的なものもそうでないものも含めて）目立ったのは、それがあまりにも論争的なスタイルでは書かれていないという指摘だった。われわれの本に対してはさまざまな批評がでたが、それらの批評の多くは、議論に巻き込まれるのを避けたがる傾向があった。われわれの出版した二つの本に合意するか、合意しないか、批評者本人の意見を明らかにはするが、それ以上あまり論争をしたがらない傾向が見えた。なかにはほとんど関係のない自説を展開する場として利用するだけのものもあった。

まずポピュリストの評価は、社会を評価する基礎となる社会調査の必要性を否定するだけだった。彼等のうちこの調査結果に同意する者は、すでに誰でもが知っている常識を発見しただけだと批判した。また調査結果に異議を唱える者は、サッチャー夫人がダウニング街一〇番地に住むような時代になっても、出身階級が個人の業績を妨害するなどというのはナンセンスだと、ポピュラーな知識を使って批判するだけだった。

抗議者もまた研究に基づいた議論を無視した。抗議者はわれわれの研究が、不当に制約された環境下で行われた調査だと抗議したかと思えば、不当に制約された環境についての研究だという形で抗議した。彼はこの研究からは何もでてこないと批判したかと思えば、まだたりないとも批判した。もっとも注目すべき点は、もしこの現代イギリス社会に階級格差や不平等があるとすれば、それは人々がそれを話題にしたがるからだといった。つまり階級格差とか不平等を一番話題にしたがるのは社会学者なので、もし社会学者が黙りさえすれば、階級とかそれから生じる問題は、あらかた片付くと発言した。これが典型的なポピュリストの見方であることは明らかであろう。

しかしこうした意見は大学の外部だけでなく、大学の内部にもあった。大学内ではラディカル現象学としてより洗練された形で主張されている。しかもハイエークの経済学とも幸運な共存をしている。後のほうの種類の抗議はよくある例で、その典型例が一九七二年調査に対する抗議であった。われわれの調査対象に女性が含まれていなかったことは事実だが、その一点だけを指摘すれば、もう批判としては十分で、それ以上の議論は不要であるかのように批判を展開している。女性を排除していることを「信じがたい」とか「モンスターのようだ」と形容しているが、それが性差別主義者に対するセックス政治の立場からの攻撃的な行動なのであろう。

概して好意的な学問的なコメンテイターもまた、この研究が採用した調査計画について、的を射た議論はしなかった。こうした調査を実施するには、さまざまな制約があり、研究テーマを社会学での論争点に絞らざるをえなかったのである。

さらにまた「既成政党」の政治家達は、もっぱら自分の立場に都合のいい部分だけ探しだし、それだけを議論の焦点にしたがった（とくに驚くべきことではない）。彼等は自分達に都合のいい結果だけを、権威ある研究の成果として強調しようとした。あまり都合のよくない部分は、批判するのではなく、無視しようとした。たとえば保守本流の政治家は、上昇移動が増加している事実に目をつけ、能力ある人には十分な機会があることを、この調査結果は証拠づけていると強調した。しかし上昇移動には依然として極端な不平等が残っている事実には目をつぶったままだった。また機会の平等と条件の不平等とは共存できることをこの調査は語っていると、保守党の主張に引きつけて理解しようとした。

これに対して労働党主流の政治家は、機会の不平等が少なく、たとえあっても、次第に減少してきている点を強調した。一九四五年以来労働党が推進してきた平等化政策のスタイルや具体策について、この調査結果が何を意味しているのか、その点の議論は避けようとした。

最後に、数は少ないものの、「司祭」的な反応があった。これは大学人に特徴的な反応で、彼等は調査結果をもとに議論を展開できる能力を持ちながら、それをしようとはしなかった。この問題に対する彼等の解答は、深いメランコリックな雰囲気を適当に混ぜあわせたものだった。何が良くて、何が悪いのか、まるで司祭のような立場から語るのだが、なぜ良いのか、なぜ悪いのか、その理由をはっきりさせる人はいなかった。

理想的な研究のサイクルを期待する立場からすれば、この司祭達は一つの脅威だった。もし彼等彼女等が本物の社会科学の代表者だとしたら、研究プロジェクトを審査したり、院生用の奨学金を配分する仕事など、とうてい引き受けられるはずがない。

要するに、ポピュリストは知らず知らずのうちに、政治から知性の決定的な役割を奪う恐れがある。抗議者は基本的には、知性を特定の政治路線の奴隷にしようとしている。政党政治家は正直に自分達と同じ路線に引きつけようとする。しかし独裁者になりたがっている者を別とすれば、社会科学に基礎づけられた議論が、議論の材料を提供し続けることが、政治の利益に適っているはずである。要するに、政治家は社会科学の言葉がもっと多く翻訳されることを求めている。二一世紀は政治と学問が協力しなければならないことが多くある。創造的な民主主義は、鍛えられた社会学の知識とリンクされる必要がある。

結論

二〇世紀の最後の二五年間は、複雑で不安定な時期だった。一九〇〇年から一九五〇年までの期間を見ると、その頃はフェビアン主義の政治家や、都市計画の構想者、研究指向の犯罪学者、社会人口学者の間から、社会学発展への期待が発せられたが、大学側の反応は鈍かった。そこでウェッブ夫妻はロンドン経済政治学院を設立し、社会学の講座を育てたが、それは行動的というよりも哲学的なものだった。

しかしオックスフォード、ケンブリッジの伝統的な学問の権威からは、社会学は否定され続けた。しかし戦中と戦後の再建が、大学の内外の雰囲気を変えていった。

ただそのテンポは一九六三年のロビンズ報告まではにぶかった。大学拡大のテンポはゆっくりだったが、それでもロンドンや地方大学では、社会学に寄せる期待が高まり、数名の教師と熱心な学生がそれを支えてきた。こうした期待が主に浸透したのは、赤煉瓦大学と新大学だった。ところが一九六〇年代末になると、伝統を持った学問分野、「中部イングランド」、右派政治家の間で、社会学に対する疑惑が生まれた。それから学生紛争、一九七〇年代の経済停滞、一九七九年のサッチャーの率いる保守党政権の成立と続いた。

一九八〇年代に起こった、一時的な社会学の破壊は、こうした社会的政治的経済的な力が組みあわさった結果だった。サッチャー政権は公的支出を削減し、大学補助金委員会と研究審議会に圧力をかけようとした。一九八一年以降、各大学は予算削減を自分達で処理しなければならなくなり、それが社会学科を襲った。各地で社会学科が閉鎖され、教員ポストは不補充のままに置かれた。経済社会研究審議会（社会科学研究審議会の後身）からの研究資金は削減され、院生対象の奨学金もまた削られた。社会学と社会学者は、ある時は見せかけの学問と見なされ、破壊的な人物と見られ、ある者は左翼思想の持ち主、反企業感情の持ち主として非難された。将来の見通しはおろか、社会学それ自身の内部での分裂が事態をさらに悪化させた。マルキシズム、エスノメソドロジー、フェミニズムと分裂が重なり、結局のところ、社会学者としての集合的な地位が衰弱してしまった。こうした、内的外的の力を受けて、一九八〇年代は不安と懸念の時代となった。

しかしきわめて逆説的なことだが、保守党政権下の一九九〇年代に、第三段階教育の拡大が始まった。社会学専攻学生は倍以上に増加し、かつてのポリテクニクの教員の幾人かは、輝かしい教授というタイトルを手にした。要するに社会学は前政権時代以上に働く場を拡大させることに成功した。

しかしながら、社会学の外側ではなく、内側に向かう求心力、つまり内部対立が消えたわけではない。二一世紀に続く問題をめぐる対立は依然として続いている。この章では社会学内部での葛藤と外部との葛藤を見てきた。われわれは社会学内部に互いに対立する見方があることを説明してきた。社会学はある時は既成の社会制度の批判者となるし、ある時は社会的な説明責任のための道具ともなりうる。われわれは今や保守党政権が、別のところにガイド役を求めるようになったことを知っている。現代社会で社会調査がどのように受け入れられたのか、その特徴を見てきた。果たして今後イギリスの社会学はどこへ向かおうとしているのか、依然としてそれが課題である。

参考文献

Abbot, A. (1999), *Department and Discipline : Chicago Sociology at One Hundred* (Chicago : University of Chicago Press).

Abel-Smith, B. and Townsend, P. (1965), *The Poor and the Poorest* (London : Bell).

Abrams, Mark (1951), *Social Surveys and Social Action* (London : Heinemann).

Abrams, P. (1968), *The Origins of British Sociology 1834–1914* (Chicago : Chicago University Press).

——— *et al.* (1981), *Practice and Progress : British Sociology, 1950–1980* (London : Allen and Unwin).

Agresti, A. and Finlay, B. (1997), *Statistical Methods for the Social Science*, 3rd edn. (Upper Saddle River, NJ : Prentice Hall).

Anderson, O. W. (1972), *Health Care : Can there be Equity?* (New York : Wiley).

Anderson, Perry (1992), *English Questions* (London : Verso).

——— (1968), 'Components of the National Culture', *New Left Reviw*, No. 50, July／August.

Annan, N. G. (1955), 'The Intellectual Aristocracy', in J. H. Plumb (ed.), *Studies in Social History : a tribute to G. M. Trevelyan* (London : Longman, Green, Co.).

——— (1990), *Our Age* (London : Weidenfeld & Nicholson).

Archbishop of Canterburry's Commission on Urban Priority Areas (1985), *Faith in the City : A Call for Action by Church and Nation* (London : Church House Publishing).

Atkinson, A. B. (1969), *Poverty in Britain and the Reform of Social Security* (Cambridge : Cambridge University Press).

Avineri, Shlomo (1967), 'Feuer on Marx and the intellectuals', *Survey*, 62 : 152-5.

Balzac, H. (1928), *Comédie Humaine* (Paris : L. Conard).

——— (1899), *Eugénie Grandet* (Paris : Calmann-Lévy).

Banks, Olive (1955), *Parity and Prestige in English Secondary Education* (London : Routledge and Kegan Paul).

——— (1981), *Faces of Feminism* (Oxford : Martin Robertson).

Banks, J. (1954), *Prosperity and Parenthood* (London : Routledge and kegan Paul).

Barker, P. (1991), 'Painting the Portrait of "The Other Britain", New Society 1962-88', *Contemporary Record*, Col. 5, No. 1 : 45-61.

Barnett, C. (1986), *The Audit of War* (London : Macmillan).

Barry, B. (1988), 'The Continuing Relevance of Socialism,' in Skidelsky, R. (ed.), *Thatcherism* (London : Blackwell), pp. 143-58.

Bean, P. and Whynes, D. (1986), *Barbara Wootton : Social Science and Public Policy Essays in her Honour* (London : Tavistock).

Beauvoir, De, Simone (1949), *The Second Sex* (London : 1966 Four Square Books edition).

Beerbohm, M. (1919), *Seven Men and Two Others* (London : Penguin Books edition (1954)), p. 33.

Bendix, R. (1960), *Max Weber : An Intellectual Portrait* (London : Heinemann).

Bernal, J. D. (1939), *The Social Function of Science* (London : G. Routledge & Sons Ltd).

Bernard Shaw, G. (1965), *The Complete Prefaces of Bernard Shaw* (London : Hamlyn).

Beveridge, W. (1942), *Social Insurance and Allied Services* (London : HMSO Cmd 6409).

Birrell, W. D. *et al.* (1973), *Social Administraition : Readings in Applied Social Science* (Harmondsworth : Penguin).

Birnbaum, N. (2001), *After Progress : American Social Reform and European Socialism in the Twentieth Century* (Oxford : Oxford University Press).

Blackstone, Tessa, *et al.* (1970), *Students in Conflict LSE in 1967* (London : Weidenfeld and Nicolson).

Blums, S. (1982), in G. Oldham (ed.), *The Future of Research* (London : SRHE).

Bock, Kenneth (1978), Theories of Development and Evolution in Bottomore and Nisbet, *History of Sociological Analysis* (1978 : 39–79).

Booth, C. (1902–3), *Life and Labour of the People of London*, 17 Vols. (London : Macmillam).

Bottomore, T. B. and Nisbet, R. A. (1978), *History of Sociological Analysis* (London : Heinemann).

Bottomore, T. B. and Rubel, M. (1956), *Karl Marx : Selected Writings in Sociology and Social Philosophy* (London : Watts).

Bowly, A. L. and Burnett-Hurst, A. R. (1915), *Livelihood and Poverty. A Study in the Economic Conditions of Working Class Households in Nottingham, Warrington, Stanley and Reading* (London : Bell and Sons).

Bradbury, Malcom (1975), *The Historiy Man* (London : Secker and Warburg).

Briggs, Asa (1961), *Social Thought and Social Action. A Study of the Work of Seebohm Rowntree* (London : Longman).

Briggs, Asa (2002), *Michael Young : Social Entrepreneur, the Prolific Public Life of Michael Young* (Basingstoke : Palgrave).

——— and Mcartney, Anne (1984), *Toynbee Hall : The First Hundred Years* (London : Routledge and Kegan Paul).

Brock, W. R. (2002), 'James Bryce and the Future' (London : Proceedings of the British Academy 115/3 : 30).

Brown, G. and Harris, T. O. (1978), *The Social Origins of Depression* (London : Tavistock).

Buffon, G. L. L. (1749), *Histoire Naturelle, Générale et Particulaire* (Paris : F. Dufart, an 1808).

Bulmer, M. (1985), *Essays on the History of British Sociological Research* (Cambridge : Cambridge University Press).

——— (1986), *Social Science Research and Social Policy* (London : George Allen & Unwin).

——— (1987a), *Social Policy Research* (London : Macmillan).

——— (1987b), *Social Science Research and Government : Comparative Essays on Britain and the United States* (Cambridge : Cambridge University Press).

Bulmer, M. and Rees, A. M. (eds.) (1996), *Citizenship Today : The Contemporary Relevance of T. H. Marshall* (London : UCL Press).

———, Jane Lewis, and David Piachaud (eds.) (1989), *The Goals of Social Policy* (London : Unwin & Hyman).

———, Bales, K. and Sklar, K. K. (eds.) (1993), *The Social Survey in Historical Perspective, 1880–1940*

(Cambridge : Cambridge University Press).

Bunyan, J. (1678), *The Pilgrim's Progress from this World to that which is to Come*, ed. by J. Blanton Wharey (1960) (Oxford : Clarendon Press).

Burawoy, M. (1989), 'Two Methods in Search of Science : Skocpol versus Trotsky', *Theory and Society*, 128 : 759-805.

——— (1998), 'Critical Sociology : A Dialogue between two Sciences', *Contemporary Sociology*, 27 : 12-20.

Butler, C. V. (1912), *Social Conditions in Oxford* (London : Sidgwick & Jackson).

Butterfield, H. (1963), *The Whig Interpretation of History* (London : G. Bell and Sons).

Calder, A. and Sheridan, D. (eds.) (1984), *Speak for Yourself : A Mass-Observation Anthology 1937-49* (London : J. Cape).

Carnegie UK Trust (1993), *Life, Work and Livelihood in the Third Age : Final Report* (Dunfermline : Carnegie UK Trust).

Carr-Saunders, Alexander, M. (1922), *The Population Problem* (Oxford : Clarendon Press).

——— (1933), *The Professions* (Oxford : Clarendon Press).

——— and Caradog Jones, D. (1927), *The Social Structure of England and Wales* (London : Oxford University Press).

Chadwick, E. (1842), *Report on the Sanitary Conditions of the Labouring Population of Great Britain* (ed. by M. W. Flinn) (1965) (Edinburgh : Constable).

Chatterjee, S. K. (2002), *Statistical Thought : A Perspective and History* (Oxford : Oxford University Press).

Clapham Report, The (1946), Cmnd. 6868.

Cole, S. (2001), *What's Wrong with Sociology?* (New Brunswick, NJ : Transaction).

Cole, D. and Utting, J. E. G.（1962）, *The Economic Circumstances of Old People*（Wellwyn : Codicote P）.

Coleman, D.（1991）, 'Policy Research-Who needs it?', *Governance : An International Jounal of Policy and Administration*, 4／4 : 420-56.

Coleman, James（1979）, 'Sociological Analysis and Social Policy', in T. B. Bottomore and R. A. Nisbet（eds.）, *A History of Sociological Analysis*（London : Heinemann）, pp. 677-703.

Coleman, Peter（1989）, *The Liberal Conspiracy : The Congress for Cultural Freedom and the struggle for the Mind of Postwar Europe*（New York : Free Press）.

Collini, S.（1979）, *Liberalism and Sociology : L. T. Hobhouse and Political Argument, 1880-1914*（Cambridge : Cambridge University Press）.

Crouch, Colin（1970）, *The Student Revolt*（London : Bodley Head）.

———（1999）, *Social Change in Western Europe*（Oxford : Oxford University Press）.

———（2000）, *Coping with Post-democracy*（London : Fabian Society）.

Cullen, M.（1975）, *The Statistical Movement in early Victorian Britain*（Hassocks : Harvester）.

Cullingworth, J. B.（1965）, *English Housing Trends*（London : G. Bell）.

D'Aeth, F. G.（1910）, 'Present Tendencies of Class Defferentiation', *Sociological Review*, Ⅲ／4 : 267-76.

Dacre, Lord（1996）, 'Edward Still 1910-1995', *Minerva*, XXXⅣ, No. 1 Spring, 89-93.

Dahrendorf, R.（1988）, *The Modern Social Conflict*（London : Weidenfeld & Nicholson）.

———（1959）, *Class and Class Conflict in an Industrial Society*（Stanford : Stanford University Press）.［R・ダーレンドルフ『産業社会における階級および階級闘争』富永健一訳、ダイヤモンド社、一九六四］

———（1995）, *The London School of Economics, 1895-1995*（Oxford : Oxford University Press）.

Danchev, A. (1993), *Olive Franks : Founding Father* (Oxford : Clarendon Press).
Darwin, C. (1859), *The Origin of the Species* (London : John Murray).
Darwin, F. (ed.) (1887), *The Life and Letters of Charles Darwin* (London : John Murray).
Davidoff, Leonore, and C. Hall (1987), *Family Fortunes : Men and Women of the English Middle Class 1780–1850* (London : Hutchinson).
Davis, B. (1968), *Social Needs and Resources in Local Service* (London : Michael Joseph).
Dearing, R. (1997), *Higher Education in the Learning Society* (London : NCIHE／97／849–852, 856–861).
Defoe, D. (1927), *The Fortunes and Misfortunes of the Famous Moll Flanders* (Oxford : Basil Blackwell).
Delamont, S. (1980), *The Sociology of Women* (London : Allen & Unwin).
Dench, Geoff, Flower, Tony and Gavron, Kate (1995), *Young at Eighty* (Manchester : Carcanet).
Dennis, N. (1970), *People and Planning* (London : Faber).
——— (1980), 'Sociology, Educationand Equality', *Oxford Review of Education*, 5／2 : 114.
Dennis, N. and Halsey, A. H. (1988), *English Ethical Socialism* (Oxford : Clarendon Press).
Dennis, N. Heriques, F. and Slaughter, C. (1956), *Coal is Our Life* (London : Eyre and Spottiswode).
Dickens, C. (1854), *Hard Times* (London : J. M. Dent, 1907).
——— (1839), *Oliver Twist* (London : Richard Bentley). [C・ディケンズ『オリヴァー・トゥイスト』小池滋訳、上・下、筑摩書房、一九九〇]
——— (1857), *Little Dorrit* (London : Bradburry and Evans).
——— (1865), *Our Mutual Friend* (London : Chapman and Hall). [C・ディケンズ『我らが共通の友』間二郎訳、上・中・下、筑摩書房、一九九七]
Disraeli, B. (1871), *Sybil : or The Two Nations* (London : Longmans, Green).

Donnison, D. V. (1954), *The Neglected Child and the Social Services* (Manchester : Manchester University Press).
——— (1989), 'Social Policy : The Community based Approach', in Bulmer, *et al.* (eds.) 1989. D. Phil. Thesis, University of Sussex.
Douglas, J. (1967), *The Social Meaning of Suicide* (Princeton : Princeton University Press).
Durkheim, E. (1947), *The Division of Labour in Society* (Glencoe, IL : Free Press) (First published 1893).
Eathope, G. (1974), *A History of Social Research Methods* (London : Longman). [G・イーストホープ『社会調査方法史』川合隆男、霜野寿亮監訳、慶応通信、一九八二]
Eldridge, J. E. T. (1980), *Recent British Sociology* (London : Macmillan).
Eliot, G. (1861, 1967), *Silas Marner : The Weaver of Raveloe*, ed. by Q. D. Leavis (Harmondsworth : Penguin).
Eliot, T. S. (1948), *Notes Towards the Definition of Culture* (London : Faber). [T・S・エリオット『文化とは何か』深瀬基寛訳、清水弘文堂書房、一九五一]
Engels, Friedrich (1892), *Conditions of the Working Class in England in 1844* (London : Allen & Unwin).
Esping-Anderson, Gosta (2000), 'Two Societies, One Sociology, and No Theory', *British Journal of Sociology*, 51／1 : 59-77.
Evans, G. and Mills, C. (2000), 'In the search of the Wage-Labour／service contract : New Evidence on the Validity of the Goldthorpe Class Schema', *British Journal of Sociology*, 51／4 : 641-61.
Fitzpatrick, E. (1990), *Endless Crusade : Women Social Scientists and Progressive Reform* (Oxford : Oxford University Press).
Fletcher, R. (ed.) (1974), *The Science of Society and the Unity of Mankind* (London : Heinemann).
Floud, j., Halsey, A. H. and Martin, F. M. (1956), *Social Class and Educational Opportunity* (London :

Heinemann).
Fox, A. (1985), *History and Herritage : The Social Origins of Britain's Industrial Relations System*, (London : Allen & Unwin).
Freud, S. (1933), *New Introductory Lectures on Psycho-analysis*, tr. by W. J. H. Sprott (London : Hogarth Press).
Garfinkel, H. (1967), *Study in Ethnomethodology* (Englewood Cliffs, NJ : Prentice Hall).
Gellner, Ernest (1959), *Words and Things* (London : Gollancz).
——— (1992), *Post Modernism, Reason and Religion* (New York and London : Routledge).
——— (1995), 'Reviw of Ralf Dahrendorf's LSE', in *Times Literacy Supplement*, 26 May.
Gerth, H. and Mills, C. W. (1948), *From Max Weber : Essays in Sociology* (London : Routledge and Kegan Paul). [H・ガース、ライト・ミルズ共著『マックス・ウェーバー：その人と業績』山口和男、犬伏宣宏共訳、ミネルヴァ書房、一九六四]
Giddens, A. (1976), *New Rules of Sociological Method : A Positive Critique of Interpretative Sociologies* (London : Hutcinison). [A・ギデンズ『社会学の新しい方法規準：理解社会学の共感的批判』松尾精文、藤井達也、小幡正敏訳、而立書房、二〇〇〇]
——— (1984), *The Constitution of Society : Outline of the Theory of Structuration* (Cambridge : Polty Press).
Ginsberg, M. (1940), 'The Life and Work of Edward Westermarck', *Sociological Reviw*, XXVII／182 : 1-28.
——— (1944), *Moral Progress : The Frazer Lecture 1944* (Glasgow : Jackson).
——— (1947), *Reason and Unreason in Society*, Vol.2 (London : London School of Economics).
——— (1953a), *The Idea of Progress : A Revaluation* (London : Methuen).

——— (1953b), *On the Diversity of Morals : Huxley Memorial Lecture 1953* (London : Royal Anthropological Institute).

——— (1965), *On Justice in Society* (London : Heinemann).

Glass, David, V. (ed.) (1940), *Population, Policies and Movements in Europe* (Oxford : Clarendon Press).

——— (ed.) (1954), *Social Mobility in Britain* (London : Routledge and Kegan Paul).

Glass, David (1978), Obituary, The Times, 27 September.

Glass, Ruth (1955), 'Urban sociology in Great Britain : A Trend Report', *Current Sociology*, 4.

Goldman, Lawrence (1983), 'The Origins of British "Social Science", Political Economy, Natural Science and Statistics, 1830-1835', *The Historical Journal*, 26/3 : 587-616.

——— (1986), 'The Social Science Association, 1857-1886 : A context for mid-Vitorian Liberalism', *English Historical Reviw*, Vol. CI, No. 433 : 95-134.

——— (1987), 'A Peculiarity of the English?, The Social Science Association and the Absence of Sociology in nineteenth-century Britain', *Past and Present*, 114 : 133-70.

——— (1991), 'Statistics and the Science of Society in Early Victorian Britain : An Intellectual Context for the General Register Office', *Social History of Medicine*, 4/3 : 415-34.

——— (2002), *Science, Reform and Politics in Victorian Britain* (Cambridge : Cambridge University Press).

Goldthorpe, J. H. (1980), *Social Mobility and Class Structure in Modern Britain* (Oxford : Clarendon Press).

——— (2000), *On Sociology : Numbers, Narratives, and the Integration of Reseach and Theory* (Oxford : Oxford University Press).

——— (1973), 'A Revolution in Sociology', *Sociology*, Vol. 7 : 449-62.

Goldthorpe, J. H., Lockwood, D., Platt, J. and Bechhofer, F. (1968a), *The Affluent Worker : industrial Attitudes and Behaviour* (London : Cambridge University Press).

——— (1968b), *The Affuent Worker : Political Attitudes and Behaviour* (London : Cambridge University Press).

——— (1969), *The Affluent Worker in the Class Structure* (London : Cambridge University Press).

Gorer, Geoffrey (1955), *Exploring English Character* (London : Cresset).

Gould, J. (1977), *The Attack on Higher Education : Marxist and Radical Penetration* (London : Institute for the Study of Conflict).

Graunt, John (1662), *Natural and Political Observations made upon the London Bills of Mortality* (London : E. Cotes).

Hall, John A. (1981), *Diagnosis of Our Time* (London : Heinemann).

Hall, Penelope (1952), *The Social Services of Modern England* (London : Routledge and Kegan Paul).

Halliday, R. J. (1968), 'The Sociological Movement, The Sociological Society and the Growth of Academic Sociology in Britain', *Sociology Review*, 16/3 : 377–98.

Halsey, A. H. (1972), *Educational Priority* (London : HMSO).

——— (1976), *Traditions of Social Policy* (Oxford : Basil Blackwell).

——— (1995a), *The Decline of Donnish Dominion, 2nd edn.* (Oxford : Oxford University Press).

——— (1995b), '*Education and Ethical Socialism*', 129–34, in Dench, *et al.* (eds.), *Young at Eighty*.

——— (1996), *No Discouragement : An Autobiography* (Basingstoke : Macmillan).

——— and Floud, J. E. (1961), *Education, Economy and Society : A Reader in the Sociology of Education* (London : Macmillan).

——— and Webb, J. (ed.) (2000), *Twentieth-Century British Social Trends* (Basingstoke : Macmillan).

———, Trow, M. and Fulton, O. (1971), *The British Academics* (London : Faber).

———, Heath, A. F. and Ridge, J. M. (1980), *Origins and Destinations* (Oxford : Oxford University Press).

Hankins, F. H. (1908), *Adolphe Quetelet as Statistician* (New York : Columbia University Studies in History, Economics, and Public Law).

Hardy, G. H. (1977, 1942), *Bertrand Russell and Trinity : A College Controversy of the Last War* (Cambridge : CUP, 1942, New York, Arno).

Harris, J. (1977), *Willam Beveridge : A Biography* (Oxford : Clarendon Press).

——— (1989), '*The Webbs, The Charity Organisation Society and the Ratan Tata Foundation*', in Bulmer *et al.* (1989), 27-63.

Harrison, Royden (2000), *The Life and Times of Sidney and Beatrice Webb 1858-1905 : The Formative Years* (London : Macmillan).

Hawthorn, G. (1976), *Enlightenment and Despair : A History of Sociology* (Cambridge : Cambridge University Press).

Hayek, F. A. von (1945), *The Road to Serfdom* (London : Routledge and Kegan Paul).

Hayward, Jack, *et al.* (eds.) (1999), *The British Study of Politics in the Twentieth Century* (Oxford : Oxford University Press).

Hellevik, D. (1997), 'Class Inequality and Egalitarian Reform'. *Acta Sociologica*, 40/4 : 377-97.

Heyde, C. and Seneta, E. (eds.) (2001), *Statisticians of the Centuries* (New York : Springer).

Hills, Victor (1970), 'William Farr (1807-1883) and the "Human Unit"', *Victorian Studies*, 14/2 : 145-6.

Hindess, B. (1973), *The Use of Official Statistics in Sociology-A Critique of Positivism and Ethno*

Methodology (London : Macmillan).

Hobhouse, L. T. (1901), *Mind in Evolution* (London : Macmillan).

——— (1906), *Morals in Evolution* (London : Chapman and Hall).

——— (1907), *Inaugural Lecture.*

——— (1909), *Sociological Review*, 2/402-review of Westermarck's *The Origin and Development of Moral Ideas* (London : Macmillan).

——— (1911), *Liberalism* (London : Oxford University Press).

——— (1913), *Development and Purpose : An Essay Towards a Philosophy of Evolution* (London : Macmillan).

——— (1918), *The Metaphysical Theory of the State : A Criticism* (London : Allen & Unwin).

———, Ginsberg, M. and Wheeler, G. C. W. C. (1915), *The Material Culture and Social Institutions of the Simpler Peoples* (London : Chapman & Hall).

Hogben, L. (1937), *Mathematics for the Million : A Popular Self Educator* (London : George Allen & Unwin).

——— (1938a), *Science for the Citizen : A Self-educator based on the Social Background of Scientific Discovery* (London : George. Allen & Unwin).

——— (1938b), *Political Arithmetic : A Symposium of Population Studies* (New York : Macmillan Co.).

Hoggart, R. (1957), *The Uses of Literacy* (London : Chatto & Windus).

——— (1991), *Life and Times*, Vol. 4, *An Imagined Life 1959-1991* (London : Chatto & Windus).

Homans, George C. (1962), Sentiments and Activities (London : Routledge and Kegan Paul).

Husband, C. (1981), 'Sociologies and Marxisms : The Odd Couples', in Abrams, *et al.* (eds.) *Practice and Progress : British Sociology 1950-80*, 163-7.

International Journal of Public Opinion Reserch (2001), 13／3.

Janowitz, M. (1970), *Political Conflict : Essays in Political Sociology* (Chicago : Quadrangle).

Jeffrey, T. (1978), *Mass Observation : A Short History* (Birmingham : Centre for Contemporary Cultural Studies, Univesity of Birmingham).

Jerábek, Hynek (2001) 'Paul Lazarsfeld——The Founder of Modern Emprirical Sociology : A Research Biography', *International Jornal of Public Opinion Research*, 13／3 : 229–44.

Jones, D. C. (1934), *The Social Survey of Merseyside, Liverpool* (Liverpool : Liverpool University Press).

——— (1948), *Social Surveys* (London : Hutchinson).

Jones, K. and Sidebotham, R. (1962), *Mental Hospitals at Work* (London : Routledge and Kegan Paul).

Kelsall, R. K. (1970), 'Review of G. Duncan Mitchell, A Hundred Years of Sociology', *Sociology*, 4 : 137–3.

Kent, R. A. (1981), *A History of Empirical Sociology* (Aldershot : Gower).

Kerr, C. (1963), *The Uses of the University* (Cambridge, Mass : Harvard University Press). [C・カー『大学の効用』茅誠司監訳、東京大学出版会、一九六九]

Ketchum, John Davidson (1965), *Ruhleban, a Prison Camp Society* (Toronto : University of Toronto Press).

Kevles, D. J. (1985), *In the Name of Eugenics* (New York : Knofp). [D・J・ケヴルズ『優生学の名のもとに：「人類改良」の悪夢の百年』西俣総平訳、朝日新聞社、一九九三]

Kretschmer, E. (1925), *Physique and Character : An investingation of the Nature of Constitution and of the Theory of Temperament*, tr. by W. J. H. Sprott (London : Kegan Paul, Trench, Trübner).

Kuhn, T. S. (1962), *The Structure of Scientific Revolutions* (Chicago, London : University of Chicago Press).

Kumar, Krishan (2001), 'Sociology and the Englishness of English Social Thought', *Sociological Theory*, 19／1 : 41–64.

Laslett, Peter (1989), *A Fresh Map of Life : The Emergence of the Third Age* (London : Weidenfeld & Nicholson).

Lazarsfeld, Paul (2001), 'Articles, Appreciations and a select Biography of his Work', *International Journal of Public Opinion Research*, 13 : 3.

Leavis, F. R. (1963), *The Great Tradition : George Eliot, Henry James, Joseph Conrad* (Harmondsworth : Penguin in association with Chatto & Windus). [F・R・リーヴィス『偉大な伝統：ジョージ・エリオット、ヘンリー・ジェイムズ、ジョウゼフ・コンラッド』長岩寛、田中純蔵訳、英潮社、一九七二]

——— (1962), *Two Cultures? The Significance of C. P. Snow* (London : Chatto & Windus).

Lepenis, W. (1988), *Between Literature and Science : The Rise of Sociology* (Cambridge : Cambridge University Press).

Lewis, Jane E. (1989), 'Introduction,' in Bulmer, M., *et al.* (eds.), *The Goals of Social Policy* (London : Unwin Hyman), 121–40.

Lipset, S, M. and Riesman, D. (1975), *Commission on Higher Education : Education and Politics at Harvard* (New York : McGraw Hill).

Lister, R. (ed.) (1996), *Charles Murray and the Underclass : The Developing Debate* (London : IEA Health and Welfare Unit).

Lockwood, D. (1956), 'Some Remarks on "The Social System"', *British Journal of Sociology*, 7 : 22, 134–46.

——— (1992), *Solidarity and Schism* (Oxford : Clarendon Press).

——— (1958), *The Black-Coated Worker* (London : George Allen and Unwin).

Lukes, S. (1973), *Emile Denkheim : His Life and Work : A Historical and Critical Study* (London : Allen Lane).

Macfarlane, A. (1978), *The Origins of English Individualism : The Family, Property and Social Transition* (Oxford : Basil Blackwell).［A・マクファーレン『イギリス個人主義の起源：家族・財産・社会変化』酒田利夫訳、南風社、一九九七］

MacIver, R. M. (1937 and 1949), *Society* (London : Macmillan), rewritten with Charles Page in 1949.

——— (1968), *As a Tale that is Told* (Chicago : Chicago University Press).

Mackenzie, Norman and Jeannette (eds.) (1978), *The Letters of Sidney and Beatrice Webb*, Vols Ⅰ, Ⅱ, Ⅲ (Cambridge : Cambridge University Press).

——— (1982-4), *The Diary of Beatrice Webb*, Vols Ⅰ-Ⅲ (London : Virago).

Macrae, Donald (1970), *New Society*, 387.

Madge, C. (1937), *The Disappearing Castle* (London : Faber and Faber).

Madge, C. and Harrison, T. (1939), Britain by Mass-Observation (Harmondsworth : Penguin).

Mariet, P. (1957), *Pioneer of Sociology : The Life and Letters of Patrick Geddes* (London : Lund Humphries).

Malthus, T. R. (1798), *An Essay on the Principle of Population* (London : J. Johnson), ［T・R・マルサス『人口論：各版対照』吉田秀夫訳、春秋社、一九四八―一九四九］

Mannheim, Karl (1936), *Ideology and Utopia : An Introduction to the Sociology of Knowledge* (London : Routledge and Kegan Paul).

Marsh, Catherine (1982), *The Survey Method : The Contribution of Surveys to Sociological Explanation* (London : George Allen & Unwin).

Marshall, G. (ed.) (1994), *The Concise Oxford Dictionary of Sociology* (Oxford : Oxford University Press).

Marshall, T. H. (1925), *James Watt (1736-1819)* (London : Parsons).

——— (ed.) (1938a), *Class Conflict and Social Stratification* (London : Le Play House Press).

——— (ed.)（1938b）, *The Population Problem : The Experts and the Public*（London : Allen & Unwin）.

——— （1947）, *Sociology at the Crossroad*（London : Longmans, Green）.

——— （1950）, *Citizenship and Social Class*（Cambridge : Cambridge University Press）.［T・H・マーシャル、T・ボットモア『シティズンシップと社会的階級：近現代を総括するマニフェスト』岩崎信彦、中村健吾訳、法律文化社、一九九三］

——— （1967）, *Social Policy in the Twentieth Century*（London : Hutchinson）.［T・H・マーシャル『社会（福祉）政策：二十世紀における』岡田藤太郎訳、相川書房、一九九〇］

——— （1973）,ʻA British Sociological Careerʼ, *British Journal of Sociology*, 24 : 399–408.

——— （1981）, *The Right to Welfare : And Other Essays*（London : Heineman）.［T・H・マーシャル『福祉国家・福祉社会の基礎理論：「福祉に対する権利」他論集』岡田藤太郎訳、相川書房、一九八九］

Marshall, G., and Swift, A.（1996）,ʻMerit and Mobility : A Reply to Peter Saundersʼ, *Sociology*, 30／2 : 375–86.

———, Rose, D. Newby, H. and Vogler, C.（1988）, *Social Class in Modern Britain*（London : Unwin Hyman）.

Martins, H.（ed.）（1993）, *Knowledge and Passion : Essays in Honour of John Rex*（London : I. B. Taurus & Co.）.

——— and Rex, J.（eds.）（1974）, *Approaches to Sociology : An Introduction to Major Trends in British Sociology*（London : Routledge and Kegan Paul）.

Masterman, C. F. G.（1909）, *The Condition of England*（London : Methuen）.

Mayhew, Henry（1851–62）, *London Labour and the London Poor*（London : Griffin, Bohn & Co.）.

McConica, James（1986）, *The History of the University of Oxford Vol. Ⅲ : The Collegiate University*

(Oxford : Oxford University Press).
McDonagh, E. C. and Simpson, J. E. (eds.) (1965), *Social Problems : Persistent Challenges* (New York : Holt, Rinehart, and Winston).
McGlone, F. and Cronin, N. (1994), *A Crisis in Care? : The Future of Family and State Care for Older People in The European Union* (London : Family Policy Studies Centre).
Mearns, Andrew (1883), *The Bitter Cry of Outcast London* (London : Jason Clarke).
Mess, H. (1928), *Industrial Tyneside* (London : Benn).
Mills, S. and Wright, C. (1959), *The Sociological Imagination* (New York : Oxford University Press).
Mitchell, G. D. (1968), *A Hundred Years of Sociology* (London : Duckworth).
Mitchell, Juliet and Oakley, Ann (eds.) (1986), *What is Feminism?* (Oxford : Basil Blackwell).
Morris, L. (1994), *Dangerous Classes : The Underclass and Social Citizenship* (London : Routledge, Kegan Paul).
Morris, Terence (1989), 'In Memoriam : Barbara Wootton 1897–1988', *British Journal of Sociology*, 40／2 : 310–18.
Moser, Claus (1958), *Survey Methods in Social Investigation* (London : Heinemann, 2nd edition 1971 with Kalton, G.).
Muggeridge, M. (1975), *The Infernal Grove : Chronicles of Wasted Time Vol. 2* (London : Fontana).
Mullen, H. (1987), *Sociologists on Sociology* (London : Croom Helm).
Murray, Charles, A. (ed.) (1990), *The Emerging British Underclass* (London : IEA Health and Welfare Unit).
Network (2001), 80.

New Society, 8 April, 1982.
Nevitt, A. A. (1966), *Housing, Taxation and Subsidies* (London : Nelson).
Oakley, Ann (1989), 'Women's Studies in British Sociology : To End at Our Beginning?', *British Journal of Sociology*, 40／3 : 442-70.
——— (2000), *Experiments in knowing : Gender and Method in the Social Sciences* (Cambridge : Polity Press).
Oberschall, A. (1972), *The Establishment of Empirical Sociology* (New York : Harper and Row).
Oromaner, M. J. (1970), 'Comparisons of influentials in Contemporary American and British Sociology : A Study in the Internationalisation of Sociology', *British Journal of Sociology*, 21 : 324-32.
Orwell, G. (1933), *Down and Out in Paris and London* (London : Gollancz).
——— (1937), *The Road to Wigan Pier* (London : Gollancz). ［G・オーウェル『ウィガン波止場への道』土屋宏之、上野勇訳、筑摩書房、一九九六］
——— (1970), *The Collected Essays, Journalism and letters of George Orwell* (Harmondsworth : Penguin).
Parker, J. (1998), *Citizenship, Work and Welfare : Seaching for the Good Society* (Basingstoke : Macmillan).
Packman, J. (1968), *Child Care : Needs and Numbers* (London : Allen & Unwin).
Parsons, T. (1937), *The Structure of Social Action : A Study in Social Theory with Special Reference To a Group of Recent European Writers* (New York : McGraw Hill).
——— (1951), *The Social System* (London : Routledge and Kegan Paul).
Peel, J. D. Y. (1971), *Herbert Spencer : The Evolution of a Sociologist* (London : Heinemann).
Perkin, H. (1969), *Key Profession : The History of the Association of University Teachers* (London :

Routledge and Kegan Paul).
——— (1989), *The Rise of Professional Society : England since 1880* (London : Routledge).
Phillipson, C. and Walker, A. (1986), *Ageing and Social Policy : A Critical Assessment* (Aldershot : Gower).
Pilcher, Jane (1994), 'Mannheim's Sociology of Generations : An Undervalued Legacy', *British Journal of Sociology*, 45／3, 481-95.
Platt, J. (1971), *Social Research in Bethnal Green : An Evaluation of the Work of the Institute of Community Studies* (London : Macmillan).
——— (1976), *Realities of Social Research* (London : Chatto & Windus).
——— (1997), *The Polytechnic Experiment, 1965-1992* (Buckingham : Society for Research in Higher Education).
——— (1998), *A Brief History of the ISA : 1948-1997* (Madrid : International Sociological Association).
——— (2000), 'Women in the British sociological labour market 1960-1995', *Sociological Research Online*, 4／4 : 16.
——— (2003), *The British Sociological Association : A Sociological History* (Durham : Sociology Press).
Popper, K. R. (1945), *The Open Society and its Enemies* (London : Routledge and Kegan Paul). [K・R・ポパー『自由社会の哲学とその論敵』武田弘道訳、泉屋書店、一九六三]
——— (1959), *The Logic of Scientific Discovery* (London : Hutchinson). [K・R・ポパー『科学的発見の論理』大内義一、森博共訳、恒星社厚生閣、一九七一]
——— (1957), *The Poverty of Historicism* (London : Routledge and Kegan Paul). [K・R・ポパー『歴史主義の貧困：社会科学の方法と実践』久野収、市井三郎訳、中央公論社、一九九一]
Prendergast, C. (1990), *Introduction to the World's Classics Series* (OUP) of Balzac Eugénie Grandet 1833,

Mme Béchet, Paris.
Quetelet, L. A. J. (1842),'Sur I'Homme et le Développement de ses Facultés : Physique Sociale' (Brussels 1835 English edn, translated by J. Knox *as A Treatise on Man and the Development of his Faculties*, Edinburgh, 1842).
Ratcliffe, S. K. (1910),'Sociology in the English Novel', *Sociological Reviw*, 3 : 126-36.
Rex, J. and Moore, R. S. (1967), *Race, Community and Conflict : A Study of Sparkbrook* (London : Publication for the Institute of Race Relations by Oxford University Press).
Roberts, D. (1960), *Victorian Origins of the British Welfare State* (New Haven : Yale University Press).
Rodgers, B. N. and Dixon, J. (1960), *Portrait of Social Work* (London : Oxford University Press).
Rojek, C. and Turner, B. (2000), 'Decorative Sociology : Towards a Critique of the Cultural Turn', *Sociological Review*, 48/4 : 629-48.
Roseneil, Sarah (1995),'The Coming of Age of Feminist Sociology : Some Issues of Practice and Theory for the Next Twenty Years', *British Journal of Sociology*, 46/2 : 191-205.
Rothschild, Lord (1971),'The Organisation and Management of Government Research and Development', *A Framework for Government Research and Development*, Cmnd 4814, (London : HMSO).
——— (1982), *An Enquiry into the Social Science Research Council*, Cmnd 8554 (London : HMSO).
Rowntree, B. S. (1901), *Poverty. A Study of Town Life* (London : Macmillan). [B・S・ラウントリー『貧乏研究』長沼弘毅訳、ダイヤモンド社、一九五九]
——— and Lasker, B. (1911), *Unemployment. A Social Study* (London : Macmillan).
Royal Statistical Society (RSS News) 29/3, April 2002.
Runciman, W. G. (1972), *Relative Deprivation and Social Justice* (Harmondsworth : Penguin).

——— (1989), *Confessions of a Reluctant Theorist : Selected essays of W. G. Runciman* (London and New York : Simon & Schuster).
——— (1998), The Social Animal (London : Harper Collins).
Rutter, M. and Madge, N. (1976), *Cycles of Deprivation* (London : Heinemann).
Saunders, Peter (1990), *Social Class and Stratification* (London : Routledge).
——— (1997), 'Social Mobility in Britain : An Empirical Evaluation of Two Competing Theories', *Sociology*, 31 : 261–88.
Selvin, H. (1985), 'Durkheim, Booth and Yale : The Non Diffusion of An Intellectual Innovation', in M. Bulmer (ed.), 1985.
Sen, A. K. (1983), 'Poor, Relatively Speaking', *Oxford Economic Papers*, 35 : 53–169.
——— (1985), 'A Sociological Approach to the Measurement of Poverty : A Reply to Professor Townsend', *Oxford Economic Papers*, 37／4 : 669–76.
Shanas, E., *et al.* (1968), *Old People in Three Industrial Societies* (London : Routledge and Kegan Paul).
Shaw, G. B. (1965), *Prefaces*.
Shaw, Martin (1976), *Sociology*, 10／3 : 519.
Shils, E. (1948), *Present State of American Sociology* (Chicago : Chicago University Press).
——— (1956), *The Torment of Secrecy : The Background and Consequences of American Security Policies* (Glencoe, IL : Free Press).
——— (1961), 'The Intellectual between Tradition and Modernity : The Indian Situation', *Comparative Studies in Society and History*, supplement no. 1 and The Hague : Mouton.
——— (1975), *Centre and Periphery : Essays in Macrosociology* (Chicago : University of Chicago Press).

——— (1992), 'The Sociology of Robert E. Park', *Sociologica*, IX : 32.

——— (1997), *Portraits : A Gallery of Intellectuals edited by Joseph Epstein* (Chicago : Chicago University Press).

Shills, E. and Janowitz, M. (1948), 'Cohesion and Disintegration in the Wehrmacht in World War II', *Public Opinion Quarterly*, XII : 280–315.

——— and Blacker, Carmen (eds.), (1996), *Cambridge Women : Twelve Portraits* (Cambridge : Cambridge University Press).

Simey, T. S. and Simey, M. B. (1960), *Charles Booth : Social Scientist* (Oxford : Oxford University Press).

Simon, B. (1991), *Education and the Social Order, 1940–1990* (London : Lawrence & Wishart).

Skidelsky, R. (1992), *John Maynard Keynes, Vol. 2. Two The Economist as Saviour* (London : Macmillan).

Small, Albion (1924–5), *AJS Review of Hobhouse's Social Development.*

Smith, A. (1950), *An Inquiry into the Nature and Causes of the Wealth of Nations*, ed. by E. Cannan (London : Methuen).

Smith, D. J. (1992), *Understanding the Underclass* (London : Policy Studies Institute).

Smith, H. L. (1930–5), *The New Survey of London Life and Labour* (London : P. S. King).

Snow, C. P. (1959), *The Two Cultures and the Scientific Revolution* (Cambridge : Cambridge University Press). [C・P・スノー『二つの文化と科学革命』松井巻之助訳、みすず書房、一九六〇]

Soares, J. (1999), *The Decline of Privilege : The Modernisation of Oxford University* (Cambridge : Cambridge University Press).

Soffer, R. N. (1978), *Ethics and Society in England : The Revolution in the Social Sciences, 1870–1914* (Berkeley, London : University of California Press).

——— (1982), 'Why do Disciplines Fail?The Strange Case of British Sociology', *English Historical Review*, 97 : 767-802.

Solzhenitsyn (1974-3), *Gulag Archipelago*, Vol. Ⅲ (London : Elins／Fontana).

Spencer, H. (1860-2), *First Principles* (London : G. Mainwaring).

——— (1884), *The Man Versus the State* (London : Williams & Norgate). ［H・スペンサー『個人對國家』鈴木榮太郎譯、社會學研究會、一九二三］

Spencer, J. (2000), 'British Social Anthropology : a Retrospent', *Annual Review of Anthropology*, 29 : 1-24.

Sprott, W. J. H. (1949), *Sociology* (London : Hutchinson's University Library). ［W・J・H・シュプロット『社会学』日高六郎、城戸浩太郎訳、岩波書店、一九五六］

——— (1954), *Science and Social Action* (London : Watts).

——— (1962), *Sociology at the Seven Dials* (London : University of London, Athlone Press).

Stedman-Jones, G. (1971), *Outcast London : A Study in the Relationship between Classes in Victorian Society* (Oxford : Clarendon Press).

Stedman-Jones, G., Barnett, A. and Wengraf, T. (1967), 'Student Power : What is to be Done?', *New Left Review*, 43, May-June.

Stone, P. A. (1970), *Urban Development in Britain* (Cambridge : Cambridge University Press).

Swingewood, A. (1970), 'Origins of Sociology : The Case of the Scottish Enlightenment', *British Journal of Sociology*, 21 : 164-80.

The Times 22 July 2002, Obituary of Royden J. Harrison.

Townsend, Peter (1957), *The Family Life of Old People* (London : Routledge and Kegan Paul). ［P・タウンセント『老人の家族生活：社会問題として』服部広子、一番ケ瀬康子共訳、家政教育社、一九七四］

——— (1962), *The Last Refuse* (London : Routledge and Kegan Paul).
——— (1979), *Poverty in the United Kingdom* (London : Allen Lane).
———and Davidson, N. (eds.) (1982), *Inequalities in Health : the Black Report* (Harmondsworth : Penguin Books).
Townsend, P. and Wedderburn, D., *et al.* (1965), *The Aged in the Welfare State* (London : Bell).
Trevino, A. Javier (eds.) (2001), *Talcott Parsons Today : His Theory and Legacy in Contemporary Sociology* (London and New York : Rowman & Litterfield).
Tropp, A. (1956), *The School Teachers* (London : Heinemann).
Truscot, B. (1945), *Redbrick University* (London : Pelican).
Turner, S. P. and Turner, J. H. (1990), *The Impossible Science : An Institutional Analysis of American Sociology* (Newbury Park, CA : Sage).
University Grants Committee (UGC) (1989), *Report of the Review Committee on Sociology* (London : HMSO).
Van Creveld, Martin, L. (1982), *Fighting Power : German and US Army Peformance 1939–1945* (Greenwood Press : Westport).
Walby, S. (1988a), 'Gender Politics and Social Theory', *Sociology*, 22／2 : 215–32.
——— (1988b), *Gender Segregation at Work* (Milton Keynes : Open University).
Wallance, R. A. (1989), *Feminism and Sociological Theory* (Newbury Park : Sage).
Ward, Mrs Humphrey (1888), *Robert Elsmere* (London : Smith Elder).
Warner, G. T. (1924), *Landmarks in English Industrial History* (London : Blackie).
Webb, B. P. (1926), *My Apprenticeship* (London, New York : Longmans, Green and Co.).

——— (1948), *Our Partnership*, ed. by B. Drake and M. I. Cole（London : Longmans, Green and Co.）.

Webb, Jo（2003）, D. Phil Thesis *Always with Us? The Evolution of Poverty in Britain, 1880–2002*（Oxford University）.

Webb, B. and Webb, S.（1929）, *English Poor Law History Part Ⅱ : The Last Hundred Years*, Vol. 11（London : Frank Cass, 1963）.

———（1932）, *Methods of Social Study*（London : Longman）.［S・ウェッブ、B・ウェッブ『社会調査の方法』川喜多喬訳、東京大学出版会、一九八二］

Weber, M.（1964）, *The Theory of Social and Economic Organisation*（New York : Free Press）.

Weiner, M. J.（1985）, *English Culture and the Decline of the Industrial Spirit 1850–1980*（London : Pelican）.［マーティン・J・ウィーナ『英国産業精神の衰退：文化史的接近』原剛訳、勁草書房、一九八四］

Wells, A, F.（1935）, *The Local Social Surveys in Great Britain*（London : Allen & Unwin）.

Wells, H. G.（1907）, 'The So-colled Science of Sociology', *Sociological Paper Ⅲ*, 357–78.

———（1911）, *The New Machiavelli*（London : John Lane）.

Westergaard, John,（1979）, 'In Memory of David Glass', *Sociology*, 13 : 173–8.

——— and Resler, H.（1975）, *Class in a Capitalist Society*（London : Heinemann）.

Westergaard, J. and Pahl, R.（1989）, 'Looking Backwards and Forwards : The UGC's Review of Sociology', *British Journal of Sociology*, 40／3 : 374–92.

Whitty, Geoff（1997）, *Social Theory and Education Policy : The Legasy of Karl Mannheim*（London : Institute of Education）.

Williams, K.（1981）, *From Pauperism to Poverty*（London : Routledge）.

Williams, R.（1961）, *The Long Revolution*（London : Chatto & Windus）.［R・ウィリアムズ『長い革命』若

松繁信〔ほか〕訳、ミネルヴァ書房、一九八三〕
Wilson, W. J.（1987）, *The Truly Disadvantaged : The Inner City's the Underclass and Public Policy*（Chicago : Chicago University Press）.〔W・J・ウィルソン『アメリカのアンダークラス：本当に不利な立場に置かれた人々』平川茂、牛草英晴訳、明石書店、一九九九〕
Wootton, Barbara（1959）, *Social Science and Social Pathology*（London : Allen & Unwin）.
———— （1967）, *In a World I Never Made*（London : Allen & Unwin）.
Yeats, W. B.（ed.）（1936）, *The Oxford Book of Modern Verse, 1892–1935*（Oxford : Clarendon Press）.
Young, M.（1958）, *The Rise of the Meritocracy, 1870–2023 : An Essay On Education and Equality*（London : Thames and Hudson）.
———— and Halsey, A. H.（1995）, *Family and Community Socialism*（London : Institute for Public Policy Research）.
———— and Willmott, P.（1957）, *Family and Kinship in East London*（London : Routledge and Kegan Paul）.
Yule, G. U.（1911）, *An Introduction to the Theory of Statistics*（London : Griffin）.

訳者解説

本書は、A. H. Halsey 著、*A History of Sociology in Britain : Science, Literature, and Society*（2004）を翻訳したものである。本書の内容は、イギリスの社会学の勃興と凋落の歴史をたどったものである。一九二三年生まれ（当年八六歳）のハルゼーはその生涯を通じて社会学の勃興、拡大を体験するとともに、その最晩年にいたってその凋落の歴史に直面することとなった。ここで凋落というのは、今や各地の大学で社会学科の閉鎖が相次ぎ、それとともに自らを社会学者と名乗る者が減少している事態をさしている。一九九二年度にはイギリス全国に六七の社会学科が存在したが、二〇〇九年度には三〇学科に減少した*。つまり過去一七年間に三七の社会学科が閉鎖に追い込まれ、その数が半減したことを意味している。

＊ここでいう社会学科とは、高等教育資金配分機構によって公認され、政府からの公的資金を受けた社会学科のことである。この数は、高等教育資金配分機構の行った「研究実績評価結果」（一九

九二年版と二〇〇九／一〇年版）から確認した。

なぜこうした事態に陥ったのか。その理由は、社会学という分野に対する社会的信頼が極度に低下したためである。その信頼失墜の原因は何だったのか。これに答えるのが本書の狙いの一つである。ハルゼーはそれを「社会学の断片化」と「社会学内部でのイデオロギー対立」をキーワードとして説明しようとしている。しかし理由は社会学という学問分野内部だけに原因があったのではない。イギリスの高等教育政策、学術政策、それを規定する政治傾向の変化が関係している。

しかしその原因を社会科学の「科学性」を疑うサッチャー政権の登場、それに伴う政治環境の一変といった、外部要因だけに帰することはできない。もっと本質的な問題は、イギリス社会で社会学が登場した時、人々が期待した「社会の科学」とはいかなるものだったのかという問題にまで遡る。そもそも人間は「科学」と称する認識方法にいかなる期待をかけたのか、この現代においてもなおかつその期待は妥当なのか、さらには「社会の科学」が成立しうる可能性が残されているのかという問題にまでいたりつく。

本書は学問史の一齣といえるが、いわゆる内部分析（internal analysis）ではなく、外部分析（external analysis）である。つまりその学問分野の理論が、いかなる論理的な発展と蓄積によって成長してきたかを問うのではなく、ある学問分野が、学問・大学・社会をめぐる環境のなかで、いかなる規定を受けながら成長し凋落していったかを分析する方法で書かれている。

一つの学問分野が成立するには、まず大学の内部に講座なり学科なり教科目が成立しなければならない。これらが成立することによって、初めてその専門教科を教えることで収入が保障される人種が登場する。こうした教員が増えるにつれて、相互の連合体が作られる。それは専門学会となり、やがては専門機関誌を発行するようになり、定期的な研究成果の報告会の開催に発展するようになる。

次の段階は、既存の学問分野の勢力均衡の間をぬって、同業者を拡大させることである。そのためにはその学問分野の必要性を、出資者に説明しなければならない。その出資者とは一つは授業料を支払ってくれる受講生であり、大学経営者であり、政府資金が投入されるような場合には政府、議会、その背後にいる納税者である。受講生が一人も集まらないような教科は、大学経営者だけでなく、納税者をも納得させることができない。

ただ教える教科としてではなく、研究成果を売ることで成立する専門分野もありうる。たとえば市場調査、政府の重要な政策判断を容易にするデータを収集・分析するような場合がそれに当たる。市場調査はその結果を買ってくれる企業にとって、どれだけ重要な情報を提供できるかで評価される。政府も同じことで、政策判断にどれだけ有効な情報を提供できるかで価格が決まり、今後も継続発注するか否かが決まる。

大学という組織は一種の緩衝機関で、個々ばらばらでは短期的な変動に左右されやすいので、それを防ぐためにさまざまな専門分野が集まって、相互に扶助しあう機構として機能している。短期的な変動に対しては相互扶助が有効に機能するが、あまりにも長期的に他者依存の状態が続けば、その学問分野を整理せざるをえなくなる。そうでないと、大学全体が共倒れになるからである。

しかし近代国家は大学を設置し、国として大学を維持し、学問の振興を図ってきた。この時の国家の期待は「国家の須要に応ずる」ことであり、殖産興業、国威発揚、人材育成などさまざまだった。また近代国家は民意を超えた国家理性の体現者として、かつての王侯貴族のパトロン的性格を継承していた。学問は国家の権威を発揚するために、国家によって維持されるべきものと理解されてきた。しかしそれはごく少数の大学があれば充たせることで、あまりにも大学の数が多くなると、国家の負担が増加し、納税者の負担感が高まることになる。

本書が対象とするイギリスに即していえば、一八二七年ロンドン市内にユニヴァーシティー・カレッジ（ロンドン大学の前身）が設立されるまで、大学といえば、イングランドではオックスフォード、ケンブリッジの二大学が存在するだけだった。そのほかスコットランドにエディンバラ、グラスゴー、アバディーン、セント・アンドリューズの四大学があるだけであった。

これらの古典大学は自営できるだけの大学独自の資産を持ち、あわせて高額な授業料を負担できる顧客層を抱えていた。これに対して新たに発足したロンドン大学は、一部の篤志家の基金をもとに株式会社として成立したが、その財政基盤は弱く、通学してくる学生の授業料だけが唯一の資金源であった。したがって発足当初はどこまで持続できるか、疑問視されていた。

ところがロンドン大学の登場が刺激となり、地方の産業都市で私立カレッジが設立されることとなり、それが後に「市民大学」と呼ばれる大学へと発展した。具体的な名前をあげれば、バーミンガム、リヴァプール、リーズ、シェフィールド、ブリストル、マンチェスターである。

オックスフォード、ケンブリッジといった古典大学は、これらの後発大学を「まがい物の大学」と軽蔑し、赤煉瓦大学という綽名をつけた。これらの大学の建物が赤煉瓦を多く用いていることからきた渾名である。この名前はブルース・トルースコットが一九四三年に発表した「赤煉瓦大学」という書名からきている。しかしブルース・トルースコットなる人物は実在しておらず、おそらくオックスフォード、ケンブリッジ大学の関係者の仮名であろうとされている。

やがて第二次世界大戦後を迎え、イギリスの大学制度に危機感を抱いた政府は、ロビンズ卿を委員長とする委員会を設置して、大学拡張計画を策定した。この勧告に従って創設されたのが、七つの新大学であった（サセックス、エセックス、イースト・アングリア、ウォーリック、ヨーク、ケント、ランカスター）。ただしこのうちサセックスとイースト・アングリアは、すでにロビンズ報告以前に設置が決定となっていた。

序列意識の強い大学社会では、歴史の新しい大学はまず底辺に位置づけられる。しばらくの間、この七つの大学は「新大学」と呼ばれていたが、いつまでも「新しい」ということはありえない。そこで赤煉瓦大学に対応する形で、新大学には「板硝子大学」という名称がつけられた。

この名称は、マイクル・ベロフ（一九四二〜。イギリスの著名な法律家。オックスフォード卒業後、法律家を続ける傍ら、オックスフォード・トリニティー・カレッジの学長などを勤めた）が一九七〇年に刊行した書物の書名からきている。これは一九六〇年代に新設された大学が赤煉瓦ではなく、板硝子を多く用いる建築様式だったことからきている。

本書のなかでふれられているように、各地の大学に社会学科が新設されていったのは、これらの赤煉瓦大学、板硝子大学であった。オックスフォード、ケンブリッジは、最後まで社会学の参入を認めようとしなかった。社会学講座が最初に設置された時期を、ハルゼーが作成した表でみると、以下のようになる。

イギリスの大学で社会学の最初の講座ができた時期

1950年以前	1950～61	1962～5	1966～9	1970～4	1978～2000
Liverpool	Bedford	Aberdeen	Bangor (a)	Aston	Oxford
LSE	Birmingham	Bristol	Bath	Brunel	その他の1992年後の大学
	Sheffield	Cardiff	Bradford	City	
		Durham (a)	Cambridge	Glasgow	
		East Anglia	Keele	Hull	
		Edinburgh	Loughborough	Lancaster	
		Essex	Queens Belfast	Leeds	
		Exeter	Stirling	Warwick	
		Kent	Strathclyde		
		Leicester	Surrey		
		Manchester	Sussex		
		Newcastle (a)			
		Reading			
		Salford			
		Southampton			
		Swansea			
		York			

注：(a)　社会研究、社会制度、その他の類似した名称

出典：大学補助金委員会の小委員会が、1988年に各学科長への問い合わせた結果による。

この表からも明らかなように、まず社会学なる講座はロンドン経済政治学院（London School of Economics and Political Science）に初めて設置された。それではロンドン経済政治学院なる学校はどういう学校だったのか。因みにこの学校は今日でもＬＳＥと略称されており、Political がついていない。これは political が途中で追加されたためではなく、創設当時から Political がついていたが、慣習上ＬＳＥと略称されているにすぎない。本訳書では簡単に「学院」という表記を用いている箇所もある。

このロンドン経済政治学院なる学校は、一八九五年八月、ベアトリスとシドニー・ウェッブ夫妻、グレイアム・ワラス、ジョージ・バーナード・ショウの四名の発案によって創設された。その目的はフェビアン協会の理念を伝えることであり、社会の科学（Science of Society）を教育し、あわせて社会調査の実践者を育成することにあった。資金はヘンリー・ハント・ハチンソンがフェビアン協会に遺贈した二万ポンドがもととなった。

早くも一八九五年一〇月には最初の授業を開始し、一九〇〇年には、新たに編成変えとなったロンドン大学の経済学部となった。ロンドン大学はすでに学位を授与する資格を公認されていたから、その一構成組織に入ることによって、ロンドン経済政治学院の卒業生にも学位が授与されることとなった。正式には翌一九〇一年に、科学士（経済学）と科学博士（経済学）を授与する資格が認定された。つまり Bachelor of Arts ではなく、Bachelor of Science である点が注目すべき点で、ここにロンドン経済政治学院の目標があくまでも「社会の科学」を樹立することと、その成果を教えることであり、それを成り立たせる科学的な手法である社会調査の技法を伝えることにあったことが示されている。

その当時のイギリスでの大学教員や研究後継者の育成は未組織の状態で、イギリスとウェールズあわせて一九〇五／六年度には博士課程の院生は一八一名しかいなかった。その内訳を見ると、オックスフォード二七人、ケンブリッジ三六人、四九人はその他の大学に散在していた。これに対してロンドン経済政治学院は六九人の博士課程の院生を擁しており、他の大学を圧倒していた。つまりイギリスの「社会の科学」は、オックスフォード、ケンブリッジではなく、このロンドン経済政治学院を中心に発達する道が開かれた。

しかし第二次世界大戦終了までの社会学は質量とも振るわなかった。社会学の一大ブームが起きたのは一九六〇年以降のことで、ハルゼーがいうように、一九六二年から一九六六年までが「黄金の五年間」に当たる。この時期に全国各地の大学に社会学科が新設され、大量の社会学担当の教員が採用されていった。また他分野から社会学に転身する教員も出現した。

ところが一九九二年にはこの「板硝子大学」のさらに下に位置づく大学が登場した。それはそれまで大学としての資格が認められなかったポリテクニクなどの職業学校が、大学に昇格したからである。その結果、一九九二年度末四八でしかなかった大学数は、一九九三年度には一挙に八八大学に増えた。

それ以来イギリスでは年々大学数は増加し、現時点では日本の文部科学省に当たるイギリス技術革新・大学・技能省（このほかに高校以下の教育を担当する子供・学校・家族省がある）も正確な大学数を確認していない。二〇〇九年七月時点の同省のホームページによると、学位授与権を持った大学が「一五〇以上」あるとされている。

さらにこのほかに学位授与権を持たないカレッジが「六〇〇以上」あり、そのなかから、毎年数校が学位授与権を認定されて大学に昇格している。技術革新・大学・技能省が「一五〇以上の大学」としか表現していないのは、年々刻々その数が変化してゆくからである。

これは日本も同じことで、日本でも目下、大学数は年々増加中である。日本の大学（短大を含まず）の数は、二〇〇三年度には七〇二大学だったのが、二〇〇八年度には七六五大学に増加している。毎年平均して一三大学ほど増加していることになる。

このようにイギリスには「一五〇以上の大学」があるが、そのうち独立した社会学科を持っている大学が、先に述べたように、一九九二年度の六七から二〇〇九／一〇年度までに三〇学科に減少した。イギリスの現行制度では独立した学科として公認されるためには、高等教育資金配分機構（Higher Education Funding Council at England : HEFCE）の評価を受けることが必要である。その評価結果にしたがって、政府予算が配分されてくる。この機構による公認がイギリスの高等教育では独立した学科として公認されるか否かの分かれ目となる。

こうした評価に基づく予算配分方式が導入される以前は、日本と同様、学生一人当たりの単価、教員一人当たりの単価を定めて、学生数、教員数に応じた機械的な、一律平等な予算配分が行われていた。しかしながら大学数が増加し、同じ大学といっても、研究水準、教育水準が必ずしも同じとはいえなくなったこと、公的資金の配分については、成果に応じた傾斜配分を求める声が高まったこと、納税者も大学人（反対者もいた）も評価結果に応じた配分を求める傾向が強まった結果、こうした評価結果に基づく傾斜配分方式が導入されることとなった。イギリスはこれまで、一九八六年、一九八九年、一九九二年、一九九六年、二〇〇一年、二〇〇八年と、この面倒な研究実績調査（Research Assessment Exercise : RAE）を行ってきた。

このようにイギリスの大学はオックスフォード、ケンブリッジといった古典大学を含めて、現在では財政的には政府資金で運営されている国立大学と同じである。だからイギリスの大学にとっては、高等教育資金配分機構は重要な機関である。しかしこれだけが、この政府資金の配分機関ではない。もう一つそれと並んで重要な機関としては、研究審議会がある。この研究審議会は日本でいう科学研究費補助金を配分するとともに、院生対象の奨学金の配分を決める機関である。だから専門分野ごとに研究審議会が分かれている。二〇〇九年現在、アーツ・人文学（二〇〇五年創設）、バイオテクノロジー・生物科学（一九九四年創設、それ以前の農業・食糧研究審議会と以前の科学・工学研究審議会のなかのバイオテクノロジーを含めて成立）、工学・物理学、経済・社会（一九八三年に再編成）、医学（一九一一年創設）、自然環境（一九六五年創設）、科学・工学施設の七つの研究審議会がある。

つまり院生を獲得しようと思ったら、院生対象の奨学金枠を研究審議会から獲得することが不可欠である。この枠の多寡で集まってくる院生の数と水準は違ってくる。一つの専門領域から見ると、どれだけの奨学金枠を取得できるかで、その分野の将来が決まってくる。つまり高等教育資金配分機構と並んで、この研究審議会もまた一つ一つの研究分野の次世代確保にとっては、欠かせない機関となっている。

社会科学研究審議会が一九六五年に創設されたが、それが一九八四年には経済社会研究審議会に改組された。その経緯は、本書の7章で詳しく述べられている。この改組の背後にサッチャー首相の意向があったことは明らかである。彼女とその教育大臣（名称はしばしば変更するので、本訳書では教育大臣に統一した）ケイス・ジョセフ卿は「社会科学」の「科学」性を疑っていた。

サッチャー政権は一九八一年、社会科学研究審議会に関する独立審査を行う意向を発表し、ロスチャイルド卿をその委員長に任命した。ところが審査が開始される以前に、教育大臣と大蔵大臣との間で交わされた文書（社会科学研究審議会の廃止を示唆する）がメディアにリークされ、騒然とした事態が発生した*。そのなかでロスチャイルド卿がいかなる結論を下したかは、本書に書いてある通りである。ロスチャイルド卿は今後三年間は社会科学研究審議会には手をつけないという結論をだしたが、サッチャー政権のもとでは、この結論がそのまま通用することは難しかった。結局のところ一九八四年には社会科学研究審議会は経済社会研究審議会（Economic and Social Research Council）へと名称が変更された。つまりこの研究審議会の名称から、問題の「科学」という二文字が消滅した。

*SSRC/ESRC—the First Forty Years.
http://www.esrcsocietytoday.ac.uk/ESRCInfoCentre/Images/ESRC_40YR_ANNI_tcm6-15390.pdf
（二〇〇九年七月一五日現在）

その後も政府と研究審議会との間にはしばしば緊張が走った。筆者はちょうど一九八九年の末、短期間ではあるが、イギリスの大学院政策について現地調査にでかけた。その時は大学院生の博士号取得率があまりにも低すぎることが議会で問題化し、経済社会研究審議会の委員長に対する事情聴取が行われるという異例の事態に立ち至っていた。イギリスの場合博士課程は三年で、院生対象の奨学金は三年を単位として支給されていた。ところが四年以内に博士を取得する者の割合が、農業食糧研究審議会で七七%、医学研究審議会で七四%、自然環境研究審議会で五〇%、科学工学研究審議会で五九%であるのに対して、経済社会研究審議会では三七%にすぎず、当時人文科学を対象とする奨学金の配分を行っていた王立協会（現在はその後設置されたアーツ・人文学研究審議会が管轄している）では三〇%にすぎず、これが議会で問題とされた。自然系に対して人文系は研究のスタイルが異なり、博士論文の完成が遅くなりがちな点は他の国も同様である。しかし研究審議会委員長の国会での事情聴取という措置は前例がなく、一九八九年当時は大きな話題となっていた*。

＊拙稿「イギリスにおける大学院改革の動向」民主教育協会編「ＩＤＥ現代の高等教育」一九九〇年一一月号。

そもそも社会科学研究審議会の設立そのものが、さまざまな波乱に満ちていた。新たな学問領域が登場し、学界と一般社会からその認知を受けるまでには、さまざまな抵抗や摩擦が起こる。イギリスでは早くも第二次世界大戦が終結する以前から、社会問題、経済問題の合理的改革を求める声が高まっていた。そこで一九四四年イギリス政府は科学産業研究省（Department of Scientific and Industrial Research）を設置したが、その時から社会科学研究審議会の設置論が浮上していた。

ところがこの案に対してまず異議を挟んだのが、伝統を誇る医学研究審議会であった（一九一一年創設）。その反対理由とは「社会学の発展が、公式の研究審議会を必要とする段階に達したとする見解を受け入れるのは困難である」というものであった。しかしこうした異議にも拘わらず、当時副首相だったアトリー（後の労働党政権の首相となる）は直ちにジョン・クラパム卿（一八七三〜一九四六。ケンブリッジの経済史の教授）に委員長を依頼し、「社会問題、経済問題についての研究のために、新たな審議会を追加する必要性があるか否か」を検討し始めた。

このクラパム委員会は二年後に結論をだしたが、その結論とは一口にしていえば時期尚早論であった。つまり現時点ではイギリス全体で社会科学の教授は五二人しかいないこと、この規模は自然科学二九六人、医学の一七六人と比較しても小さいことが理由として指摘された(この報告書が公表される直前に、クラパム委員長は死去した)。同時にクラパム報告書には、社会科学研究審議会の設置は「見せかけだけの未熟な正統性に結晶化する危険性」があるとも指摘した。

しかし社会研究、経済研究の必要性を訴える声は絶えることはなく、ようやく二〇年後の一九六三年に政府はジョフリー・ヘイワース卿(Lord Geoffrey Heyworth, 1894~1974)を委員長とする委員会で、設置の可否が再び審査されることとなり、一九六五年に設置を必要とする結論が下された。こうして社会科学研究審議会は設置されたが、すでに述べたように一九八四年には名称が変更されることになった。結局のところ社会科学研究審議会がこの名称のままで存在したのは、二〇年足らずであった。

以上のようにイギリスの研究費配分は、高等教育資金配分機構と研究審議会の二つのルートによって行われており、これが研究経費配分の二元制度といわれるものである。前者は各大学の各学科単位に、その研究実績と教育実績を評価し、その結果に基づいて学科予算を配分している(ただし教育の評価結果は、現在のところ各学科への予算配分には反映されていない)。したがって各学科にとっては研究評価で高い得点をえることが、予算獲得上重要事項となる。

高等教育資金配分機構は政府予算を各大学に配分するために、事前にその配分根拠となる研究実績、教育実績の評価という、膨大な作業を実施しなければならない。しかも評価の単位となるのは、大学全体一本ではなく、学科単位であるため、二〇〇九/一〇年度の場合には、総数一、八四四学科が評価対象となった。高等教育資金配分機構のホームページに行けば、この一、八四四学科の評価結果を見ることができるが、それをすべてここで紹介するのは無理なので、社会学科だけを取りだしてみると表のようになる。

社会学科の研究評価結果による順位
（2009〜10 年度）

順位	大学名
1	マンチェスター
2	エセックス
3	公開大学
4	ラフバラー
5	ウォーリック
6	ロンドン経済政治学院
7	ゴールドスミス
8	ランカスター
9	イースト・ロンドン
10	シティー・ユニヴァーシティー・ロンドン
11	ヨーク
12	サリー
13	ケンブリッジ
14	バークベック
15	ニューキャッスル
16	エゼクター
17	プリモス
18	マンチェスター・メトロポリタン
19	オックスフォード
20	ブリストル
21	リヴァプール
22	ローハンプトン
23	バーミンガム
24	サセックス
25	レスター
26	ブルーネル
27	ノッティンガム
28	ウエスト・オヴ・イングランド
29	ティースサイド
30	ハダースフィールド

イギリスではこうした評価結果が公表され、その結果に基づいて予算配分が行われる。つまり教員数、学生数といった数量基準によってではなく、評価結果に基づく傾斜配分がなされている（評価者は同じ専門分野の大学教員）。そこにいかなる力学が働くかは、読者の想像力に任せる。

次に本書のなかにしばしば登場するように、イギリスでは大学（University）とカレッジの関係が単純ではない。日本のようにまず大学があって、その内部がいくつかの学部に分かれ、さらに一つの学部がいくつかの学科に分かれるという方式ではない。さらにイギリスの場合、この大学とカレッジの関係は大学によっても異なっているので、さらに複雑になる。そこでごく概略だけ説明すると、以下のようになる。

まずオックスフォード、ケンブリッジの場合には、各カレッジが資産を持ち、その資産・収入に応じてカレッジ単位で教員を採用してきた。これに対して大学はカレッジほど資産を持たず、ある時期まではカレッジの調整機関でしかなかった。その結果、伝統的に人文学の教員はカレッジが選考し、後に政府資金によって設けられるようになった自然科学系の教員ポストは、大学に所属し、大学が選考する方式（本書一九八頁）がとられてきた。

また学位授与権がどのようにして認められるのか、その概略を説明しておこう。オックスフォード、ケンブリッジは古くから王室によって（ロイヤル・チャーターという）、学位授与権が認められてきたが、まず最初に問題化したのが、一九世紀初頭に登場したロンドン大学の場合であった。ロンドン大学の起源は、一八二七年に創設されたユニヴァーシティ・カレッジと、それに対抗するためにイギリス国教会が設立したキングス・カレッジにあった。つまり二つの対立勢力によって、ロンドンの市内に二つのカレッジが並立する状態が出現した*。

＊潮木守一『世界の大学危機』中公新書（二〇〇四）。

その時学位授与権は、この二つのカレッジそれぞれに授与するのではなく、この二つのカレッジに跨る組織として、新たにロンドン大学という機構を作り（一八三六年）、この大学に学位授与権が与えられた*。つまりロンドン大学はいっさい教育活動を行わず（カレッジで行われた）、大学はもっぱら両カレッジの学生の試験を実施し、その試験結果に基づいて学位を認定する学位認定機関となった。こうしてカレッジではなく、大学が学位授与権を持つという方式が成立し、それ以降この方式が踏襲されることとなった。

*より詳細は拙著『世界の大学危機』中公新書（二〇〇四）、一二二頁以降。

そのため、ロンドン経済政治学院がその卒業生に学位を授与するには、すでに学位授与権を持っているロンドン大学の傘下に入る必要があった。つまりロンドン経済政治学院それだけでは、学位を授与する権限がなかった。そこで一九〇一年にロンドン大学の経済学部となることによって、科学士、科学博士の学位を授与できるようになった。

また本書では各所に一九四四年教育法がでてくる。この法律が果たした画期的な役割を理解するためには、若干イギリスの中等教育制度についての説明が必要であろう。第二次世界大戦後のイギリスの中等教育制度は、この一九四四年の教育法（バトラー法という）によってその骨格が決まった。それ以前の時代では、中等教育は将来大学に進学する者だけが進学するところで、一般庶民の子供は初等教育が修了すると、ほとんどが就職していった。将来、大学まで進学しようとする富裕層には、高い経費のかかる私立の「パブリック・スクール」とその準備学校があり、初等教育段階から富裕層とそうでない層とは、それぞれ別系統の学校制度で教育を受けていた。階級分断に対応して学校制度も分断されていた。

しかしこうした階級分断を克服するためにも、学校制度の改革を求める声が高まった。そのためには、一般庶民にも中等教育へのチャンスを開くべきだとする声が高まり、それが一九四四年の教育法に結実した。これは公立の中等教育学校を整備し、グラマー・スクール、テクニカル・スクール、モダーン・スクールという三種類の学校を設けた（三分岐制度といった）。それと同時に、一一歳時点（日本の小学校六年時点）で一斉試験を実施し（イレブン・プラス試験）、その成績に応じて、トップ・クラスはグラマー・スクールに、その次がテクニカル・スクールに、それ以外の成績群をモダーン・スクールに振り分ける方式が採用された。

この制度ができることによって、これまで中等教育など受けられなかった階級にも、優秀であればグラマー・スクールに進学できる道が開かれ、将来大学まで進学できる可能性が開かれた。またグラマー・スクールには授業料無償の枠が設けられ、経済的に恵まれなくても優秀な生徒であれば、中等教育を修了し、さらに大学まで進学できる道が開かれた。つまり公立グラマー・スクールの登場は、二つに分断されている階級間移動ができる橋を架けたことになった。現にこのコースを通じて大学に進学し、政界、財界、学界のリーダーとなったケースは枚挙にいとまがない。

しかしこのコースを辿る場合、当人は労働者階級から脱出できる反面、逆から見れば出身階級から切り離され、根無しになってしまう危険性もある。もはや労働者階級の一員でもなければ、都市中産階級の一員でもない（上級クラブの一員として認めてもらえない、あるいはその一員になっても、自分を周囲と同化させることができない）という、アンビヴァレントな心理状況を作りだした*。イギリスの教育改革はマクロ的には、かつて「イギリスは二つの国民で構成されている」と形容されたような明確な階級分断に、風穴を開ける役割を果たしたが、それと同時にその風穴を通過する者には特殊なプレッシャーを与えることとなった。

＊小池滋『英国流立身出世と教育』岩波新書（一九九二）。大石俊一『奨学金少年の文学』英潮社新社（一九八七）。

それと対応する形で労働者階級内部では、こうした「民主的な教育改革」を資本家側からなされる懐柔策と見なして、それを拒否する傾向が登場する反面（一九二八年生まれのアラン・シリトーの「長距離ランナーの孤独」はその象徴）、新たな改革のなかに将来に対する希望を発見し、積極的に利用しようとする立場との分裂が発生した。この分裂は労働者階級からの脱出をめざす優等生に対する眼差しにも反映され、彼等を労働者階級の地位向上のシンボルと見る見方が生まれると同時に、労働者階級に対する裏切りと見る見方も生まれた。

他方、都市中産階級の間には、新たな学校制度を通過して上昇してくる者に対して、疑りの眼差しを向ける者、異質者として排斥・排除する心理メカニズム、成り上がり者と軽視・蔑視する傾向が生まれた。このように教育改革は議会での保守・革新の勢力対立のなかで決定されていくが、それと同時に社会生活のさまざまな次元で、階級対立、文化葛藤が生まれた。庶民学校→グラマー・スクールを経て大学進学を果たした者が、オックスフォード、ケンブリッジでいかなる体験をしたかは、本書の随所で語られている。つまりイギリス社会にとって、教育改革とは階級闘争の代替物であるとともに、文化葛藤の源泉ともなった。

こうした社会的な階級構造と階級意識が、そのまま大学制度にも反映された。大学の拡大を阻止する動きが生まれる反面、たとえ新規参入を認めても、新参者を大学ヒエラルヒーの下位に押し込める運動、そうした運動に反発する運動、そうさせまいとする運動、さまざまな力学が発生した。それとまったく同じことが、個々の学問分野についてもいえる。新たな学問分野を認めるか否か、認めるとしても学問序列のどこに位置づけるか、大学組織のなかのどの位置に据えるか、をめぐる闘争にも反映された。

本書には社会学という課目が、カリキュラムのなかに入ってゆく場合に、いかなる抵抗を受けたか、とくにオックスフォード、ケンブリッジというイギリスを代表する大学のカリキュラムのなかに取り込まれる際に、いかに大きな抵抗に直面したかが、生々しく語られている。本書一九八頁に書かれているように、〝自分の遺体を乗り越えない限り、社会学の導入はありえない〟といった学問的権威の主張は、けっしてイギリスだけのことではあるまい。

第二次世界大戦以前からすでに、イギリスの既成学問の間では、社会学に対する根強い不信感があったことは、さまざまな記録がある。一つだけ引用するならば、リチャード・ディーコンの『ケンブリッジのエリートたち』（橋口稔訳、晶文社、一九八八年）は、次のようなエピソードを紹介している。

この時代には（一九二〇年前後）、心理学という言葉が魔法の力を持っていたが、社会学という言葉はまだ軽蔑されていた。フランク・ラムジーのある討論における発言が、このことを示している。〝ギリシャ語でもラテン語でもない、この恐ろしい混成語は、うっかりしていると、宗教に取って代わるものになりかねない。〟これは予言であった。その時は軽い冗談のように思えたが、一九六〇年代、七〇年代に社会学が冗談ではなく力を持つようになってみると、それがいまや事実になったことを思い知らされた。社会学の説くところによって実現された結果に照らしてみて、ラムジーの発言は、一九二〇年代よりも、今日において大きな意味を持っているようである（一三七頁）。

階級構造の強い社会では、あらゆる事柄が同型のヒエラルヒー構造を作りだす傾向がある。大学間にもヒエラルヒー構造が作られるが、学問分野間にもヒエラルヒー構造が作りだされる。それはマクロ社会の忠実な反映物、あるいは投影体なのであろう。

しかしそうはいうものも、こうした隠然たるヒエラルヒー化運動に対抗するために、形式的平等主義というイデオロギーでもって対抗することは、無意味なことだろう。一つの学問分野が自らの存在根拠を立証するには、第三者にも理解できる実質的な有効性を証明する以外に方法はない。その第三者とは具体的に誰か、それが問題である。ハルゼーは一方で市場を置き、他方では国家（あるいは政府）を置いている。ここでいう市場とは、まずは社会学の知識・技術を購入しようとする顧客層（学生）であり、さらには社会学の知識・技術を備えた卒業生を雇用しようとする雇用主である。さらには社会学の研究成果を購入しようとする政府、企業、慈善団体などである。

ハルゼーはすべての活動に対してアカウンタビリティ（説明責任）が求められるようになった現代政治の構造変化を受けて、「社会の会計士」という役割を社会学に期待しようとしている。果たして社会学がこの役割を担えるのかどうかは、今後の大きな課題であろう。筆者はけっして悲観的には見ていない。その動きはすでに具体的に登場していると見ている。

翻訳の経緯

次に訳者がなぜこの本を翻訳する気になったのか、その経緯を説明しておこう。それを説明するには、当然のことながら訳者とハルゼーの関係を説明しなければならなくなる。

一九五七年のある日のこと、本郷赤門前の洋書輸入専門の書店の前を通りかかった時、ウインドウに並んだ本が目に飛び込んできた。タイトルは *Social Class and Educational Opportunity* といい、著者の名前は Jean Floud and A. H. Halsey となっていた。当時の学部生にとって原書を買うことなど、清水の舞台から飛び降りるようなものだったが、即座に買い求めた。いくらしたのか、今となっては記憶にない。これがハルゼーとの最初の出会いであった。

読み始めたものの、さっそく壁に突き当たった。Free Place という言葉がでてくるのだが、その意味がわからない。いろいろな辞書を引いてもでてこない。いったい誰に聞いたらわかるのか、それさえもわからない。当時は一ドル三六〇円時代で、大卒の初任給が月一万円なるかならないかの時代だった。外貨は厳しい統制下にあり、イギリスなど気楽に行ける時代ではなかった。イギリスの中等教育制度の細かな仕組みを知っている人など周囲には誰もいなかった。その当時日本の学界が蓄積している情報はきわめて限定されていた。初心者には教えを乞うべき人がいなかった。それから悪戦苦闘が始まった。

この Free Place なるものが、当時のイギリスの中等教育学校が、成績優秀な低所得層のために設けた授業料無償のポストであることを知ったのは、どういう経緯からだったのか、今では記憶にない。一九五〇年代イギリスの中等教育学校は、政策的に高い授業料を設定し、意図的に労働者階級の子弟を排除していたことを知ったのも、かなり後のことである。もちろんハルゼー自身が労働者階級の出身者で、この Free Place のお陰でグラマー・スクールに入学でき、やがては大学教育まで受けられるようになったことを知ったのも、はるか後のことである。

一九五五年度本郷の教育学部に進学した筆者が最初に受けたゼミナールは、清水義弘助教授（当時）のゼミナールだった。テキストは Spinley, B. M. の *The deprived and the privileged : Personality development in English society*（1953）だった。これはタイトルからも想像がつくように、イギリスの労働者階級と中産階級を比較する実証研究だった。ただ比較といっても、経済状況、社会状況を比較するのではなく、そうした社会経済構造のなかで作られるパーソナリティー構造を比較しようとするものだった。だから労働者階級の子供、中産階級の子供を対象にして、ロールシャッハ・テスト、TAT、文章完成法テストなどを使って、性格構造の違いを明らかにしようとする、今にして思えばきわめて野心的な研究であった。

われわれはこのゼミナールでロールシャッハ・テストのテクニークを学び、その診断方法を学んだ。今では知る人が少なくなったのだろうが、ロールシャッハ・テストとは、紙の上にインクをたらし、それを二つ折りにして上から押さえ、まったく非人為的な模様を作ったものである。それを被験者に示し、そこからどのような物語を組み立てるか、それを聞きだし、その内容を分析することを通じて、隠された性格構造を判定しようという手法である。またTATとは意味があるのかないのか、わからないような曖昧な絵を見せて、被験者がどのような物語を作るかを聞きだし、その反応から被験者の心理の深層を明らかにしようというものである。

正直をいうと、こうした心理テストを学び、またその具体的な診断基準を学べば学ぶほど、「本当にそんなことがいえるのか」という疑問を抑えることができなかった。このゼミで学んだことは、自分は二度とこういう研究方法をとることはあるまいという予感のようなものだった。事実それ以降、この種の技法を使う機会はなかった。むしろ学んだのは、イギリスの教育制度がそれぞれの階級ごとに分かれていて、教育制度が階級構造の再生産の機能を果たしているらしいという印象と、またそれを変えようとしている人々がいるらしいということだった。

その後フェビアン協会の存在を知り、トーニーの「すべての者に中等教育を」といったスローガンを学んだ。それとともに私の関心は、他人の性格構造を捉えるといった雲を掴むような話から離れ、教育を通じての階層移動、学校制度の改革によって、それがどれほど促進されるのか、阻止されるのか、といったハードな側面に移っていた。ハルゼーの本に遭遇したのは、私のなかでそのような変化を起きている時だった。

このフラウドとハルゼーの本では、イギリスのなかから二地域を選びだし、中等教育の改革によって、どのような階層に教育機会が開かれてゆくのか、歴史的な分析を行っていた。また一〇〇〇程度のサンプルを選びだし、授業料無償のポストがどれほど労働者階級の児童をグラマー・スクールに拾い上げることに成功しているのかを追跡していた。それはその当時のイギリスでの教育社会学の在り方、研究方法、問題意識を教えてくれた。日本でもこれほど組織的な研究は、いつになったらできるのか、それが気になった。

このフラウドとハルゼーの本は一九五九年に本庄良邦によって、日本語に翻訳されたが、必ずしも評判はよくはなかった。たとえばグラマー・スクールの無償ポストを獲得するには、当然のことながら厳しい競争が起こる。フラウドとハルゼーはこの無償ポストを獲得した者の階層的な背景を追跡し、階層差が次第になくなってきている点をプラスに評価していた。結論のなかには「全体的な経済状態の改善とともに、経済格差は縮小してきている。ただいまでは子供の数が一番の制約条件となっている」という一文を発見することができる。

しかしその当時の日本の教育学主流の主張は、高校全入、小学区制、無試験選抜、「一五の春を泣かせるな」というものだった。進学率六〇％の段階で高校全入を達成するとすれば、どれだけの予算が必要となるのか、県民一人当たりいくらの負担を求めることになるのか、それは将来期待される県民所得の上昇範囲内に収まるのかどうか、そういう問題設定はいっさいなかった。それはあげて「権力側」の問題で、「われわれ民衆」（教育学）は権力側に要求を突きつける立場だと主張していた。それが当時の日本の教育学の体質だったから、フラウドとハルゼーの分析に満足するはずがなかった。要するに教育社会学とは及び腰の改良主義であり、本質問題に正面から対決しようとしない日和見主義、といった評判が耳に届いたりした。

ちょうどその頃、筆者の身の回りでは大きな変化が起こっていた。一九六〇年、清水義弘助教授が経済審議会の委員に選ばれ、そのなかの教育訓練小委員会で教育計画の策定に関わるようになった。この経済審議会は当時の首相池田勇人の主導のもとに、今後二〇年間に国民所得を倍増させることを目標とするものだった。経済審議会という名称ではあったが、国民生活全般にわたる計画で、その計画のなかには人材養成計画、労働力の養成・供給計画が含まれていた＊。

＊その当時の教育学の雰囲気は拙著『転換期を読み解く』（東信堂、二〇〇九）一八三～二〇一頁に記してある。

当然のことながら、問題の焦点は今後高校進学率、大学進学率として、どの水準を設定するかが議論の対象となった。一九六〇年当時高校の進学率は六〇％、大学のそれは一〇％程度だったので、上側にはそうとう幅広い選択範囲があった。そもそも将来推計をするといっても、いかなる変数を使って、どういう手法で推計するのが妥当なのか、まったく未経験の世界だった。いったいそれは将来推計の世界なのか、それとも政治選択の問題なのか、両者の関係さえも定かではなかった。

だから経済審議会はある段階では一九七〇年時点の高校進学率を八〇％を超える水準に想定した時期もあった。結局のところ七二％という目標値に落ち着いたわけだが、その過程の詳細は清水義弘が「戦後教育を語る：教育対話　教育社会学三〇年／清水義弘、河野重男、新井郁男著（一九七七）」で証言している。

その当時われわれは調査ゼミの一貫として、いくつかの地域を選んで、両親の教育についての考え方の面接調査をしていた。当時の研究費予算は乏しく、それほど多くのサンプルを選ぶことができなかった。この調査の中間結果を経済審議会で報告したところ、「サンプル数が少なすぎるのではないか」という意見がでたようだった。そこで急遽調査対象校を増やして、ようやく一、〇〇〇サンプル程度まで増やした記憶がある。この調査結果は経済審議会教育訓練小委員会の報告（昭和三五年一〇月二五日）のなかに収められた〔現在では「戦後日本教育史料集成　第七巻　経済の高度成長と教育」（一九八三）に集録されている」。

一九六〇年という年は、あとから考えてみると、一つの大きな転換期であった。まずは経済協力開発機構（ＯＥＣＤ）が設立され、第一回の会議として「経済発展と教育投資」というテーマの会議が開催された。たまたまこの会議の報告書が手に入ったので読んでみると、一国の経済水準と就学率の相関、教育費の規模との相関、国民一人当たり教育費の要素分解など、新たなデータを使った分析が展開されていた。こうした現状分析をもとに、ＯＥＣＤとしての将来目標の設定が行われていた。今でこそ当たり前の分析だが、その当時としては前例のない、まったく新しい分析であった。今や新たな研究分野の出現を告知しているかのように思えた。

清水義弘はこの経済審議会での経験をもとに、「二〇年後の教育と経済」を一九六一年に出版した。われわれはこうした刺激を受けながら、海外の教育計画の事例を調べ始めた。イギリスでは一九六三年にロビンズ委員会によって一九八〇年を目標年次とする高等教育計画が発表され、ドイツでは一九六〇年に学術審議会（Wissenschaftsrat）による一九八〇年を目標年度とする高等教育計画、フランスでは一九六二年から六五年までの近代化のための第四次計画のなかで、一九七〇年を目標年度とする中等・高等教育計画が発表されていた*。われわれに関心があったのは、その計画策定の具体的な技術的な手法であった。それぞれの教育計画がいかなるデータを使い、いかなる分析を行い、いかなる前提にたって、いかにして目標値を策定してゆくのかに興味があった。

＊潮木守一「ヨーロッパにおける長期教育計画の基本構造」東京学芸大学研究報告第一七集（一九六五）。

しかしどこの国の教育計画の策定方法を見ても、たとえば、過去一〇年間、年率〇〇%の国民所得の上昇とともに、〇〇パーセントの進学率の上昇が起こったという、これまでの傾向がわかっても、それを将来に向かって延長推計すれば目標値がえられるといった単純なものではなかった。日本の経済審議会でも高校進学率の将来目標値は、延長推計を基礎にしながらも、さまざまな政治的な意見を吸い上げる形で設定されていった。しかしいずれの国でも計画立案に先立って、現状についての実証分析が不可欠であるという認識では共通していた。これこそ教育社会学がめざさなければならない分野であり、そこに教育社会学という新しい分野の登場が要請される社会的根拠があった。ただし周囲の教育学は、それを政府・財界への迎合と見るだけだった。

その時以来、経済協力開発機構の動向には目を配ってきた。すると、一九六一年にはハルゼー編の *Ability and Educational Opportunity* という経済協力開発機構の報告書が刊行され、そのなかに初めて主要国の大学進学率の数値が発表されていることを発見した。それまでさまざまな断片的なデータをもとに計算するのだが、どの程度まで信頼してよいのかわからなくて、困っていた。だからこれが公表された時は有難かった。その後経済協力開発機構加盟国の教育統計システムが整備され、現在の Education at Glance に発展することとなった。今では進学率だけでなく、入学率、修了率、大学在学生の年齢構成、出身階層などにまで調査項目が発展した。

しかしこの一九六一年の報告書の中心テーマは、スウェーデンの中等教育改革の評価だった。その当時のスウェーデンの中等教育はイギリスと同様に、一〇歳前後で三つのタイプの中等教育に篩い分ける方式をとっていたが、これが社会的な不公平の原因になっているのではないかという声が高まっていた。

そこでスウェーデンでは特定地域に限ってではあったが、旧来の分岐制度をそのままで続けるケースと、分岐を廃止した総合型の中等教育制度をとるケースの両方を実際に行い、相互の結果を比較検討している最中であった。おそらくイギリスでの調査経験があったハルゼーが委員長を委嘱され、いかなる中等教育制度の在り方が、人間能力の開発に公平で、効果的なのかを議論することになったのだろう。その報告書では、総合制中等学校（縦割りを廃した）の方が公平で効果的であると報告されており、事実その後スウェーデンはこの方式を全国的に普及させていった。

このスウェーデンでの実験結果はヨーロッパ諸国に大きなインパクトを与え、イギリスはその後中等教育の総合化の方向に進んだ。ドイツ（当時は西ドイツ）でも総合制中等学校の実験が開始されたが、もろもろの政治的要因が働いて、明確な結論をだすまでにいたらず、実験そのものは中止された。しかしこれを契機として、いかなるタイプの中等教育に進んでも、最後は大学入学資格を取得できる道が開かれることになり、袋小路は実質的に解消されることとなった（「第二の教育の道」と呼ばれた）。前大統領シュレーダーは、この道を辿って大学に進学し、法学博士になり、政界入りを果たした。

いずれにせよ、一九六〇年代のヨーロッパ諸国の教育研究は、実証研究をもとに、教育計画を設計する志向性をめざしていた。しかし日本はなかなかそうならなかった。実証研究そのものを否定する傾向さえあった。たとえば経済指標と就学率の関係を調べる分析をしていても、それだけで「教育を経済に従属させる研究」、「財界の意向に日本の教育を服従させるための研究」といった決めつけが下された。海外では当たり前の研究手法が、日本では当たり前にはならなかった。

われわれは科学的な政策立案を期待し、こうした実証研究が蓄積されてゆけば、それを根拠として教育計画が策定され、合理的な政策選択が可能になるという展望を持っていた。しかしその当時の教育学の主流はけっしてそうではなかった。教育学の役割は国家独占資本主義に対抗し、抵抗することにあると見ていたから、彼等からすれば教育社会学とは、体制側に身を摺り寄せる御用学問としか見えなかったのだろう。

しかしわれわれにとっては、こうした海外での動きはモデルとなった。いずれ日本でもこうした実態分析に基づいた政策提言が必要になる時代がくる、具体的なデータもなしに、スローガンだけで「闘争」を繰り返していれば、社会的信頼が失われるだけである、そうした思いが募るだけであった。しかし実際にそれを実行するには予算が欠けていた。当時の研究室予算など本を数冊買えばなくなる程度だった。科学研究費補助金の制度も細々しており、思いはあってもとうてい実現できない状態にあった。

やがてハルゼーに出会う機会がやってきた。それは一九六一年に刊行されたリーディングス、*Education, Economy, and Society* であった。それまで *Education and Society* といった著書、リーディングスはいくつかあったが、Economy が加わったものは、それが最初だった。ここにわれわれは時代の変化を察知した。そこで清水義弘を監訳者として、われわれ若手が分担して翻訳することにした。翻訳は一九六三年に東京大学出版会から『経済発展と教育』として出版された。しかし経済というキーワードが入っているにしては、教育と経済との関係を分析した論文が少なかった。一九六〇年時点で見れば、教育投資の経済成長への貢献度、経済水準と進学率との相関など、さまざまな実証研究が発表されている最中だった。

このように、その当時のわれわれは新たな文献が海外で刊行されれば、それを読み、翻訳し紹介する作業をしていたが、それだけではだんだんむなしい気分になる。この日本でこれと同じレベルの実証研究を実行するには、どうしたらよいのか。その当時の研究費事情が極度に悪かったこともさることながら、それ以上にもっと大きな障害になったのは、もっぱら手集計に頼るしかなかったことであった。ちょっとした規模のデータになると、もうお手上げ状態だった。機械集計するとすれば東大社会科学研究所のソーター（カード分類機）を借りるしかなかった。あるいは文部省のソーターの空いている時間に使わしてもらうしかなかった。つまり予算もなければ、手足もない状態だった。

しかしそれでもようやく機会がめぐってきたのが、筆者の場合は一九七〇年のことだった。ちょうど名古屋大学に赴任し、少し落ち着いて自分なりの研究をしようと思い、まず地元の愛知県を対象とした実態調査をすることにした。その当時愛知県の高校進学率は八二％。しかしこれにはかなり大きな地域格差があった。そこで市町村別の第一次産業率と、高校進学率とを基準に二〇の層に分け、そのなかから比例抽出法を使って中学校を抽出、両親対象の調査表を配布した。有効回答を送ってくれた中学校が一〇四校、回収調査票は四、〇〇〇を超えた。その調査結果は名古屋大学教育学部紀要第一八巻に発表した。

その当時頭のなかにあった仮説とは、こういうものだった。中学から高校への進学に階層差ができるとしても、高校の選抜制度によって、階層差が高くなる場合とそうでない場合とがあるのではないか、という仮説である。当時、高校入試をめぐってはさまざまな議論があり、個別選抜制度をとるか、総合選抜制度をとるか、学校群制度を取るか、中学時代の成績と入試成績のどちらをどの程度考慮すべきか、さまざまな議論があった。教育学主流はどこでも判を押したように、小学区制、無試験入学、全員入学制というステレオタイプを繰り返していた。その根拠は競争主義がいけない、差別選別の教育がいけない、不平等があってはならない、という観念論、理念論だけだった。

いくら高校進学率が八〇%に達したとはいえ、まだ大量の高校不進学者が残っていた。彼等すべてに進学機会を開くとすると、どれだけの財源が必要となるのか、それだけの財政負担は経済成長率の範囲内に収まるのかどうか、こうした視点は一切なく、ただ高校全入を叫ぶだけであった。

ちょうどその頃、文部省に代わる「国民のための教育改革」を標榜するある巨大民間組織が、改革案を提示したことがあった。当時のメディアはそれをしきりに持ち上げていた。ところが提案された教育改革を実行するにはどれだけの経費がかかるのか、その経費は現時点での国家財政にとって負担可能な範囲内なのかという、しごく当然な質問がでた時、報告書を取りまとめた代表者は「その計算はしていない。文部省はもっと情報を公開すべきだ」と答えただけであった。

計算してないのは当然のことで、もともとそういう発想がなかったからである。文部省に向かって求める情報公開が、どの程度の情報のことか定かでないが、利用可能な情報はその当時十分に公開されていた。それを使えば、いくらでも計算できたはずである。こうした反応の背後には、財政的可能性の計算などという「技術主義」に対する蔑視があり、壮大なる「理想・理念」(空想)を掲げて国家権力に対抗することをもって「国民の立場に立った教育学」という思い込みに陥っていたからである。

筆者からすれば、日頃は何もせず、機会がくると、こうした特定の主張を一斉に合唱する光景が不思議だった。決まり文句を繰り返すだけならば、何の知的努力もいらない。決まりきった台詞をテープレコーダーのように繰り返しているだけである。ところがその当時は、そういうタイプの人間が多かった。

そういう人達の唯一の仕事は、誰か不協和音を発していないか、それに監視の目を光らせているだけである。一人でもそういう人間を見つければ、寄ってたかってさまざまな嫌がらせをするだけである。学問とはそんなためにあるのだろうか。大学とはそんなことのためにあるのだろうか。不思議な気分で見ていた。

孤立無援といえば格好がよすぎるが、そうした周囲とはまったく関係を持つことなく、コンピュータ・プログラムの書き方を学び、できたばかりの計算センターに通い、調査データの分析を続けていた。分析の結果、運よく何らかの発見、アイディアがでてくれれば、それを世に向かって提案する、これが当時の筆者のスタンスだった。

愛知県をやったので、次の年には岐阜県を対象に調査をさせてもらった。その時の結果は一九七二年の名古屋大学教育学部の紀要に報告してある。そして三年目になった時、ある県に目をつけ、そこの高校選抜制度が高校進学の階層差を広げる効果を果たしているのか、それとも狭める効果を果たしているかを確認する調査ができればと考え、県教育委員会の了解を貰いにでかけた。県教育委員会はすぐ了解をくれたが、調査表の原案を教員組合に見せたところ、親の学歴、職業を聞く項目が問題になり、調査は実施できなくなった。こういう経過を辿って二県だけでは実態調査ができたが、それ以上は不可能となり、筆者の当初の仮説を検証することはできないで終わった。

大学の外部ではこうした壁に突き当たったが、大学内部では別の雑音が目立ってきた。要するに教育社会学は調査だけやって、何もしないという批判である。それではその当人は何をやっているというのか。ふだんの生活ぶりを見ても、どこかの組織のブレイン（はたから見る限り、ただの寄生者にしか見えなかった）とかをやっているらしいが、いつも同じステレオタイプを繰り返しているだけで、どこに知的な活動の片鱗があるのか見当もつかない人間が、そういうことをいう。そういう人間でも生き延びることのできる大学とは、実に奇妙な組織だと思った。

二月一一日はある年から祝日になった。その日の朝、その人物と通勤途上顔をあわせた。こちらはやることが残っているから休日出勤しているだけなのに、そのご当人は祝日化反対の意思表示のために、意図的に出勤してきたのだという。他人がどう思い、どう行動しようとも、こちらには関係ないが、世の中にはこちらとは水と油の人物がいるものだとつくづく思った。

高校選抜制度の具体的な機能を洗いだすとすれば、都道府県に協力が欠かせない。それなしには調査はできない。外部の協力がえられないとしたらどうするか。教育社会学の調査である以上、親の職業、学歴を聞かなければ実態調査にならない。しかしこういう調査項目を不愉快と思う人もいるとすれば、他人に迷惑をかけるような調査は断念するしかない。それに代わる方法は何か。

こうした経緯で浮上してきたのが、官庁統計を活用した分析である。それ以降、実態調査は諦め、もっぱら官庁統計を分析する方法に切り替えた。ちょうどその頃、コンピュータが導入され、自分でプログラムさえ書けば、どれだけ大量のデータでも処理できることを発見したことが、この切り替えのきっかけとなった。

ただこの切り替えもそう簡単ではなかった。愛知県の中卒者の調査の場合だと、サンプル数四、〇〇〇強。一サンプルについて調査項目が八〇とすると、三二万データとなる。クロス集計をするには、この三二万データをひとまず記憶させせなければならない。コンピュータ・センターに相談にいくと、いくらコンピュータといえども、これだけ大量のデータは記憶する場所がないという。「え、コンピュータで何でもできるのではないですか」。これが筆者の発した台詞だった。結局どのようにしてこの問題を解決したかは、特定の時期だけに限定された問題なので、詳しくは書いても無意味であろう。割愛しておく。

つまりハルゼーはその当時、社会移動の実態調査をしており、本書の形容を使えば、しきりに「頭数を数えていた」のだろう。またその彼の耳元では〝調査などねずみでもできる〟という声が聞こえていたのだろう（本書一八一頁）。そして「社会学って文学なの、科学なの？」という自問自答をしていたのであろう。訳者もまたそれに似た心境にあった。

ちょうど官庁統計の再計算をもとに、ある研究結果を報告したところ、科学か文学かといった問題だけでなく、政治という新たな世界にも巻き込まれることとなった。つまり社会研究とは科学なのか、文学なのか、それとも政治活動なのかという問題に直面することとなった。

一九七三年当時、日本の高校進学率は年々上昇を辿り八〇％近い水準にまで達していた。ところがその間に大都市圏への人口集中化が進み、こうした地域では中卒者が急激に増加する段階を迎えようとしていた。すでに到達した高校進学率を維持するだけでも、大都市圏ではかなり多数の高校を増設する必要があり、それをしないと急激な高校進学率の低下が発生しかねない状況が迫りつつあった。

そこで習い憶えたコンピュータ・プログラムを組んで、全国の都道府県別に今後九年間に標準サイズの高校をどれだけ増設しなければならなくなるのか、またそれに要する経費は、県民一人当たりいくらになるのか、その負担額は今後期待される所得の伸び（当時は高度経済成長時代だった）の範囲内に収まる負担なのかどうかを推計した。

　こうしたタイプの分析はほとんど日本ではなされてこなかったが、筆者の知る限りヨーロッパ諸国ではごく当然のこととして行われていた。そして議会、官庁はこうした推計結果をもとに政策立案を行っていた。筆者の使った推計モデルもフランスのレイモン・ポワニャン＊、西ドイツのフリードリヒ・エディング＊＊達が使ったモデルを多少日本にあうように変形したもので、決してそれほど新しいものではなかった。しかしその当時の日本には、こうした手法を使う研究はほとんど行われていなかった。

＊Raymond Poignant, *Institut National de la Statistique et des Etudes Economiques : Coût et Déeveloppement de l'Enseignement en France* (1958).
＊Friedrich Edding, *Internationale Tendenzen in der Entwicklung der Ausgaben für Schulen und Hochschulen* (1958).

　ところがこうした推計をしても、その結果を発表するところがない。一冊の本にしても売れるとは到底思えない。詳しい報告は学部紀要にするとしても、学部紀要を読む人などごく限られている。しかし事態は緊急を要する問題である。いろいろ考えたあげく、時事通信社が発行している「内外教育」という業界誌に発表することにした。それが予想外の反応を呼び起こす結果となった。議会で私の価値観とはもっとも異なる政党の議員が、このデータを用いて文部大臣を追及し始めた。

　それとともにいくつかの新聞社から、このテーマで文章を書いてくれという注文が舞い込むようになった。つい先日前までは発表する場がなくて困っていたのに、急に発表の場が増えた。さらにはテレビ局からも出演依頼が舞い込むようになった。それも一局だけでなく、数局から注文が飛び込むようになった。

そうした注文に応じていると、さまざまな声が聞こえてくるようになった。まず第一に今まで親しい付き合いのあった人達からは、「あいつはとうとう高校全入運動の旗振り人になりさがった」といわれるようになった。また高校全入運動をやっている人達からは、潮木推計の限界を指摘する声が聞こえてきた。「われわれの要求はあくまでも高校進学率一〇〇％である。それを潮木推計は現状に固定している点に問題がある」。さらには「あれは潮木の売名行為である」という声まで聞こえてきた。さらには「あいつは高校を増設せよと主張しているのか、増設など要らないといっているのか、どちらなのか、それをはっきりさせろ」といわれていることも、耳に届いてきた。名古屋に住んでいたからよかったものの、おそらく東京に住んでいたら、もみくちゃにされたことだろう。

高校進学率をどの日程表にしたがって、どこまで引き上げるかは、政治が決めるべき問題であって、一大学教師が決めることではない。筆者の立場は、「もし仮に現状水準を維持しようとすれば、これだけの県民負担が生じる」という点を明らかにし、それに向けての対策をできるだけ早く立てることを呼びかけるだけである。しかし世間は潮木推計「について」議論するのではなく、「そこからでてくる」政治議論に集中した。まさにハルゼーと同じ経験をしたことになる（本書二六一頁）。

しかし教育問題とはどこの国でも同じ展開をするものらしく、その後いくつかの国の教育社会学者と話す機会があったが、ほとんどが同じ経験をしていることを発見した。ハルゼーはイギリス教育省の顧問をはじめさまざまな政府審議会での経験をもとに、政府と研究者との関係について、彼なりの見方を本書でも述べている（二五二頁）。政府の審議会に入ってゆくことの意義は、政策策定の現場に立会い、いかなる力学にしたがって政策が立案されていくのか、その過程を体験できることである。世の中にはさまざまな立場があり、対立する利害関係の間にいかにして協調関係を作りだすかを経験することができることである。これはけっして大学の研究室にこもっていては体験できない貴重な経験である。だから筆者は後輩にはそういう機会があったら積極的に活用するよう勧めてきた。

ただかつての東西冷戦時代（というよりも実態はごく狭い世間のなかでの不毛ないがみあい）には、「政府の御用学者」を取り巻く雰囲気はあまりよくなかった。それに比較すれば、イデオロギー対立が少なくなった（消滅した?）現代では、心理的負担は格段に低くなったのだろう。

ただ学問、大学が政策決定にいかに関わるかについては、まだいくつかの試行錯誤が必要なのだろう。ハルゼーは二一世紀に向けての期待として「社会の会計士」となるという選択肢を掲げている。彼は合理的選択理論をもとに、「個人の選択と集合的な福祉の関係を理解させる方が、大衆を一斉に利他主義に向かって改心させる疑似宗教運動よりもはるかに有効だ」ともいっている（本書二五八頁）。

こうした方向をめざす動きは日本でも次第に浮上してきており、「実施された政策が、どのような成果をもたらしたか、いかなる意図せざる副作用を生み出したかという政策評価に重点を置いた研究」が必要だと主張されている*。これは教育社会学にとって重要な目標で、この目標が達成されるためには、さまざまな試行錯誤が必要であろう。

＊苅谷剛彦・志水宏吉編『学力の社会学』岩波書店（二〇〇四）、八頁。

＊

やがて三度目にハルゼーと出会う時がきた。それが一九七七年の *Power and Ideology in Education*

というタイトルのリーディングスだった。この本のなかの圧巻は、冒頭に掲げられたカラベルとハルゼー共著の序章だった。そこには教育社会学の基本的なパラダイムとして五つをあげ、それにしたがった論点の整理がなされていた〔教育の機能主義理論、人的資本理論、方法的実証主義（不平等研究）、教育の葛藤理論、「新しい」教育社会学（「解釈」的社会学）〕。これもさっそく翻訳することになり、年長者達が責任者となり、若い院生クラスの人達と一緒に翻訳作業を行った。この序文を翻訳しながら、いったいここはカラベルの文章なのだろうか、それともハルゼーの文章なのだろうかと、首を傾げることが幾度かあった。二人は国籍も違えば、世代も違う、論文を読んでみても、だいぶ思想傾向が違うように見える。そこで今回改めてもう一度目を通してみたが、あれはやはり二人の協同作品で、相互に譲りあいながらまとめたものだという印象を深くした。

この本の序論で大きな期待をもって語られていたのが、バーンステインであった。あたかも今後の教育社会学の新しいリーダーであるかのような書きぶりがしてあった。しかし翻訳で一番苦労したのは、ほかならぬこのバーンステインの論文であった。一応四苦八苦の末、日本語に置き換えはしたが、正直いって何を言いたいのかが、最後までわからなかった。随所に興味深い分析枠組みが提示されていることは事実だが、全体としての意図が掴めなかった。

あの頃のバーンステインは混乱状態にあったという話は、後から聞かされた。初期のバーンステインは「制限コード」、「精密コード」を使っていくつか実証研究を行っていた。このコード論の当否はともかくとしても、こうした図式を使って現実を切りとってみようとする彼の研究意図は十分理解できた。しかし、一九七七年のリーディングに載っている論文はもはや実証研究の形跡は見えなかった。

バーンステイン当人に直接会ったのは、かなり早くて一九六九年夏のことで、場所はベルリン（当時はまだ西ベルリン）のマックス・プランク教育研究所だった。当時筆者はアレキサンダー・フォン・フンボルト財団の資金をえて、そこに留学していた。その当時のドイツではバーステイン旋風とブルデュー旋風が吹きまくっていた（その後になり、それにブードンが加わり、三大Bとしてもてはやされることとなった）。ブルデューとパスロンとの共著による「遺産相続人」「機会均等の幻想」がドイツでも話題となり、マックス・プランク教育研究所がさっそくそれをドイツ語に翻訳して「機会均等の幻想」というタイトルで公刊した*。筆者が初めてブルデューの書いたものを読んだのは、この時だった。

*Pierre Bourdieu et Jean-Claude Passeron（1971）Die gllusion der chanceng leichheit（Klett）.

ドイツでバーンステインに関心が集まったのは、彼の「制限コード」、「精密コード」の図式が、ドイツ社会にも当てはまる可能性があったからである。当時のドイツではギムナジウムの階級的閉鎖性が社会問題化し、その原因が学校制度のあり方よりも、むしろ家族内での社会化過程にあるのではないかという議論が出始めていた。学業成績に顕著な階層差が現れることは、ドイツでもまったく同様だった。とくに小学校四年を修了した時点で、ギムナジウム、レアールシューレ、ハウプトシューレに分ける方式をとっていると、そこに歴然とした階層差がでてくる。ギムナジウム側はわれわれは親の職業・身分によって選別している身分学校ではないと主張したが、その階層的な構成は明らかに偏っていた。そこで注目を集めたのが、バーステインの言語コード仮説であった。

たとえば具体的な例を上げれば、同じドイツ語を話していても、労働者家庭で話されるドイツ語と中産教養階級が話すドイツ語では微妙に違っている。英語の目的格は me 一つだけだが、ドイツ語には同じ目的格でも三格と四格の区別があり、mir（私に）とmich（私を）を区別しなければならない。ところが労働者家庭ではその両方を区別せず、mickだけですましている。あるいは語尾を飲み込んで、miとなってしまう。またしばしば正規の文法を無視したドイツ語が話されており、これが正統な表現を求めるギムナジウム教育と不適合を起こすといった仮説が議論されていた。

だから一九六九年に開催されたバーンステインの講演会には、研究所のメンバーのほとんど全員が出席した。講演終了後の印象を聞くと、ともかく実証研究をやってみるしかないという意見が多かった。ブルデューもまたドイツ語訳で話題となったが、ランチ・タイムでの話では、博物館へ行くか行かないか、家に本があるかないか、音楽会に行くか行かないか、といった項目でどこまで「文化資本」が測定できるのか疑問視する意見が多かった。

バーステインの言語コード理論は、デュルケーム学派のいう「認識の社会的枠組」を継承しようとしていることは明らかである。デュルケームはカントの主張する認識の先験的カテゴリーに疑問を投じ、認識が文化的に枠づけられた社会的構成物であると主張していた（たとえば「分類の初期的形態」）。これはレヴィ・ブリュールも同じことで、彼はごく素朴な数え方しかしない（数詞は三か四までしかなく、それ以上は「たくさん」という一語ですましている）種族でも、一〇〇頭以上の牛の群れから一匹でもいなくなると、直ちに気付くことを観察している。つまり粗末な数詞しか持たない種族は、それだけふだんから固体識別能力を発達させており、一匹一匹の牛を「数」として把握するのではなく、一匹一匹をその特徴で識別していたのである。のちに日本では福井勝義がアフリカ原住民のなかに住み込み、ある種族の牛の文様の識別能力について詳細な研究を展開した*。

＊福井勝義著、佐伯胖補稿『認識と文化：色と模様の民族誌』東京大学出版会（一九九一）。

バーンスティン自身も「マルクスがヘーゲルを転倒させたように、デュルケームはカントを転倒させた」といっているように、デュルケーム学派を継承し、人間の認識は普遍的、先験的ではなく、そこへ生みこまれた社会文化による構成物であるという前提から出発しようとしていた。

ただ筆者の立場に立てば、デュルケームとバーンスティンの間には、この仮説の適用対象に決定的な相違があった。これを歴史的な文脈のなかで整理して見ればこうなる。デュルケームの時代は、ヨーロッパが植民地獲得を通じて、非ヨーロッパ圏との接触が一段と加速した時代だった。彼等ヨーロッパ人は、アフリカ、アジアの異人種と接触するなかで、ヨーロッパ人が使っているのとはまったく異なった時間意識、空間意識、因果律、数意識、分類体系があることを発見した。これを通じて、彼等はヨーロッパ的な思考方式、認識図式が唯一のものではなく、多数あるなかの一つにすぎないのではないかと疑い始めた。つまり、ヨーロッパ人はこうして文化的相対主義の立場を知ったのである。

しかしバーンスティンはこのデュルケーム的な発想を、イギリス社会に適用しようというのである。つまりイギリス社会には、中産階級的な言語文化と労働者階級的な言語文化という異質な言語文化があり、前者が「精密コード」、後者が「制限コード」で作られた文化であるという。ところが学校は「精密コード」によって支配されており、学校に入った労働者階級の子供は、彼等の出身階級とは異なったコードに従うことが要求される。これが学力の階層差の原因になると見ようとした。ふだん家庭内で話されているのとは異なった言語コードで話しかけられた時、労働者の子供たちはどう答えたらよいというのか、たしかバーンスティンはどこかでこういう主旨のことをいっていた。

しかしこうしたバーンステイン仮説には疑問がある。まずデュルケーム時代のヨーロッパ人が体験したことは、ヨーロッパとアフリカ・アジアといった何千キロも離れた、相互にほとんど接触のなかった文化間の相違であった。しかしバーンステインが問題にしているのは、同じイギリス社会の内部での問題である。たとえ二つの文化圏（もしくは言語コード圏）があるとしても、まったく相互の接触を欠いたまま、互いに分離孤立しているわけではない。人的交流、コミュニケーションをあるだろうし、しかも現代はテレビ時代ではないか。テレビは階層を越えてすべての階層に同じ文化を送り続けている。たしかにイギリスでの階層方言は「メリーポピンズ」、「マイ・フェア・レディ」の時代から御馴染みのテーマである。それが依然としてこのマスメディア時代に存在し続けることができるのだろうか。

さらに問題なのは、学校は中産階級文化に支配されているというバーンステイン仮説が、どこまで妥当するのか、またその妥当性をいかなる方法で立証できるのか、という点である。彼はおそらくこのアイディアをマックス・ウェーバーから借りたのだろうが（ドイツ社会・中国文化のなかでの教養層についての分析）、三足す四が七になることを教えることが、どうして中産階級的といえるのか。それはあらゆる階級を越えた人間の認識発達にとっては普遍的な条件ではないのか。

こうしたバーンステイン仮説に対する疑問は、すでに早いうちから提起されていた。たとえば、言語学者トラッドギルは一九七四年に、次のような疑問を投じていた。「『教育という場では〝精密コード〟が要求される』という文をどう解釈するかによって、立場が二つに分かれる。第一は、学校が子供に〝精密コード〟を要求するのは、単なる〝社会の習慣〟にすぎないとする立場である。第二の立場は〝精密コード〟は人間の認識の成長には不可欠な条件であるとする立場である」*。

＊Peter Trudgill, *Sociolinguistics*（1974）. 邦訳、P・トラッドギル『言語と社会』土田滋訳、岩波新書（一九七五）、五一—五七頁。

まさに問題はここにあった。前者の立場をここで「コンヴェンショナリズム」と呼び、後者を「エッセンシャリズム」と呼ぶとすれば、前者からは容易にウェーバー流の支配文化説に結びつけることができる。つまりイギリスではたまたま（歴史的政治的な結果として）中産階級の文化が学校を支配することになり、労働者の子供には馴染みの少ない〝精密コード〟が要求される結果、労働者の子供達は学校では高い学力を発揮することができないということになる。しかし後者のエッセンシャリズムの立場に立てば、〝精密コード〟は人間の認識の発達には普遍的で不可欠な要件で、単なる社会慣習、あるいは文化慣習、文化支配の問題ではない、ということになる。

一九七七年当時のカラベルとハルゼーは、バーンスティンの理論上の最大の弱点は、ウェーバー理論との接合を図っていない点だと指摘していた。「いかなる思想様式、いかなる知識体系が教育上の威信を決定するかはまったく恣意的で、ある特定の文化的な理想を普遍化しようとする支配的な文化集団の権力の産物である」というウェーバーの言葉を引用し、こうした文化的相対主義に立って〝精密コード〟の支配を、その時代の権力構造に起因するものと主張していた。

ここからは「中産階級文化に支配された学校」、「中産階級文化によって植民地化された教育」、「文化的帝国主義に支配された教育」など、さまざまな告発的な言説を作りだせたことだろう。現にその当時アメリカのマーティン・カーノイは「教育における文化帝国主義」を論じていた。それはカリキュラムにおける階級革命の可能性を示唆していた。つまりこれまで中産階級文化によって簒奪されていた学校を、今や労働者階級文化に取り戻す革命が必要である、といった主張になりかねない状態だった。しかし学校が特定の階級文化に支配されていることは、いかにして検証することができるのか。いったん実証レベルに落とすとすれば、さまざまな媒介変数を一つ一つ特定し測定し検証してゆかねばならない。それには多くのエネルギーと時間が求められることは必至であった。さらにその上、投入したエネルギー、時間に比してどれだけ確実な成果がえられるのか、見通しもなかった。筆者にはそれは途方もないほど、はるか遠くに掲げられたゴールのように思えた。

要するにバーンステイン仮説はあくまでも理論的な仮説（お話し）であって、しかも実証的検証の可能性の乏しい言説であった。立証もできなければ、また反証もできない命題だった。筆者もまた若干の追試を日本社会を対象に行ったが、学力の階層差は確認できても、その格差を作りだす源が言語コードであることを立証するには、まだまだ多くの研究の蓄積が必要だというのが、偽りのない印象だった*。

＊潮木守一「社会階層と学業成績に関する実証的研究」名古屋大学教育学部紀要（教育学科）第二六巻（一九八〇）。

それにバーンステイン仮説を日本に適用させるとなると、まず問題になるのは、果たして日本社会にも、その輪郭が明確に定義できる「文化階級」（あるいは言語階級）が存在するのかどうかという点であった。ちょうどその頃、社会学では「地位の非一貫性」が議論の焦点になっていた。つまり職業（威信）、所得、学歴、資産、権力といった基準で階層上の地位を測定すると、日本の場合には、たとえば学歴が高くても、資産が少ない、職業威信が低くても、所得が高い、といった「非一貫性」が見られるというテーマである*。

＊今田高俊・原純輔「現代日本の段層構造——地位の一貫性と非一貫性」『現代社会学』第4巻第2号（講談社、一九七七）。

ヨーロッパ生活での直感的な印象では、学歴階層が文化階層と重なり、所得階層、資産階層、権力階層と相互の重なる部分が多いように見えたが（これも主観的印象論では不十分）、果たして日本ではそれほど明確な文化階級が形成されているのかどうか、さらにはそれが「言語コード」もしくは「認識コード」まで作り上げているのかどうか、多くの実証すべき課題が残されていた。

それと同様なことはブルデューについてもいえることで、彼は「言語コード」ではなく、「文化資本」という概念を作りだした。日本でもその後さまざまな人々が「文化資本」を説明道具に使ったが、これとても概念だけは作りだされたが、果たして文化資本の中身は明らかになったかどうか、すでに決着がついたと見ることはできまい。日本社会での「文化資本」とは、具体的にいかなる指標によって測定されるのだろうか。それは測定を超えた、単なるお話なのか。

今から四〇年前のドイツでは、ギムナジウムではゲーテ、シラーといった古典教材が登場してくるが、その文化資本の豊かな家庭では親が子供に解説できるが、そうでない家庭の親にはそれができない、その結果学力の階層差が作られるといった仮説が話題となっていた。ブルデューもまた一九六〇年代までのフランスの文化状況をもとに、古典文化との接触度をもとに文化資本という概念を作りだした。

しかし過去四〇年間は「文化の大衆化」の時代で、文化の階層差といったものは、減少もしくは消滅したのかもしれない。むしろ文化的へゲモニーの逆転現象が起こっているのかも知れない。こうした変化に目を向けることなしに、四〇年前に登場した「文化資本」なるものをそのまま使っているとしたら、かなり危険なことであろう。時代は変化し、社会は変化する。

バーンステイン仮説のもう一つの課題は、この仮説に対して「欠陥文化仮説」という疑いをかけられたことであった。一九七〇年代のバーンステインは「制限コード」は決して「欠陥文化仮説」でないことを主張するのに懸命になっていた。しかしあるイギリス人研究者にいわせれば、欠陥があるから「制限コード」と名付けたのだろうが、それを後から否定したために論理的な破綻をきたし、それでバーンステインは混乱状態に陥ったのだと解説してくれた。

バーンステイン自身からすれば、彼の前にあるイギリス教育社会学は「非論理的、実用主義的、記述的、政策指向的な応用社会学の特徴がべったり張り付いている」と見えたのだろう。これはハルゼー流の政治算術の系譜を引く社会学を暗示していることは、あらためて断るまでもなかろう。ハルゼーはハルゼーなりの立場にたって社会学の可能性を追い求めていた。これに対してバーンステインは彼なりの立場に立って、突破口を模索していたのだろう。しかしごく初期のバーンステインの実証研究を知っている者からすれば、彼の抽象論への傾斜は理解できなかった。インヴィジブル・ペダゴジー、ヴィジブル・ペダゴジーは考え方としては刺激的ではあるが、どうやって実証できるのか、それがわからなかった。そもそも彼のいうコードそのものを、初期のころはしきりに具体的に説明しようとしていたが、途中からは諦めたのか、彼の思考パターンが変わったのか、具体的な説明がされなくなった。あるいは彼は説明しようとしているのだろうが、外部の者（少なくとも筆者）にはその説明がわからなくなった。

その後日本でも「学力格差」、あるいは「階層と学力」の実証研究が継続的に行われてきた。最近の例としては、調査規模、参加した研究者の数、カバーするテーマの面で注目すべきは、苅谷剛彦、志水宏吉編でまとめられた『学力の社会学』（二〇〇四）であろう。副題が「調査が示す学力の変化と学習の課題」となっているように、ちょうど話題になっている「学力低下」に対して、教育社会学の立場から検証調査を行ったものである。

この研究プロジェクトの一部として、バーンステインの「見える〈教育〉」、「見えない〈教育〉」という図式を分析した部分が含まれている（ここではpedagogyが〈教育〉と訳されている）。山田哲也の「教室の授業場面と学業成績」がそれである*。バーンステインの問題提起は刺激的で、研究者の知的好奇心をかき立てることは否定できない。しかし実証レベルに落とすことがきわめて難しいテーマである。これにあえて挑戦したことは、きわめて野心的・冒険的な試みとして評価すべきことであろう。

＊山田哲也「教室の授業場面と学業成績」苅谷剛彦・志水宏吉編『学力の社会学』岩波書店（二〇〇四）。

しかし分析者自身が最後にいみじくもいっているように、「質問紙調査の手法では〈教育〉は、分類においてたいへん困難な対象であり、〈教育〉を把握するためには、さらなる工夫（たとえば授業場面の観察・分析）が必要である」と告白している。こうした告白通り、バーンステインのいう「見える〈教育〉」、「見えない〈教育〉」という図式は、質問紙調査法ではとうてい把握できるような対象ではない。しかしそれだからといって、観察、参与観察に切り替えれば、把握できるようになるのであろうか？

たしかに筆者自身もバーンステインの「見える〈教育〉」、「見えない〈教育〉」という図式に刺激を受けて、一時はこの図式を使った分析を計画したことがあった。ところが前途に横たわるさまざまな壁を考えた時、足がすくみ、立ち止まってしまった。果たして第三者にも識別可能な「見える〈教育〉」、

「見えない〈教育〉」の分類が可能なのか、それだけ考えても先に進む勇気がわかなかった。しかし若くてエネルギーのある人ならば、話は別である。若者の特権は、超えがたい壁に挑戦することであろう。

＊

一時バーンステイン、ハルゼーがあい次いで日本にやってきたことがあった。ハルゼーにわれわれがバーンステインを囲んでセミナーを開いたことを語ると、彼は一言 how generous とだけいった。一九七七年といえば、本書に記述されているように、イギリスでは社会学のポストが急増し、その上「社会学の断片化」、「内部分裂」が始まっていた頃である。社会学全体が「いかがわしい疑似科学」という疑りの眼差しに晒されていた時代であった*。こうした雰囲気の中、グラースの思わぬ妨害のなかを（本書一五三頁参照）社会移動一九八〇年版の資金調達、調査設計をしていた時期に当たる。

＊その当時のイギリスの状況を解説したものとして、以下の論文がある。志水宏吉「変化する現実、変化させる現実：英国『新しい教育社会学』のゆくえ」日本教育社会学会編「教育社会学研究」第五三集（一九九三）。

おそらくハルゼーにとっては、アメリカから到来したエスノメソドロジーは理解を超えていたことだろう。彼は素直に本書でも（二五九頁）その時の印象を述べている。それは日本でも同じことで、その頃日本でも「新しい教育社会学」を主張する人々が登場した。ハードなデータを扱ってきた者からすれば、すべての定義がその瞬間瞬間に参加する人の解釈次第で、いくらでも変わるという前提は、いくらなんでも極端な仮説だった。自殺という現象の定義に、さまざまな人々の解釈が関わることまで否定するつもりはないが、官庁統計によって定義された生徒数、教員数、教育費の定義そのものまで否定することは、極端だった。

イギリスにおける新しい教育社会学の若きリーダー、マイケル・ヤング（本書二一〇頁以降で扱っている社会科学研究審議会委員長ヤングとは別人）が一九七五年の「新しい教育社会学」というゼミナールで、学生からハルゼーとトロウ編の「イギリスの大学人」（一九七一年）について質問され、「あれはあまりにも実証的すぎるから、シラバスには入れなかった」と答えたと記録されているが、さもありなんという話である。

イギリスでも実証研究、官庁統計を使った研究に批判が集まった時期があったというが、日本ではどうだったのか。その当時の筆者は官庁統計を使った計量分析に夢中になっていたので、耳には入ってこなかった（聞こえなかった）から、それを知っている人がいたら、そういう人が証言すべき事柄であろう。

一九九七年には同じくハルゼー編の *Education, Culture, Ecomny, and Society* が刊行された。これは世代が代わり、住田正樹、秋永雄一、吉本圭一を責任とする翻訳ティームによって翻訳され、二〇〇五年に九州大学出版会から刊行された。表題は「教育社会学——第三のソリューション」となった。そして二〇〇六年には、Hugh Lauder, Phillip Brown, Jo-Anne Dillabough, A. H. Halsey 編の *Education, Globalization, and Social Change* が刊行された。さっそく四〇歳代の教育社会学者の間で翻訳の話が持ち上がり、そのための研究会が発足した。もはや筆者は七〇歳を越え、正直いって三〇、四〇歳台の人と話すのが、いささか億劫になっていた。また訳者たちも五〇歳以上の者は加えないとしていたようだが、意外にも翻訳ティームに加わらないかという声がかかり、二つの論文を受け持つこととなった。一つはデイヴィッド・ガイルの「知識経済の特徴とは何か？　その教育への意味」であり、もう一つはハルゼーの「ヨーロッパの大学」である。この翻訳は近いうちに東京大学出版会から公刊される予定になっている。

振り返ってみれば、最初のハルゼー編の翻訳に参加した時、筆者は二七歳だった。カラベルとハルゼーの翻訳を手掛けた時は四四歳だった。そして七五歳にして、三たびハルゼーの翻訳に参加したことになる。ハルゼーも歳をとったが、筆者も歳をとった。

ハルゼーは一九二三年生まれ、それに対して筆者は一九三四年生まれ。ハルゼーには兵役経験があるが、筆者にはその経験はない。しかし少し上の世代の雰囲気がまだ何となくわかる最後の世代なのだろう。ハルゼーからすれば、戦後イギリス社会に登場した社会学に対する期待を受けて、各種の実態調査を実施し、官庁の統計制度の改善を図り、その分析結果をもとに社会発言をしてきた。実態調査は「ねずみ」にはとうていできない手間ひまのかかる作業である。

ただ苦労してやっても、ごく平凡な結果しかでないことがよくある。また調査結果から直接、社会的発言に値する事柄が常に発見できるとは限らない。計量分析とは一定の手続きに従った分析方法で、そこから論理的かつ実証的に結論を導きだす必要性がある。しかし世間はそれを越えた意見を求めることがよくある。とくにイデオロギー対立の厳しい時代には、その誘惑にかかる危険性は高かった。それだけにハードなデータをもとに、実証研究の論理を踏み外すことなく研究を進めてゆくと、次第にある種のもどかしさがでてくる。そのもどかしさが一定の限度を越えると欲求不満になる。

筆者の場合は、この欲求不満を歴史研究で補った。歴史研究は実証研究がめざす「科学」ではなく、記述が勝負の世界である。言葉を通じて過去の人物の語りあい、さらに現代の読者との共感を成立させようとする営みである。歴史研究のなかでも、筆者には人物研究が興味深かった。『京都帝国大学の挑戦』（名古屋大学出版会、一九八四年。現在は講談社学術文庫）は高根義人研究であり、『ドイツ近代科学を支えた官僚』（中公新書、一九九三。現在は中公新書 e-book）はアルトホーフ研究であった。

高根義人の場合には、彼の論文、彼の行った改革、周囲の反応、帝国議会での議論などを通じて、高根義人という過去の人物との対話を試みた。その過程は同時にこの本を読んでくれるだろう読者との対話ともなる。むしろ現代の読者を代表する立場に立って、高根義人に問いかけることになる。

辣腕官僚アルトホーフは文章などいっさい残さなかったが、彼と直接関わった人々がさまざまな証言を残している。こうした証言の間から見えてくるアルトホーフの人物像を前にして、それと対話しながら、同時に現代の読者と対話することになる。科学と文学（歴史記述）はどういう関係にあるのか、とくに「社会の科学」と文学（歴史記述）とは、どういう関係にあるのか。筆者のようなデータ分析では充たされない欲求不満を、歴史研究で充たすというスタイルがどこまで正統化できるのか、読者に判定してもらうしかない。

ただ補足しておくならば、筆者の歴史研究は単なる欲求不満の解消策ではなかった。そこには秘かではあるが、ある明確な狙いがあった。ちょうどその頃「解釈アプローチ」、「エスノメソドロジー」が登場し、「新しい教育社会学」を主張する人々が登場してきた。こうした動きそのものは興味深かったが、正直いって実際どういう方法を用い、どういう分析枠組みで何を明らかにし、それを実際の教育活動にどう役立てるのか、それが見えづらかった。他人の教室に入り込みテープレコーダーを用いて会話をすべて記録して、分析するのだといっても、そこからどのような成果物として取りだすのかが見えなかった。

もし誰かが私の授業を調査対象とするというのなら、おそらく断っただろう。私という授業の実践者は、それなりに工夫しながらやっているのだから（「教師・学生間の相互交渉」、「意味付与のネゴシエイション」などなどは普段から実行している）、はたから傍観者の立場に立って、ものをいってもらいたくなかった。私自身が自分の授業に自信をなくした時は、こちらから分析診断を依頼する。それなしにエスノメソドロジー的分析の対象になるなど、御免を蒙りたいとうのが私の心境だった。私自身がこう考えるのだから、他の教師も同じだろう。自分が嫌だと思うことを他人にするのは、私の主義ではないので、こういうアプローチを採用しようという気はまったく起こらなかった。

それ以上に教育社会学には、授業分析では木原健太郎以来の先行研究があるではないか*。それを無視して最近の流行理論を使って「教師・学生間の相互交渉」を分析しだすことが理解を超えていた。だからどこかに「他人の教室にテープレコーダーを持ち込み、迷惑がられるくらいなら、自分で自分の授業を分析しろ」と書いたところ、いろいろ抗議文が舞いこんだ。

＊木原健太郎『教育過程の分析と診断』誠信書房（一九五八）。

ただ伝統的な教育社会学が、教育の過程をブラック・ボックスのままにしているという指摘は当たっていた。問題はこのブラック・ボックスの世界に、どうアプローチするかである。そこで筆者がとったのは、歴史研究というアプローチであった。つまりあらためてテープレコーダーで教室の場面を記録するくらいだったら、多くの素材が過去からの記録として残されているではないか。「隠されたカリキュラム」を問題にする素材は、多くの大学史の資料のなかに、豊富に残されているではないか。

筆者は『ドイツの大学』（講談社学術文庫、一九九二年）、『アメリカの大学』（講談社学術文庫、一九九三）、『京都帝国大学の挑戦』（講談社学術文庫、一九九七年）などを書いてきたが、そこで狙ったのは大学の正史ではなく、学園紛争史だった。あえて「カレッジ＝少年刑務所」という図式を使ったこともある。大学という場のなかで、学生がいかに大学当局の支配の及ばない「裏文化」を作るか、大学の正規の教育過程を覆すような文化を作りだすかが、そこでのテーマだった。学生自身がいかにして「隠れたカリキュラム」を作りだすか、いかにして自己形成のメカニズムを作りだすかがテーマだった。言い換えれば、「社会化過程の歴史」を書くつもりで書いてきた。

だから「新しい教育社会学」を主張する人々の成果を横目で見ながら、場合によってはその成果を参考にさせてもらった。ただそれを過去から残されてきているデータを読みとり、「解釈」する道具として利用させてもらった。おそらく「新しい教育社会学」を主張する人々の関心は、現実の生きた教室場面にあったのだから、「古ぼけた文書に書き込まれた昔語」など眼中になかったことだろう。しかし少なくとも筆者の内部ではつながっていた。果たして「新しい教育社会学者」に、筆者の秘かな狙いが伝わったかどうかはわからない（おそらく伝わらなかっただろう）。またこれらの人々が、こうした「古ぼけた手法」をどう受け止めたのか、その詳細も分からない。それは当事者達が証言すべきことだろう。

結局のところ、筆者は計量分析というデジタルな世界と、人物研究というアナログの世界の両方を行ったりきたりしてきたことになる。デジタルな世界には「明晰さ」という魅力が溢れていた。アナログの世界には人々との「共感」という魅力に満ちていた。この二つのそれなりの魅力に満ちた世界であった。しかしこの二つはどう関係しているのか、ハルゼーの一章「文学か、それとも科学か?」はまさにそれをテーマにしている。

本書のなかでハルゼーは、マルサスの人口論がダーウィンの進化論に影響を与えたという事実を指摘している。そしてこれこそ社会科学が自然科学に影響を与えた唯一のケースだったとしている。筆者にとって印象深いことは、そのダーウィンが自伝のなかで次のような告白をしているという事実である。晩年の彼はシェイクスピアを読んでも、一行の詩を読んでも、心が反応しなくなったという。そしてダーウィンはこういう(八杉龍一、江上生子訳『ダーウィン自伝』筑摩書房、二〇〇〇、一二六頁)。

私の心は、膨大な事実の山から、苦労して法則を導き出す機械の一種になってしまった。もしもう一度生まれ変わることができたら、少なくとも週に一度は詩を読み、音楽を聴くという規則を立てることにしたい。

今回、このハルゼーの本を翻訳しようという決心をしたきっかけは、エドワード・シルズの箇所を読んだ時であった。シルズには一九八〇/八一年にシカゴでお世話になった。その当時筆者はアメリカ学術協会(American Council for Learned Societies)の招聘を受けて、アメリカに滞在していた。これまでいろいろな人に出会ってきたが、シルズの博学多識にはただただ驚くばかりだった。日本の大学に対するドイツの影響を話しているうちに、私がハインリッヒ・ヴェンティヒの名を上げたところ、「ヴェンティヒといえば、ワイマール時代に内務大臣になった男ではないか。彼が若い時に日本にいっていたのか。それは知らなかった」といいだした。よもやアメリカ人でヴェンティヒの名前を知っている人間がいるとは想像もしなかった。

さらに明治期に日本に独逸学協会学校が登場した話をし、「そこには多くのドイツ人教授がきた。たとえばデルブリュックもいた」と話すと、「デルブリュックといっても、よもやハンス・デルブリュックではあるまい。○○か。××か」と立て続けにファースト・ネームをあげ始めた。たしかにデルブリュック一家はドイツの著名な学者一家だったが、独逸学協会学校にきたのが誰だったのか、筆者はファースト・ネームまでは記憶していなかった。シルズはデルブリュック一家の一人一人の名前を知っていたのだ。

筆者は当時シルズの「ヨーロッパ大学史」の講義を聴講していたが、それは講義というよりも、老人が孫を相手に昔話をするような雰囲気だった。たとえば、ドイツのカイザーの話がでてくると「カイザーというのは、こうやって横に長い髭を伸ばしていて……」と身振りで髭の格好を見せながら講義をしたりしていた。それは楽しい、知的な刺激に満ちた会話であって、講義などというカテゴリーを越えていた。

実をいうとシカゴの院生の間では、シルズのことをよくはいわない者がいた。「保守主義者」だとか「権威主義者」だという者もいた。筆者には一人アメリカ人の友人がいて、その当時はすでにシカゴの大学院を卒業し、別の大学の教授になっていた。その人間も、院生時代にシルズとやりあったことを私に話したことがあった。私がシルズのもとにいたのは一九八〇年だったが、その数年前、本書一五九頁にでてくるような、シルズとＣＩＡとの関係を追及する動きがあったのだろう。

おそらくあのシルズのことだから、一歩も引かず、一つの主張に対しては十、二十の反論をあげて、徹底的に対決したのであろう。そして学生、院生、教員はすべて所属大学に対する忠誠心が必要だとも説いたのだろう。ハルゼーは、シルズの悲劇は彼の生涯がたまたま東西冷戦期と重なったことだったと書いているが（本書一五五頁）、私には悲劇の人という印象はまったくなかった。彼はいつも元気溌剌としており、知的好奇心にみち溢れていた。ハルゼーがいみじくも形容しているように、シルズの頭はつねに「永久運動」を続けていた。彼の価値観からすれば冷戦体制のなかで西側につくのは当然のことだった。その立場からヨーロッパ知識人の組織化を構想していたのであろう。

話は変わるが、二〇〇九年春、中国人として日本語で小説を書き、芥川賞を受賞した楊逸さんの講演を聞いたことがある。講演は彼女の人柄そのもので、いつも前向きに楽天的に生きてきたことを楽しげに語った。講演後、聴衆との一問一答に入り、質問がたまたま例の天安門事件にふれた時、彼女は突然壇上で涙を流しだした。あの小説は民主化解放運動に期待を寄せながら、ついに期待を果たせず、農村の教師になってゆく若い大学講師との別れで終わっている。楊さんはまだ言葉にならない思いを胸のなかに秘めているのだろう。その時、東西冷戦は未だに終わっていないことを実感した。涙する楊さんを見ながら、ふとシルズの描いていた知識人の連帯とは、どういうものだったのか、思いをめぐらせた。

シルズが編集責任者だった「ミネルヴァ」は、特異なジャーナルだった。大学、学問、およそ知的な活動に関連するさまざまなテーマが取り上げられていた。日本ではとうてい成立できない種類のジャーナルだった。シルズはウェーバーの大学論を翻訳して「ミネルヴァ」に載せた。シルズの究極の目標は、専門、国籍、宗教、人種を超えた知識人の連帯を作ることだったのだろう。ハルゼーはそれを「永遠に完成不可能なプロジェクト」と形容している（本書一五六頁）。おそらくハルゼーのいうように、とうてい実現不能な願望だったのだろうが、死の直前にいたるまで、その希望を抱き続けたシルズは、幸せだったと思う。

シルズがどのような死生観を持っていたのか、直接聴く機会はなかったが、ハルゼーによると、「生命の解きがたい神秘は社会意識の中に起源がある」とシルズは考えていたという。ただ筆者にはそれはシルズの死生観であるとともに、ハルゼーの死生観でもあるような気がした。社会学者は「集合表象」を発見したが、もしかしたら「死」の意味も、個人の内面にあるのではなく、集合表象のなかにあるのかも知れない。

すでに八六歳の高齢に達するハルゼーにとっては、自著の一冊が日本語に翻訳されることが、どれほど意味があるのか、筆者の想像の範囲を超えている。しかし〝著名社会学者の名前は警戒すべき速度で忘れ去られる〞（本書八八頁）という一文が、この翻訳に取り掛かる一つの動機ともなった。筆者の試みた高根義人論（京都帝国大学の挑戦）はほとんど一世紀以前に起こった事件（忘れられた事件）を掘り起こす作業だった。すでに語るべき口を持たない過去の人物に、その思いを語らせようとする試みだった。多くの出来事が急速な速度で忘却のかなたに消え去ってゆく。しかし同時に過去は再発見されるものでもある。

本書にはさまざまな人名が登場するが、筆者の世代には記憶にある名前でも、もしかしたら現代の読者にとってはそうではないのかも知れない。そこで何時頃の人物なのか、大体の見当をつけてもらうために、可能な限り生年を調べて付記することにした。ところがその作業を行っているうちに、単に生年だけでなく、没年をも付記しなければならないケースを多数発見し、今さらのように驚いた。考えてみれば、歴史とは葬列の記録でもある。この単純なことに気づかなかった筆者の方が、よほど迂闊だったのだろう。

この本が対象としているのは、戦後のイギリスの社会学である。戦後日本の社会学については、富永健一氏が『戦後日本の社会学』（東京大学出版会、二〇〇四）を書いている。しかもその副題「一つの同時代学史」が示すように、まさに戦後日本の社会学を内部から参加しながら観察した参与観察の記録である。また市川昭午氏は『教育政策研究五十年――体験的研究入門』（図書教育センター、二〇一〇）を書いた。戦後日本の教育政策は左右イデオロギーの激突の戦場であった。いかなる主張の対立があり、そのなかで市川氏自身が何を主張したのか、自らの闘争体験を書きつづった。

それでは戦後日本の教育社会学については、どのような「同時代学史」が書けるのか。戦後日本では教育社会学はどうして生まれたのか。それを作った人々は何をめざしたのか、その期待は満たされたのか、それとも歪められたのか、裏切られたのか。富永氏も市川氏もともに戦後日本の学界を支配した強力なイデオロギーとの闘争を語っている。社会学も教育学でも戦場はまったく同じだった。教育社会学の場合には、異なるイデオロギーに立つ教育学と戦うだけでなく、左右両派の教育政策勢力とも戦い、それと同じくらいにそれからの誘惑とも戦わなければならなかった。そこには多くの物語があったはずである。歴史はまだ終わっていない。

翻訳書の構成

原著は、一部「とり巻く環境」（四四頁）、二部「ものがたり」（一〇〇頁）、三部「分析」（五六頁）、四部「結論」（二四頁）とそのほかに付録（二五頁）からなっている。しかしこのうち、三部「分析」以降は割愛することとした。その理由は、その内容がやや専門的で、またイギリスの読者（それも社会学を専門とする人々）にとっては関心があっても、日本の読者にはそれほど関心があるとは思えないからである。つまり原著本文二四九頁中「序文」を含めて一四九頁を翻訳したが、本書の狙いはこれで十分に伝えることができると思う。こうした翻訳上の編集について、訳者は原著者の了解をえている。

しかし割愛したこの三部の主な内容を説明しておくと、こうなる。この三部「分析」はさらに8章「教授達」（二二頁）、9章「著名教授達」（一二頁）、10章「社会学の形」（二一頁）に分かれている。8章ではイギリスの大学教員を対象とする調査結果であり、彼等の出身階層、卒業した中等学校のタイプ、第一学位の種類、卒業した大学の属するグループ、所属学部あるいは担当教科、研究と教育への傾斜、出版した著書・論文の数、性、年齢を、収集したデータを分析したものである。

この大学教員を対象とする実態調査の始まりは古く、一九六二年にまで遡る。その頃から高等教育の拡大とともに、その拡大がいかなる社会的な効果を発揮しているのかを実証的に検証する研究が開始された。最大のテーマは、この拡大によって高等教育進学の機会をより多く掴んだ階層がどれか、その恩恵が及ばなかった階層はどれか、その理由は何かといった系列の分析が中心テーマになった。

そのなかで大学教員もまた検証の対象となり、いかなる背景を持った者が大学教員となる機会を掴んだのか、それに伴って大学教員の意識、依拠する思想基盤がいかに変化したのかなどが調査対象となった。ハルゼーは一九六二年に大学教員を対象とする調査を開始し、それ以降一九七六年と一九八九年と、これまで三回の大学教員を対象とする実態調査を実施し、そのデータを蓄積してきた。

日本では一九九二年に、アメリカのカーネギー教育振興財団の呼びかけに応じて、広島大学の有本章教授、京都大学の江原武一教授らが中心となって研究ティームが編成され、日本の大学教授職についての実態調査が実施された。この国際調査には世界各地から一四カ国からの参加があり、対象数約二万人に及ぶ国際的な大規模調査となった。その時の報告書は有本章・江原武一編著『大学教授職の国際比較』（一九九六）として公表されている。また英語版は Boyer, E. L., Altbach, P. G.,Whitelaw, M. J.,'*The Academic Profession : An International Perspective*' The Carnegie Foundation for the Advancement of Teaching（1994）. として公刊されている。

その後、この日本の研究ティームは二〇〇七年にも、同様な大学教員を対象とする実態調査を実施し、過去一〇年ほどの変化を追跡した研究成果として、山野井敦徳編著『日本の大学教授職』（二〇〇七）、有本章編著『変貌する日本の大学教授職』（二〇〇八）を公表している。

本書の8章はこのようにこれまで蓄積されてきた六、〇〇〇人ほどのイギリスの大学教員を対象に計量的な分析を行った結果である。その要点だけを説明すると、政治的な態度としては「左派」と答える者が一九三〇年以前に生まれた者では一〇％であるが、一九五〇年以降に生まれた層では一六％に増加、「中道左派」と答えた者は一九三〇年以前に生まれた層では六七％であるが、一九五〇年以降に生まれた層では七四%に増加、「中央」とする者は一九三〇年以前に生まれた層では二〇%であるが、一九五〇年以降に生まれた層では一一%に減少、「自分自身を社会学者と考えているか」という質問に対して「イエス」と答える者は、一九三〇年以前に生まれた層では七五%、一九三一~四四年に生まれた層では八七%、一九四五~四九年生まれの者では八二%、一九五〇年以降生まれでは八〇%であるが、一九五〇年以降に生まれた層では七四%となっているなどである。社会学の教授のうち調査時点で博士号を持っていた者は、一九九四/五年時点では六八%だったが、二〇〇〇/一年当時には七二%に上昇した。

9章の「著名教授達」では、イギリスの社会学の教授達の指導教授は誰だったか（グラースが指導教授だったとする者が一三人、ティトマスが一二人、ハルゼーが一〇人、この三人が上位に並んでいる）、二〇世紀の社会学にもっとも貢献したと思われる社会学者は誰か（ウェーバー九二人、デュルケーム四三人、パーソンズが三七人が上位三位）といった結果が報告されている。さらに引用分析の結果によると、もっとも多く引用されたのは、一九八〇年代ではマルクス、ウェーバー、ギデンズ、一九九〇年代ではギデンズ、ウェーバー、ゴールドソープ、二〇〇〇年代ではギデンズ、ブルデュー、カステルスなどの名前があげられている。

10章では「社会学評論」(*Sociological Review.* 一九〇八年創刊)、「イギリス社会学ジャーナル」(*British Journal of Sociology.* 一九五〇年創刊)、「社会学」(*Sociology.* 一九六七年創刊)などの社会学関係のジャーナルに登場した論文の内容分析である。つまりポピュラーなテーマの時代変遷、使用している方法（計量的―質的）の変化、主要なイデオロギー（経験的、解釈的、機能主義的、ウェーバー流、マルクス主義、フェミニズム、ポストモダン）の変化などの変化を分析している。社会学専門の研究者、院生にとっては関心があるであろうが、日本の一般読者には縁が遠く、また登場人物もまた必ずしも日本で知られているわけではないので割愛した。

「結論」はハルゼー自身を含んだ八人の代表的な社会学者による、本書の原稿を読んだ上での短いエピローグが並んでいる。

以上原著二七〇頁中、前半を翻訳したのが本訳書である。ただし訳出した部分でも、誰々がどこどこ大学から何年にどこどこ大学へ移籍したといった、個別的な事柄は除外した。また注は原則的には割愛したが、読者にとって重要と思われる注は本文中に訳出した。

＊

最後になったが、訳注の必要な箇所を拾いだすという面倒な作業を引き受けてくださった日本大学文理学部非常勤講師山岸竜治氏に感謝したい。本書に登場してくる人物、事項のうち筆者の世代にとっては馴染みがあっても、若い世代にとってはそうでない場合がありうる。どの人名、事項に説明を加えたほうが読者にとって便利なのか、それを山岸竜治氏に若い世代を代表して判定してもらった。またスラングが頻発する部分の訳には、東京女学館大学のジェームス・ロバーソン教授の示唆を受けた。この場をかりて感謝したい。

日本大学文理学部広田照幸教授には、世織書房への紹介の労をとって下さったことに感謝したい。広田教授とは別件で電話で話をしているうちに、たまたま談がこの本に及び、瓢箪から駒がでるようにして、世織書房の話が持ち上がった。索引作成の作業のために田辺裕典さんを、また参考文献中日本語訳のある文献を抽出する作業のために坂本光子さんを紹介していただいた。あわせてここで感謝の意を述べさせていただきたい。

こうした広田教授からの依頼を受けて、本書の出版を引き受けてくださった世織書房の伊藤晶宣氏に心から感謝したい。

潮木守一

〈訳者紹介〉
潮木守一（うしおぎ・もりかず）
1934年、神奈川県生まれ。名古屋大学大学院国際開発研究科教授、名古屋大学付属図書館長、桜美林大学大学院大学アドミニストレーション研究科教授。この間、文部科学省中央教育審議会専門委員、大学審議会委員、日本ユネスコ国内委員会委員、日本学術会議会員などを務め、現在、名古屋大学名誉教授、桜美林大学名誉教授、国立大学法人山梨大学経営協議会委員。
著書に『キャンパスの生態誌――大学とは何だろう』（中公新書、1986年）、『ドイツの大学――文化史的考察』（講談社学術文庫、1992年）、『アメリカの大学』（講談社学術文庫、1993年）、『ドイツ近代科学を支えた官僚―影の文部大臣アルトホーフ』（中公新書、1993年）、『世界の大学危機――新しい大学像を求めて』（中公新書、2004年）、『職業としての大学教授』（中公叢書、2009年）、訳書にJ・カラベル、A・H・ハルゼー編著『教育と社会変動――教育社会学のパラダイム展開』（共編訳、東京大学出版会、1980年）、バートン・クラーク編著『大学院教育の研究』（監訳、東信堂、1999年）などがある。

イギリス社会学の勃興と凋落―科学と文学のはざまで

2011年3月28日　第1刷発行©

著　者	A.H.ハルゼー
訳　者	潮木守一
装幀者	M.冠着
発行者	伊藤晶宣
発行所	(株)世織書房
印刷所	三協印刷(株)
製本所	協栄製本(株)

〒220－0042 横浜市西区戸部町7丁目240番地 文教堂ビル
電話045(317)3176　振替00250-2-18694

落丁本・乱丁本はお取替いたします　Printed in Japan
ISBN978-4-902163-60-5

索　引
〈人名＋事項〉

【ア　行】

アーノルド，マシュー（Arnold, Matthew）　34, 50
秋永雄一　355
アシュビー卿（Ashby, Lord）　158
アシュリー，ウィリアム（Ashley, Sir William）　183
アダムス，ウォルター（Adams, Walter）　221
アトキンソン，A. B.（Atkinson, A. B.）　188
アトリー（Attlee, Clement）　v, 173, 186, 318
アドルノ，テオドール（Adorno, Theodor）　79
アナン，ノエル（Annan, Noel）　157, 208
アボット，アンドリュー（Abbot, Andrew）　104
新井郁男　331
アルチュセール（Althusser, Louis）　81, 248
アルトホーフ（Althoff, Friedrich Theodor）　357
アロン，レイモン（Aron, Raymond）　119, 136, 156, 162, 212
アンダーソン，ペリー（Anderson, Perry）　164, 168
イエーツ，W. B.（Yeats, William Butler）　46
池田勇人　330
ウィーウィル（Whewell）　63
ヴィクトリア女王（Victoria, Alexandrina）　10
ウィリアムス，バーナード（Williams, Bernard）　196
ウィリアムス，レイモンド（Williams, Raymond）　40
ウィルソン，ハロルド（Wilson, Harold）　209
ウィルソン，ブライアン（Wilson, Bryan）　200, 249
ウィルモット，ピーター（Wilimott, Peter）　212
ウースリー，ピーター（Worsley, Peter）　228
ウェーバー，マックス（Weber, Max）　9, 14, 16, 62, 102, 106, 108, 140, 146, 156, 161, 173, 231, 246
ウェスターマーク，エドワード（Westermarck, Edward）　99-100, 126
ウェスタガード，ジョン（Westergaard, John）　138, 149,

163
ウェッブ，シドニー（Webb, Sidney） 38-39, 90, 93
ウェッブ，ベアトリス（Webb, Beatrice） 37-40, 73, 77, 90, 93, 98, 127
ウェッブ夫妻 15, 24, 26, 39, 44, 132, 166, 253, 275, 313
ウェブスター，フランク（Webster, Frank） 50, 250
ウェルズ，A．F．（Wells, A. F.） 77
ウェルズ，H．G．（Wells, H. G.） 15, 31, 33, 44-45, 142
ヴェンティヒ，ハインリッヒ（B, Heinrich） 361-362
ヴォー，クロチルド・ドゥ（Vaux, Clotilde de） 37
ウォード，ハンフリー（Ward, Humphrey Mrs） 98
ウォートン，ジャック（Wharton, Jack） 120
ウォートン，バーバラ（Wootton, Barbara） 89, 120-125, 190, 243
ウォールフ（Woolf, Leonard） 116
ウッドワード，ジョアン（Woodward, Joan） 199
ウルフ，ヴァージニア（Woolf, Virginia） 40, 53
エイブラムス，フィリップ（Abrams, Philip） iii, 30, 69, 80, 94-97, 197
エイブラムス，マーク（Abrams, Mark） 79
エイミス，キングスレイ（Amis, Kingsley） 145
エヴァンス，メアリー・アン（Evans, Mary Ann） 32, 41
エヴァンス・プリッチャード，E・E（Evans-Pritchard, E. E.） 198
エーリアス，ノーバート（Elias, Norbert） 106
エディング，フリードリッヒ（Edding, Friedrich） 341
エドワード8世（Edward Ⅷ） 46
エリオット，T．S．（Eliot, T. S.） 31, 46
エリオット，ジョージ（Eliot, George） 33, 41
エルスター，ヤン（Elster, John） 257
エルドリッジ，ジョン（Eldridge, John） 6
オーウェル，ジョージ（Orwell, G.） 22, 117, 166, 211
オーウェン，ウィルフレッド（Owen, Wilfred） 98
オークリー，アン（Oakley, Ann） 245
オズボーン，ジョン（Osborne, John） 145
オリーヴ，バンクス（Banks, Olive） vii, 139, 141, 172

*

アウシュヴィッツ 162
アウトロック・タワー（エディンバラ） 92
アカデミー・フランセーズ 34

【カ　行】

David) 356
ガスケル夫人 (Gaskell, Elizabeth) 22
ガットマン (Guttman) 79
カラベル (Karabel, Jerome) 349
苅谷剛彦 353
カルダン，イブン (Kaldun, Ibn) 8
ガルトン，フランシス (Galton, Francis) 18, 75, 77, 81, 93, 97
川喜多喬 39
ギデンズ (Giddens, Anthony) 9, 14-15, 102, 119, 164, 196, 213, 259
木原健太郎 358
キャラハン (Callaghan, James) 249
ギンズバーグ (Ginsberg, Morris) iii, 13, 55, 76, 90-91, 101, 106-110, 114, 144, 149, 162-163, 167, 170, 193
グールド，ジュリアス (Gould, Julius) 236
クーン，トーマス (Kuhn, T. S.) 35
クチンスキー，ロバート (Kuczynski, Robert) 91
クマール，クリシャン (Kumar, Krishan) 32-33
クラーク，テリー (Clark, Terry) 79
グラース，デイヴィッド (Glass, David) iv, 27, 65, 90, 113, 148-153, 155, 162, 164, 167-168, 172-173, 354
グラース，ルース (Glass, Ruth) 163
グラウント，ジョン (Graunt, John) 63
グラックマン，マックス (Gluckman, Max) 185
クラパム，J. H. (Clapham, John H.) 25, 112,
グリア，ジェルメーヌ (Greer, Germaine) 245
グリーン，T. H. (Green, T. H.) v, 100
クレッチマー (Kretschmer, E.) 55
グレベニック，ユージン (Grebenik, Eugene) 150-151
クロスランド，アンソニー (Crosland, Anthony) 202, 210, 220, 222, 242, 250
ゲイツケル (Gaitskell, Hugh) 115
ケインズ，ジョン・メイナード (Keynes, John Maynard) v, 48, 53-54, 81, 203
ゲーテ (Goethe, Johann Wolfgang von) 43, 351
ゲッデス，パトリック (Geddes, Patrick) 7, 18, 89, 92-93, 102, 107, 109
ケトレ，アドルフ (Quetelet, Adolphe) 62-64, 67-68, 75
ケルサル (Kelsall, R. K.) vii-viii, 190
ゲルナー，アーネスト (Gellner, Ernest) 35, 125, 136, 149, 164, 191

【サ　行】

シュレーダー（Schröder） 334
ショウ，バーナード（Shaw, G. B.） 31, 61, 132, 313
ショウ，マーチン（Shaw, Martin） 164
ジョーンズ，カーラドッグ（Jones, K.） 91
ジョーンズ，リチャード（Jones, Richard） 62, 81
ジョセフ卿，ケース（Joseph, Sir Keith） 189-190, 263-265, 316
ジョンソン，サミュエル（Johnson, Samuel） i
シラー（Schiller, Johann Christoph Friedrich von） 351
シラード，レオ（Szilard, Leo） 155
シリトー，アラン（Sillitoe, Alan） 324
シルズ，エドワード（Shils, E.） 27, 104, 110, 140, 143, 149, 154-161, 174, 229, 360-363
ジンメル（Simmel, Goerg） 9
スコット，ジョン（Scott, John） 164
スターリン（Stalin, Joseph） 5, 125, 166, 255
スタッドホーム，マギー（Studholme, Maggie） 102
ステファン，レスリー（Stephen, Leslie） 117
ストウファー（Stouffer） 79, 229
ストーンハウス，ジョン（Stonehouse, John） 146
ストレイチー，リットン（Strachey, Lytton） 53
スノー，C．P．（Snow, C. P.） 49
スペルマン，ラウラ（Spelman, Laura） 150, 195
スペンサー，ハーバート（Spencer, H.） 7, 12, 15, 18, 32, 41, 44, 63, 76, 89-90, 97, 103, 126, 253
スミス，A．L．（Smith, A. L.） 198
スミス，J．H．（Smith, John H.） 138
スミス，アダム（Smith, Adam） v, 15
スミス，サイリル（Smith, Cyril） 138
住田正樹 355
スモール，アルビオン（Small, Albion） 107
セルヴィン（Selvin, H.） 62, 76-77
セン，アマルティア（Sen, Amartya） 188
ソファー（Soffer, R. N.） iii, iv
ゾラ（Zola, Emile） 32-33, 40
ソルジェニーツィン（Solzhenitsyn, Aleksandre） 255
*
ザ・タイムズ紙 153, 237, 239
サイラス・マーナー 41
サウザンプトン大学 138
サセックス大学 48, 240, 242
サッチャー 21
サッチャリズム 243
サリー大学 50, 138, 240

【タ　行】

ディーコン，リチャード（Deacon, Richard） 325
デイヴィス，ジェイムス（Davis, James） 59
デイヴィス，ジム（Davis, Jim） 60
デイクル卿（Dacre, Lord） 156, 199
ディケンズ（Dickens, Charles） 22, 33, 36, 40, 51
ディズレイリー（Disraeli, Benjamin） 19
ティトマス，リチャード（Titmuss, Richard） 27, 115, 212
テイラー夫人，ハリエット（Taylor, Harriet） 36
デニス，ノーマン（Dennis, Norman） 103, 105, 119, 138, 141, 172
デュルケーム（Durkheim, Emile） v, 8, 12, 18, 32, 62, 76, 102-104, 106, 109, 140, 157, 162, 173, 213, 228, 346-347
デルブリュック，ハンス（Delbrűck, Hans） 361
デロジエ（Desrosièrs） 68
ドア，ロナルド（Dore, Ronald） 190, 196
トゥレーヌ，アラン（Touraine, Alain） 159
トーニー，R. H.（Tawney, R. H.） iv, 27, 98, 103, 117, 144, 162, 329
ドストエフスキー（Dostoevskii, Fedor Mikhailovich） 43
ドッブ夫人，ロシー（Dobbs, Mrs Rosie） 39
トルースコット，ブルース（Truscott, Bruce） 220, 310-311
トレヴァー・ロウパー，ヒュー（Trevor-Roper, Hugh） 198
トロウ（Trow, Martin） 230, 355
トロップ，アッシャー（Tropp, Asher） 138
トロロープ（Trollope, Anthony） 33
*
大学左翼評論 194
大学補助金委員会 179, 208, 238, 241, 248, 263, 267, 276
大学補助金審議会 208
第三共和政 32
第三者評価 265
第三段階教育 30, 241, 277
多変量因果関係論 63
多変量解析 13, 68, 75, 81, 114, 212
多変量分析 63
ダラム大学 iii, 239
耽美主義 54
地域研究所（ICS） 181, 212
地域社会発展計画（CDP） 206
チャーチスト 71
チャドウィック報告 23
中央情報局（CIA） 78, 159
中央統計局（ONS） 78, 82
抽象的実証主義 79
中等教育修了試験（GCE） 241
チュートリアル学級研究所 124

【ナ　行】

*

【ハ　行】

(Bernstein, Basil)　138, 141, 164, 172-173, 344-354
ハイエーク（Hayek, F. A.）　132, 273
ハウ卿，ジョフリー（Howe, Geoffrey）　265
ハウスマン，A. E.（Housman, A. E.）　105, 122
バウマン（Bauman, Zygmunt）　164
バクーニン（Bakunin, Mikhail Alexandrovich）　217
ハクスリー，T. H.（Huxley, T. H.）　48-49
パスカル，ブレール（Pascal, Blaire）　64
パスロン（Passeron, J. K.）　345
ハチンソン，ヘンリー・ハント（Hutchinson, Henly Hunt）　313
バトラー，ヴァイオレット（Butler, Violet）　115, 198
バナール，J. D.（Bernal, J. D.）　45
バニアン（Bunyan, John）　41
ハバーマス（Habermas, Jorgen）　9
バベッジ，チャールス（Babbage, Charles）　67
バリー，ブライアン（Barry, Brian）　201
ハリソン，トム（Harrison, Tom）　46-47
ハリソン，フレデリック（Harrison, Frederic）　31
バルザック，オル・ドゥ（Balzac, Honore de）　32, 35, 40, 43, 51
ハルゼー，A. H.（Halsey, Albert Henry）　iii - iv, 136, 138, 141, 153, 172, 181, 193, 200, 228, 230, 270- 271, 307, 310, 326-330, 335, 340, 349, 354- 356, 360
バルマー，マーチン（Bulmer, Martin）　195
パレート（Pareto, Vilfredo）　62, 108, 140
バンクス，J. A.（Banks, Joe）　vii, 138, 141, 172
バントン，マイクル（Banton, Michael）　138, 141
ピアソン，カール（Pearson, Karl）　64, 75-76, 81
ビアボーム，マックス（Beerbohm, Max）　88-89
ヒース，アンソニー（Heath, Anthony）　83, 164
ピエール，J. D. Y（Peel, J. D. Y.）　37
ヒューム，デイヴィッド（Hume, David）　212
ビュフォン（Buffon, Georges Louis Leclerc, Comte de）　35
ファー，ウィリアム（Farr, William）　62-65, 67, 84
ファーガソン（Ferguson, Adam）　7
ファース（Firth, Raymond）　125
フィッシャー，R. A.（Fisher, R. A.）　65
ブース，チャールズ（Booth,

Charles) 7, 15-18, 23, 32, 62, 72, 74-78, 84, 89, 127, 253
ブース，メアリー（Booth, Mary） 72
ブードン，レイモン（Boudon, Raymond） 9, 79, 345
フェルマー（Fermat, Pierre de） 64
フォースター，E. M.（Forster, E. M.） 53
福井勝義 346
ブライス卿，ジェームス（Bryce, Sir James） 95
フラウド，ジーン（Floud, Jean） 137, 148, 172, 330
ブラウン，ジョージ（Brown, George） 190
ブラドベリー，マルコム（Bradbury, Malcolm） 227
ブラドロー，チャールス（Bradlaugh, Carles） 61
プラトン（Plato） 44
ブラロイ（Burawoy, Michael） 80
フランクス，オリヴァー（Franks, Oliver） 178
ブランフォード，ヴィクター（Branford, Victor） 17, 92, 99
フリーダン，ベティー（Friedan, Betty） 245
フリードマン，モーリス（Freedman, Maurice） 107
ブリッグス，エイサ（Briggs, Asa） 210-211
フルシチョフ（Khrushchev, Nikita Sergeyevich） 168
ブルデュー（Bourdieu, Pierre） 213, 345, 351
ブレイン，ジョン（Braine, John） 22
フレクスナー，エイブラハム（Flexner, A.） 135
フレッチャー，ロナルド（Fletcher, Ronald） 110
フレデリック大王（Frederick II） 10
フロイド（Freud, Sigmund） 55, 98, 121
フローレンス，サージェント（Florence, Phillip Sargant） 183
ヘイワース卿（Heyworth, Lord Geoffrey） 202, 319
ベヴァリッジ（Beveridge, William） v, 13, 21, 90-91, 93, 130, 132, 150-151, 203
ベヴァン（Bevan, Aneurin） v, 24
ペティ，ウィリアム（Petty, William） 8, 15, 63
ベネット，アーノルド（Bennett, Arnold） 37
ベロック，ヒレリー（Belloc, Hilaire） 31, 219
ベロフ卿，マックス（Beloff, Lord Max） 270, 311
ベンサム（Bentham, Jeremy） 36
ヘンダーソン，フーバート（Henderson, Hubert） 123
ボイル，ロバート（Boyle, Robert） 8
ボウリー，アーサー（Bowley,

*

【マ　行】

【ヤ　行】

【ラ 行】

【ワ 行】